CEO의 창업과 사업계획서 작성

· 한국의 창업생태계와 창업유형
· 목적이 있는 사업계획서

김 정 식

북 넷

들어가는 말

우리나라의 경제가 저성장이 뉴노멀(New Normal)이 되는 상황을 맞이하면서 이제 경제성장을 통한 고용문제의 해결전망은 매우 어둡다.

이제 인공지능, 드론, 3D프린팅 등이 주도하는 제4차 산업혁명이 논의되면서 산업의 패러다임이 급속히 바뀔 수 있는 시점을 맞이하고 있다. 이러한 전망들은 고용창출의 문제해결에 매우 우울한 소식들이며 소득의 양극화 문제를 더욱 심화시킬 것으로 예상된다.

미시적인 관점에서 기업의 고용환경을 보면 더욱 불안정한 모습을 보이고 있다. 명예퇴직이 일상화되면서 50대 초반의 이른 나이에 퇴직하는 젊은 가장들도 점점 늘어나는 추세이다. 이러한 현실에서 볼 때 이제 우리는 일생에 한 두 번은 창업을 해야 할 시대에 살고 있는 것처럼 보인다.

창업을 보는 관점은 두 가지 측면에서 볼 수 있다.

그 중 하나는 비교적 이른 나이에 직장을 떠나는 사람들이 경제활동을 위하여 창업을 하는 경우이며 다른 하나는 젊은 청년들이 창업을 통하여 미래를 펼치고자 하는 경우이다.

전자가 상황에 의한 피동적인 창업이라면 젊은 청년들이 미래를 개척하기 위하여 하는 창업은 적극적인 창업이라고 볼 수 있다.

어떤 경우이든 창업은 성공을 목표로 준비하고 실행되어야 한다. 그러나 불행하게도 창업의 실패율은 매우 높다. 실리콘벨리에서 창업하는 벤처기업들도 평균 3회 정도의 실패를 하는 것으로 나타난다.

창업의 실패는 개인적으로 큰 손해일 뿐만 아니라 사회적인 문제이기도 하다. 더구나 실패를 용인하는 문화가 관용적이지 않는 우리나라에서 창업의 실패확률을 낮추는 것은 매우 중요하다.

그러면 실패의 가능성을 줄일 수 있는 방안은 무엇인가?

필자는 이 질문에 대한 해답을 얻기 위하여 많은 자문자답을 하였다. 필자가 창업대학원에서의 강의와 사업계획의 심사평가경험을 통하여 얻은 결론은 준비부족과 창업생태계에 대한 이해부족이 창업실패율을 높이는데 크게 기여한다는 사실이다.

그 동안 필자는 CEO로서 기업경영경험과 창업대학원에서 창업문제를 다루면서 두 차례의 저서를 저작하였다. 모두 사업계획서에 관한 저서로서 창업자나 계속기업에 종사하는 사람들의 사업계획수립에 도움을 주고자 하였다.

그러나 사업계획서를 만드는 기술적인 측면 외에도 우리나라의 현재 창업생태계를 숙지하고 최신창업의 유형을 이해하는 것이 큰 도움이 될 것이라는 판단을 하였다.

우리나라의 창업생태계는 지난 3년 동안 큰 변화를 보였다. 정부의 창조경제 진작을 위한 정책지원과 벤처 1세대를 중심으로 한 액셀러레이터들의 활약이 적극적으로 펼쳐지면서 창업생태계는 크게 변모하였다. 투자자를 위한 회수시장 또한 긍정적으로 변하면서 창업자들이 창업생태계를 이해하는 것이 중요하게 되었다.

최근 10년간 우리나라에서 이루어진 창업유형도 산업의 패러다임 변화에 따라 매우 다양한 모습을 보이고 있다. 필자는 신생창업기업의 유형을 파악하기 위하여 정보수집 등 오랜 준비끝에 이제 탈고를 하게 되었다.

저작을 한다는 것은 글재주가 없고 집중력이 떨어지는 저자와 같은 사람에게는 큰 도전이며 어려운 과제임을 또 다시 깨달았다.

졸작이지만 창업을 계획하는 사람들에게 도움이 되고 창업교육 일선에서 창업관련 강의를 담당하시는 분들에게 참고서가 될 수 있다면 큰 보람이겠다.

끝으로 황금연휴기간과 주말의 시간들을 혼자 보내게 해서 미안했다는 말을 아내 백자아에게 전하고 싶다. 그리고 본 저서의 저작을 끝까지 채찍질 해주시고 많은 격려와 용기를 주신 북넷의 류재식 사장님께 감사의 말씀을 드린다.

김 정 식

CONTENTS

제 1 부 창 업

Chapter 01 창업일반

Chapter 02 창업의 유형

Chapter 03 창업생태계

Chapter 04 창업 비즈니스모델의 설계

제 2 부 창업사업계획서

Chapter 01 창업단계와 사업계획서

Chapter 02 사업계획서의 유용성

Chapter 03 사업계획서의 외부이용자와 중시관점

Chapter 04 사업계획수립에 필요한 질문

PART 1

창 업

CHAPTER

01

창업일반

01 창업의 요소
02 창업의 결행
03 창업의 보람과 위험성
04 창업의 실패를 보는 태도

01 창업의 요소

(1) 사업 아이디어

창업은 일반적으로 창업자와 사업 아이디어(Business Idea)로부터 출발한다. 사업 아이디어는 창업자가 발견한 시장에서의 기회로서 소비자나 다른 사업자가 가지고 있는 문제의 인식이다.

위대한 창업가들이 가진 공통점 중에서 가장 현저한 특징은 이러한 창업가들이 일반 사람들이 간과하는 불편이나 문제들을 찾아내고 파악하는 뛰어난 혜안을 가지고 있는 점이다. 그리고 이를 사업 아이디어로 연결하여 상업화를 추진하는 열정과 실행력은 평범한 사람들과 구분된다.

사업 아이디어는 그 자체로서는 의미가 없으며 이를 제품화 또는 서비스화하여야 한다. 아이디어의 제품화 및 서비스화를 위해서는 필요한 기술이 뒷받침되어야 한다.

창업자가 제품화(서비스화)에 필요한 기술을 보유하고 있다면 매우 유리한 위치에서 출발할 수 있지만 사업 아이디어가 출중하다면 아웃소싱하거나 기술보유자를 공동창업자로 참여시켜 부족한 기술을 보충할 수 있다. 오늘날 창업기업이나 대기업을 막론하고 뛰어난 사업 아이디어를 바탕으로 부족한 기술을 외부에서 충당하여 창업하거나 사업에 변화를 가져오는 사례는 매우 흔한 방식이 되었다.

창업자가 보유하고 있는 기술과 사업 아이디어는 불가분의 관계가 있으며 독특하거나 뛰어난 기술을 보유하고 있는 사람은 그 기술을 바탕으로 새로운 사업 아이디어를 창안할 수 있다. 기술을 바탕으로 사업 아이디어를 창안하고 이를 사업화하는 사례는 일반적인 창업의 유형이다.

사업 아이디어는 제품이나 서비스로 구현되며 사업 아이디어에 기술을 결합하여 시제품을 만들고 이를 정교화하는 과정을 거치면서 시장에 출시할 최종제품이나 서비스가 완성된다.

물론 시장에 이미 존재하는 사업아이템이나 업종을 변형하거나 약간의 수정을 가하여 새롭게 창업을 하는 경우에도 자신만의 차별되는 제품이나 서비스가 필수적이다.

사업의 시작은 사업 아이디어에서 출발하며 그 아이디어에 기술이 적용되어 자신만의 차별화되는 제품이나 서비스로 구현해야 한다.

(2) 인적자원

일인창업을 제외하고 대부분의 창업은 창업자 외에 사업을 실행할 팀이 필요하며 인적자원(Human Resources)의 능력은 창업의 성공여부를 가름하는 결정적인 요소이다. 실리콘벨리의 유명 벤처투자자(Venture Capitalist)가 "A급 사업 아이디에 B급 인재가 있는 곳보다는 B급 사업 아이디어에 A급 인재가 있는 곳에 투자를 할 것이다"라고 언급한 바와 같이 창업에 있어서 사람이 가장 중요하다.

애플을 창업한 고(故) Steve Jobs가 혁신의 아이콘으로 추앙받는 것은 뛰어난 디자인 전문가인 Jonathan Ive와 기술적인 역량을 보유한 Steve Wozniak과 팀을 이루었기 때문이며 Facebook의 창업자 Mark Zuckerberg에게는 Sheryl Sandberg라는 출중한 경영전문가가 있었다.

조선시대의 거부 임상옥은 "장사란 사람을 남기기 위한 것이다"라고하여 그의 상인정신은 "사람과 이윤을 남기는 것"으로 이해된다. 그만큼 사업은 사람이 목적인 동시에 사업의 성공을 위하여 가장 중요한 요소임이 동서고금을 통하여 공감을 얻는다.

창업이 성공에 이르기 위해서는 신뢰할 수 있는 동업자나 팀의 존재가 필수적인 것은 창업사례를 통하여 실증적으로 검증된 사실이다. 창업자가 사업의 진행중에 뜻하지 않는 문제에 부딪칠 경우 서로 격려해 주면서 문제의 해결을 같이 도모하여 어려움을 극복한 사례는 성공한 창업에서 자주 발견된다.

창업초기의 사업 아이디어나 사업아이템이 사업의 진행에 따라 바뀌는 사례는 매우 흔하다. 시장에서의 반응이 처음의 예상과 다르거나 고객이나 소비자의 취향이 바뀌는 추세에 있다면 당초 시작했던 사업 아이디어나 사업아이템의 변경이 불가피하나 상호신뢰하고 유능한 동업자나 팀원은 창업을 성공시키기 위하여 필수불가결한 요소이다.

(3) 시장/고객

동일하거나 유사한 수요를 가진 고객의 집합이 시장(Market)이며 창업은 현존하는 고객이나 잠재적인 고객(Customer)을 표적으로 삼아 시작되는 것이다. 어떤 창업은 기존에 존재하는 시장에 뛰어들어 이미 시장에서 활동중인 경쟁자들과 경쟁하며 어떤 창업은 독특한 사업아이템으로 새로운 시장을 창출하기도 한다.

성공적인 창업을 이와 같이 자신이 목표하는 고객을 명백히 정의하는데서 출발하며 경영학의 거장인 Peter Drucker는 사업의 목표는 고객창출이라고 정의하였다. 목표하는 고객그룹이 누구인지 명확히 알지 못하고 사업을 시작하는 것은 마치 망망대해를 향하여 무작정 떠나는 것과 마찬가지이다. 표적시장은 창업을 위한 필수적인 요소임과 동시에 창업의 성공을 위한 사업의 목표이다.

혁신적인 기업이나 창업가들은 새로운 제품이나 서비스를 만들어서 기존 시장을 통째로 뒤흔들면서 새로운 시장을 창출하기도 한다.

스마트 폰의 등장은 기존 아날로그 방식의 이동전화기 시장지배자를 시장에서 축출하고 기존 시장의 범위를 크게 확대하였다. 디지털기술을 토대로 탄생한 디지털카메라가 사진용 필름시장을 파괴적으로 축소하고 디지털카메라의 시장수요를 새로이 창조한 것은 고객이나 소비자욕구를 변화시키고 새로운 시장을 창조할 수 있는 창업의 파괴력을 잘 보여준다.

창업자가 보유한 기술을 토대로 뛰어나게 창의적인 제품을 만들었으나 이를 받아들이는 시장수요가 없어서 실패한 사례는 수없이 많다. 그러나 그 당시에는 시장수요창출에 실패했던 제품이 세월이 지난 후에 유사한 제품으로 재탄생하여 큰 성공으로 이루어진 사례 역시 많아서 신제품출시 타이밍의 중요성을 말해준다.

2001년도에 미국에서 출시된 일인용 이동수단인 세그웨이(Segway)는 시장창출에 실패한 기술기반제품의 대명사로 여겨졌다. 그러나 그 기업이 중국 샤오미의 피투자회사인 나인봇(Ninebot)에 인수되면서 새로운 제품으로 탄생하여 시장을 급속히 확장시키고 있다.

이처럼 어떠한 고객이나 시장을 대상으로 할 것인지 아니면 어떤 시장을 창출할 것인지에 대하여 명확한 해답을 가지고 제품이나 서비스를 출시해야 한다.

(4) 자 금

사람의 인체에 혈액이 필요하듯 기업활동에는 자금의 흐름이 필수적이며 자금(Fund)이 없다면 한 발자국도 나아갈 수 없는 것이 기업경영의 현실이다.

사업 아이디어를 사업화하기 위하여 필요한 자금을 어떻게 조달 할 것인가의 문제는 사업이 스스로 현금을 창출할 때까지 창업가가 안고 있는 가장 고심하는 핵심문제다. 만약 필요한 자금이 적시에 마련되지 않는다면 창업의 진행은 예정대로 나아갈 수가 없다.

따라서 창업을 구상하면서 필요한 자금의 규모와 필요한 시기를 예상하고 이를 어떻게 조달할 것인지에 대한 계획을 수립해야 한다.

일반적으로 창업자 본인이나 동업자의 자금인 내부자금으로 창업에 소요되는 모든 자금수요를 충당할 수는 없으며 외부에서 자금을 조달하는 것이 거의 필수적이다.

외부자금으로는 가까운 친지나 사업에 대한 이해도가 높은 사람이나 기관으로부터 조달되는 엔젤(Angel)투자, 벤처투자회사로부터 조달되는 벤처캐피털(Venture Capital)이 있다. 그밖에 금융기관의 대출, 정부나 자방자치단체 등으로부터의 지원자금이 있다. 창업자를 포함한 동업자가 출연한 내부자금과 엔젤투자가나 벤처투자가 투자한 투자자금은 자기자본이라하며 금융기관으로부터의 대여금 등과 같이 만기에 상환의무가 있는 자금은 타인자본이라 부른다.

창업자를 비롯한 투자자가 출연한 자기자본은 상환의무가 없으나 주주로서의 권한을 행사하며 인수합병이나 상장 등 출구전략(Exit Strategy)을 통하여 투자금의 회수를 목표로 한다.

외부로부터 조달한 차입금 등 타인자본은 대부분 이자지급과 원리금의 상환의무를 진다. 창업자에게 타인자본은 조달이 어렵기도 하고 설사 조달하였다 해도 여간 부담스러운 것이 아니다. 엄격한 심사, 평가를 거쳐 지원되는 정부기관 등으로부터의 지원금은 금융기관 등으로부터의 융자와는 달리 이자부담, 상환조건 등에서 많은 혜택이 주어진다.

정부의 창조경제정책에 부응하여 다양한 정책자금이 벤처기업이나 창업기업 등에게 지원되고 있으므로 창업자는 정부정책자금의 종류와 지원정책을 잘 이해할 필요가 있다. 융복합기술에 기초한 창업 등 창업의 유형에 따라 창업자에게 유리한 조건으로 지원되는 자금의 규모와 종류가 다양하다.

02 창업의 결행

(1) 창업의 시점 선택

창업가에게 창업을 언제 결행할 것인가는 중요한 문제이며 창업의 결행시점이 창업의 성공여부와도 관련성이 있기 때문에 최적의 창업시점을 택하는 것은 중대한 의제다.

어떤 창업가들은 학업의 도중에 또는 졸업과 동시에 창업하기도 하지만 대부분의 창업가들은 어느 정도의 직장생활이나 사회생활을 경험한 후에 창업을 한다. 직장생활을 하는 도중에 틈틈이 관심분야를 탐구하고 준비를 한 후에 창업을 하는 경우도 많다.

직장생활의 경험없이 바로 창업에 뛰어드는 것이 옳은 것인지 아니면 직장이나 사회에서 어느 정도의 경험을 축적한 후 창업하는 것이 바람직 한 것인지에 대한 정답은 없다. 그러나 성공한 창업사례를 보면 창업가들이 창업관련분야에서 사전경험을 통하여 사업아이디어를 찾아내고 전문성을 확보한 후에 창업한 경우가 다수를 차지한다.

창업에서 실패하는 가장 큰 이유가운데 하나는 충분한 준비없이 창업에 뛰어드는 경우이다. 우연히 주어지는 행운이 아니라면 충분한 준비도 없이 시작한 사업의 성공을 기대하기란 거의 불가능하다. 사전에 경험과 전문성을 축적하는 등의 준비를 한 후에 창업한다면 실패의 가능성을 그만큼 줄일 수 있을 것이다.

창업에 성공한 기술기반사업이나 모바일관련 창업자들의 거의 대부분은 관련분야에서 일하면서 경험을 쌓고 사업 아이디어를 발견한 경우이다. 스타트업은 보통 친구나 전문성을 가진 가까운 사람들과 같이 팀을 이루어서 시작하는 것이 일반적이다.

창업은 초기에 사업 아이디어를 바탕으로 제품이나 서비스의 개발에 모든 에너지를 쏟아붓지만 제품이나 서비스의 상업화는 결국 사회제도속에서 이루어진다. 따라서 사회경험을 쌓으면서 소통의 기술을 익힌 사람들이 바람직하며 특별한 경우가 아니라면 직장이나 사회생활을 통하여 어느 정도 경험을 한 후에 창업의 길로 들어가는 것이 바람직할 것으로 보인다.

① 창업의 결행시점 1

직장생활을 통하여 사업 아이디어를 얻는다.

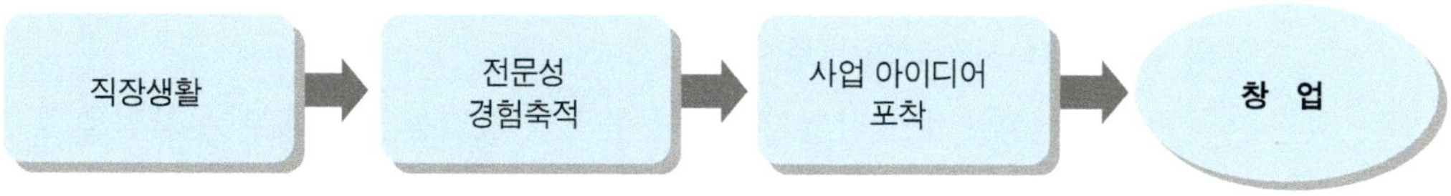

② 창업의 결행시점 2

학업 도중 또는 졸업 후 바로 창업에 도전한다.

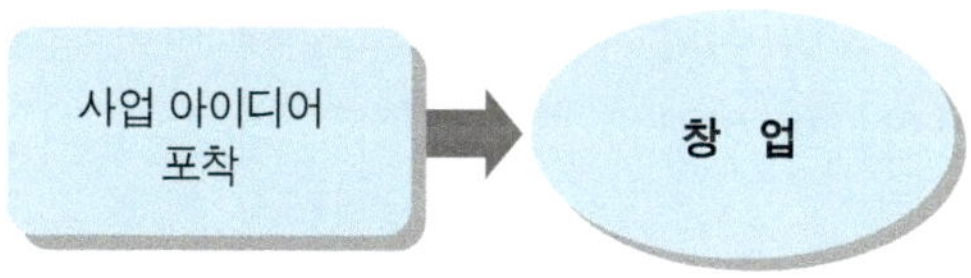

③ 창업의 결행시점 3

직장생활 중 다른 사업을 위한 준비를 한다.

비록 직장생활을 하고 있지만 언젠가는 창업을 하고자 하는 꿈을 가지고 있으면 직장생활 중에서 필요한 전문성을 키우고 자금을 마련하는 등의 준비를 한다.

(2) 바람직한 창업의 동인

창업을 결행하기 이전에 왜 창업을 해야 하는가?에 대한 질문을 스스로에게 하여 명확한 해답을 구해야 한다. 스스로에게 한 질문에 대하여 명확한 답을 얻을 수 없다면 그 답을 구할 때까지 창업을 미루는 것이 좋다. 부정적인 결말을 맺게되는 창업의 가장 큰 이유 중의 하나는 창업가가 자신의 창업에 대한 뚜렷한 목표나 동인을 찾아내지 못하고 상황에 밀려서 사업에 착수하는 일이다. 특히 실패율이 매우 높은 생계형 자영업 창업은 거의 대부분 창업자가 창업에 대한 명확한 목표나 준비도 없이 생계를 위한 수단으로 사업에 뛰어들기 때문이다.

가족들을 돌보고 살아가기 위한 방편으로 자영업창업에 착수하는 것도 결코 무시할 수 없는 창업의 동인이다. 그러나 지속가능한 사업을 목표하는 창업은 보다 고차원적인 포부와 동기에서 시작되어야 한다.

국·내외의 성공적인 창업가들의 공통적인 창업동인은 대부분 창업을 통한 자아실현으로서 사업을 통하여 사회에 긍정적인 영향을 주기 위하여 창업의 길로 들어선 것이다. 이들 창업가들은 자신이 가지고 있는 관심분야에서 다른 사람들이 가보지 않은 길을 도전적으로 탐구한다.

창업가가 자신의 이상과 꿈을 실현하는 과정으로서 사업 아이디어를 사업으로 연결시키는 것은 가장 바람직한 행로이다. 그러나 비록 그런 완벽한 이상적인 창업은 아닐지라도 최소한 창업가의 이상과 조화를 이룰 수 있는 사업아이템을 가지고 창업하는 것이 바람직하다.

시장에서의 치열한 경쟁과 자아실현은 양립하기 어려운 과제일 수도 있으며 이에 맞는 사업아이템을 찾는 것도 쉽지 않다. 대부분의 사람들은 미래에 대한 준비로서 창업을 선택해야 하기 때문이다. 미래의 풍요로운 삶을 담보하기 위하여 창업을 선택하는 것은 가장 현실적인 창업의 동인이다.

삶의 영달을 위한 창업이든 자아실현을 위한 과정으로서 창업이든 어떠한 경우라도 사업은 창업자의 흥미나 관심과 관련된 것을 사업아이템으로서 선택해야 한다.

자기사업의 표적고객범위는 최대한으로 좁혀서 좁고 깊은 틈새시장을 대상으로 모든 역량을 쏟아부어야 한다. 어떤 동인에서 사업을 시작하든 사업의 시작은 명확히 정의된 가장 좁은 니치마켓(Niche Market)을 중심으로 펼쳐야 한다.

(3) 사업아이템의 선택

창업가는 사업아이템을 어떻게 선택하는가? 창업의 네 가지 큰 요소들 중에서 사업아이템 또는 아이디어는 가장 주된 요소이다.

대부분의 창업가는 사업아이템을 선택해야 하는 기로에 설 수밖에 없다. 왜냐하면 올바른 사업아이템이야말로 성공창업을 위한 필요조건이기 때문이다.

그런데 창업가는 자신만의 사업아이템을 찾기란 쉽지 않은 일이며 “하늘아래 새로운 것은 없다”라는 말과 같이 이 세상에 사람을 위하여 존재하지 않는 제품이나 서비스는 없는 것처럼 보인다. 그러나 세상은 혁신적인 기업가들에 의하여 보다 편리하고 똑똑한 제품이나 서비스를 만들어 내어 끊임없이 기존 시장을 바꾸거나 새로운 시장을 창출하기도 한다.

이미 시장에 존재하는 제품이나 서비스일지라도 창업가의 새로운 아이디어에 의해 얼마든지 시장에서 소비자의 새로운 선택을 받을 수 있다. 스마트 폰의 출시가 이동통신시장을 송두리째 뒤흔들고 새로운 사업기회를 창출한 사례는 시장은 혁신적인 기업가의 아이디어에 의하여 변화되고 새로운 사업기회를 제공한다.

창업가의 사업아이템이나 업종선택방식은 보통 세 가지의 유형에 따른다.

첫째 나만의 특화된 기술이나 연고(독점적인 권리 또는 접근권한 포함)에 기초한 사업 아이디어나 아이템을 택하는 방식이다. 오랜 연구개발노력의 결과 특허를 얻고 그것을 사업화하기 위하여 창업하는 것이 대표적인 사례이다. 자신만이 경험한 독특한 취미활동을 바탕으로 제조업이나 서비스업을 창업한 경우도 이러한 방식이라 볼 수 있다.

두 번째는 창업가의 통찰력에 의하여 명확한 시장기회를 발견하고 창업을 하는 방식이다. 첫 번째의 기술기반창업이 기술을 기반으로 창업을 하는 것과는 대조적으로 이 경우는 보유하고 있는 기술이나 역량과 관계없이 시장기회를 발견하고 이를 사업화하는 방식이다.

이 방식의 창업에 있어서는 창업자의 기술이나 역량은 부차적인 문제로서 뛰어난 사업아이디어만 발견한다면 창업가에게 부족한 역량, 기술이나 자원은 외부로부터 충분히 조달이 가능하다. 자신이 가진 기술이나 자원이 부족함에도 불구하고 외부로부터 이것들을 조달하고 융합하여 시장에서 큰 성공을 거두는 창업사례는 얼마든지 있다.

세 번째 방식은 앞서 소개한 첫째 방식과 두 번째 방식이 결합된 방식이다. 자신이 가진기술과 전문분야에 탐구하면서 명확한 시장기회를 발견하고 부족한 역량을 외부로부터 조달하여 창업하는 방식이다.

대부분의 성공적인 창업은 이 세 번째 방식으로 이루어졌다고 볼 수 있으며 바람직한 창업방식으로 보인다. 기술에 경도된 엔지니어들은 자신들의 기술을 과신하는 경향이 있으며 이를 사업화할 수 있는 마케팅능력이 부족하기 쉽다. 그러나 자신의 독특한 기술을 활용할 수 있는 시장기회를 발견한다면 제3자와의 협업을 통하여 부족한 부분을 보충할 수 있다.

그림 1-1 사업아이템(업종)의 선정방식

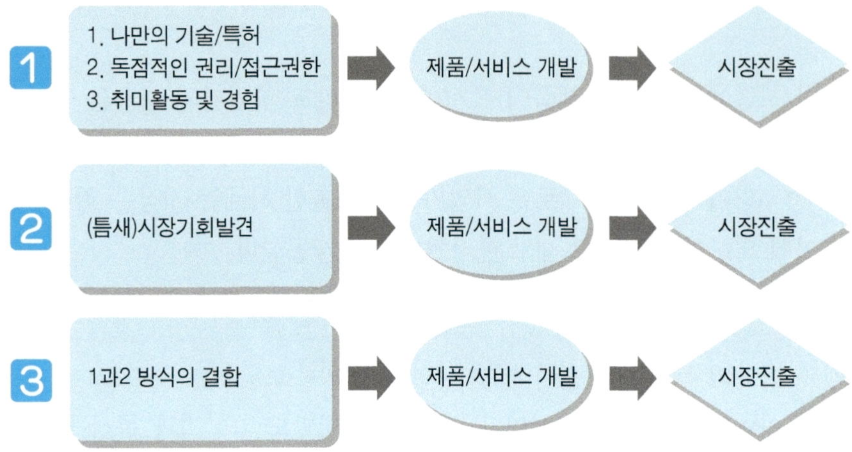

03 창업의 보람과 위험성

우리나라 경제의 저성장기조가 뉴 노멀(New Normal)로 고착화되면서 한 곳에서 안정된 직장을 가질 수 있는 기대는 반감되었다. 이미 금융권을 필두로 대기업, 중소기업을 막론하고 조기퇴직이 일상화되어 가고 있다.

경기가 침체국면에 접어들 조짐만 보이면 많은 직장인들이 나이와 직급에 관계없이 명예퇴직이라는 명분아래 퇴사압력을 받으며 이제는 누구나 평생에 한번쯤은 창업을 해야 하는 시대에 접어들었다.

이제는 창업을 보는 관점도 달리해야 한다. 창업을 단순히 취업의 대안으로 보거나 생계유지를 위한 수단으로 보기보다는 자신의 강점이나 역량을 활용하여 자아를 실현하는 과정으로 보아야 한다.

성공적인 창업은 창업가에게 경제적인 부를 제공하며 창업가는 이를 바탕으로 사회적으로 가치있는 활동을 할 수 있다. 그러나 창업의 실패율은 매우 높기 때문에 창업가는 충분한 사전준비를 통하여 실패의 가능성을 줄여야하며 동시에 창업의 위험성에 대하여 충분한 이해를 해야 한다.

창업의 성공은 개인에게 어떠한 의미를 주는가?

인간은 누구나 성공할 자유를 가지고 있으며, 개인이 가지고 있는 열정과 재능을 충분히 발휘하여 자신의 목표를 추구할 자유가 있다. 창업을 통하여 다양한 경험을 하며 새로운 도전을 시도하는 등 역동적인 삶을 살 수 있는 기회를 제공받는 것이다. 성공적으로 창업을 하면 그 보상은 매우 크며 속박없는 자유를 누리면서 자신의 위상을 정립하고 자아를 실현할 수 있는 권리를 누릴 수 있다.

그러나 동시에 창업의 실패에 따른 위험의 가능성 또한 매우 높으며 창업 후 수익실현과 플러스 현금흐름을 창출할 때까지 오랜기간이 요구된다. 창업가는 수많은 역할을 혼자 담당해야 하며 사업과정에서 발생하는 모든 일의 결과에 무한책임을 질 수밖에 없다.

무한한 헌신과 희생을 투자했음에도 불구하고 사업의 성공에 대한 불확실성이 항상 창업가에게 큰 문제가 아닐 수 없다. 일반적으로 창업을 성공적인 궤적에 올리기까지는 장시간이 소요되기 때문에 창업가에게는 스트레스 관리가 큰 과제이다.

성공창업에 대한 믿음과 그 성공의 보상이 가져다줄 과실에 대한 꿈은 창업으로부터 시작된 험난한 여정을 헤쳐 나갈 수 있게 하는 큰 동인이다. 그러나 동시에 그 그늘에 숨어있는 난관과 위험성에 대한 충분한 이해가 필요하다.

그림 1-2 창업의 과실과 위험성

창업의 과실	창업의 위험성
1. 성공할 수 있는 자유추구	1. 수입이나 현금흐름이 부족한 기간이 매우 길다.
2. 역동적인 삶을 추구할 기회의 장	2. 무한한 희생과 헌신이 요청된다.
3. 속박되지 않는 자유로운 삶의 추구	3. 성공에 이르기까지 장시간이 걸린다.
4. 사회적인 위상확립	4. 창업자에게 무한책임이 따른다.
5. 사회적 가치실현에 참여	5. 사업의 성공여부가 불확실하다.
6. 자신의 열정과 도전으로 자아실현	6. 다양한 경험과 학습을 수반한다.

04 창업의 실패를 보는 태도

처음에 시도한 창업에서 성공을 한다면 얼마나 행복할 것인가?

그러나 첫 창업에서 실패할 확률은 매우 높은 현실을 직시해야 하는데 통계적으로 창업지원 생태계가 가장 잘 갖추어진 실리콘벨리에서 창업한 기업들조차도 평균 3번 정도의 실패를 경험한 후에야 성공을 거둔다.

우리나라의 창업 실패율도 매우 높으며 특히 창업 3년후까지 생존할 확률은 약 30% 정도이니 창업의 실패를 올바르게 평가하고 실패에서 배우는 학습능력을 갖추어야 한다.

우리는 실패를 두려워하지 말고 실패에서 많은 것을 배우라는 현인들의 말들을 끊임없이 듣고 있다. 옳고 너무나도 당연한 말이지만 많은 물적, 인적자원을 투자하고 심혈을 기울였던 사업이 실패로 끝난다면 그 고통과 후유증은 실로 감내하기가 쉽지 않다.

실패할 경우에는 최소한의 물적, 정신적인 피해로 방어하고 재도전할 수 있는 전기를 마련할 수 있어야 하며 감내할 수 있는 실패, 관리할 수 있는 실패로 새로운 도전을 할 수 있는 여지를 남겨야 한다.

한 바구니에 모든 것을 쓸어 담아서 마치 도박을 하듯 자신을 시험하는 오류를 범해서는 안 된다. 한 번 실패 후 엄청난 후유증으로 고통을 겪는 대부분 창업자들의 공통점은 외부의 자금에 너무 크게 의존하였다. 특히 가까운 친척이나 지인들로부터 과다한 창업자금을 차입하여 사업을 시작하였으나 사업이 실패로 끝나는 경우는 최악의 결과를 초래한다.

가능한 창업자금은 창업자와 공동창업자가 많은 부분을 부담하고 상환의무가 있는 외부로부터의 차입금은 최소한으로 유지하는 것이 바람직하다. 물론 벤처캐피털, 엔젤투자자본 등의 투자자본과 중소기업청 등 정부기관 등으로부터 지원받는 자금들은 금융기관 차입금 등과는 달리 투자자금이기 때문에 원리금상환 등의 부담은 없다.

창업은 가능한 서로의 부족한 역량을 보완할 수 있는 사람들끼리 공동창업을 하는 것이 바람직한 것으로서 사업의 진행이 곤경을 맞을 경우 팀원들은 서로 격려하며 지속적으로 동기부여를 할 수 있다. 사업을 하다보면 당초 선택했던 사업 아이디어나 아이템의 시장성이 없는 것으로 나타나는 경우도 허다하다. 이러한 경우에는 팀원들의 존재가 매우 중요하며 재빨리 상황을 판단하고 사업 아이디어나 아이템을 시장의 요구에 맞는 방향으로 수정해야 한다.

미국 실리콘벨리의 투자자들은 "A급 사업 아이디어에 B급 인재가 모인 곳보다는 B급 사업 아이디어에 A급 인재가 있는 곳에 투자한다"라는 공통된 신념을 가지고 있다. 그들이 투자의사결정을 함에 있어서 그만큼 사업을 하는 사람들(팀)의 인적역량에 보다 큰 신뢰를 가지고 있음을 의미한다. 서로 신뢰할 수 있으며 상호 부족한 부분을 보완해 줄 수 있는 사람들과 팀을 이루어 공동창업을 한다면 설사 실패를 한다고 하여도 다시 재기할 수 있는 전기를 보다 적은 고통으로 마련할 수 있다.

그림 1-3 실패를 보는 관점

1. 실패할 수 있음을 인정해야 한다.
2. 관리할 수 있는(계산된) 실패이어야 한다.
3. 바구니 하나에 모든 것을 쓸어 담는 과도한 투자는 회피한다.
4. 공동창업으로 리스크를 희석한다.
5. 유능하고 신뢰할 수 있는 팀으로 재기할 수 있는 전기를 마련한다.

CHAPTER

02

창업의 유형

01 과학기술을 응용한 창업
02 기존의 업종에 새로운 가치를 부여한 창업
03 열정과 취미로 레드오션을 혁신한 창업
04 기존 업종에 신기술을 접목한 창업
05 사회적 문제의식에 착안한 창업
06 틈새시장(Miche Market)을 발견한 창업

사업 아이디어와 시장기회는 어떻게 포착하는 것일까?

감나무 아래서 누워서 감이 입안에 떨어지기를 기다리듯 요행을 바라면서 시작할 수 있는 사업 아이디어란 이 세상에 아무것도 없다.

고(故) Steve Jobs가 2005년 스탠포드대학 졸업식에서 행한 유명한 연설문 가운데는 과거에 경험했던 인연들(dots)이 미래에 어떻게 연결되는지에 대하여 언급된 부분이 있다. 과거의 경험을 미래에 일어날 일들과 연결하는 것은 불가능하다. 그러나 사람들은 오늘의 성과나 모습을 과거의 경험이나 인연과의 연결고리를 찾을 수 있다. 따라서 과거나 오늘날 경험하는 것들(dots)이 미래에 어떤 모습이든 서로 연결된다는 것을 믿어야 된다고 강조하였다.

창업가나 혁신적인 사업가가 새로운 사업을 시작하거나 새로운 사업아이템을 추가하는 배경에는 어떠한 계기가 있다. 특히 이른 시기에 창업이 순조롭게 도약할 수 있는 계기를 마련한 창업가들은 공통적으로 명확히 수긍이가는 이유를 가지고 있다. 그들은 어떠한 계기를 맞이해서 사업기회를 포착하고 자신의 전문성, 경험 그리고 성공에 대한 강한 신념을 가지고 사업에 착수했다.

최근 10여년 이내에 창업을 하여 사회적으로 반향을 불러 온 창업사례를 분석하면 대략 6가지의 창업유형으로 분류할 수 있다. 각 창업유형에서 세 가지씩의 창업사례를 소개하면서 창업의 계기와 동인을 살펴본다.

01 과학기술을 응용한 창업

창업가가 습득한 과학기술을 활용하여 신제품을 개발하거나 기존 제품을 획기적으로 개선하여 사업화한 유형의 창업이다. 기술에 바탕을 둔 창업은 투자가, 액셀러레이터 등으로부터 주목을 받으면서 비교적 우호적인 여건에서 창업을 진행하였다. 과학기술기반 창업이 고용창출 등 사회적으로 미치는 영향이 크며 부가가치창출에 대한 높은 기대로 정부기관 등으로부터의 정책지원의 혜택도 받을 수 있다.

혈당측정기로 창업하여 2013년 코스닥 시장에 상장하고 중견기업으로 성장한 바이오센스기업 아이센스는 과학기술을 적용하여 창업에 성공한 사례다. 아이센스는 광운대학교 차근식 교수가 대학실험실에서 설립한 교내벤처기업으로서 차교수와 연구팀들은 기존의 중소기업을 통하여 제품개발을 희망했지만 원하는 기업을 찾지 못하여 결국 스스로 창업의 길을 택하였다. 10년 이상의 연구노력을 통하여 축적한 기술의 결과로 글로벌기업들이 등록한 많은 특허를 피할 수 있었으며 개인용 혈당측정에 소요되는 고통과 비용을 획기적으로 감소시켰다.

적은 혈액량으로서 혈당검사가 가능하며 가격 또한 로슈 등 외국유명 제약회사의 제품에 비하여 60% 정도에 불과한 획기적인 제품을 개발하였으며, 매출액의 절반은 수출로 실현되며 특히 뉴질랜드에서의 시장점유율은 95%에 달한다. 창업초기에 자금부족으로 죽음의 계곡을 맞은 시기도 있었지만 그 후 벤처자본의 투자 등으로 위기를 극복하고 사업화에 성공하였다.

세계 최초로 원자현미경을 개발하여 상용화에 성공한 파크시스템의 사례 역시 과학기술에 기초한 창업사례이다. 박상일 대표는 30대에 미국 스탠포드대학에서 박사학위 과정을 밟고 있던 도중에 자신이 연구하고 있던 원자현미경 이론을 기본으로 원자현미경을 개발하였다.

그는 실리콘벨리에 있는 전세집의 차고에서 박사동기 1명과 현미경 제작에 성공하였고 원자현미경은 광학현미경, 전자현미경에 이은 제3세대 현미경으로서 배율이 수천만배나 되는 혁신적인 제품이다. 하버드대학, 독일 막스플랑크 연구소 등에 제품을 공급하여 제품의 탁월함을 인정받고 삼성전자의 액정표시장치 제조용원자현미경도 개발하였다. 파크시스템은 축적된 원천기술을 바탕으로 세계 최초기록을 여러 개 보유한 원자현미경 선도기업으로 성장하였다.

자신이 전공한 암호학을 적용하여 보안시스템 사업을 창업한 여성벤처창업가의 사례 또한 디지털기술을 적용한 혁신적인 창업의 경우이다.

KAIST에서 암호학 박사과정을 졸업한 이영 대표는 테르텐이라는 디지털콘텐츠보안시스템 기업을 창업하였다. 2000년대 초에 시작된 인터넷의 보급과 디지털산업화 과정에서 초래된 디지털콘텐츠의 해킹 등 보안문제에서 사업기회를 포착하였다.

당시 사회적인 이슈가 되었던 연예인 누드해킹 문제의 보안성을 자신이 개발한 기술로 해결하면서 정보통신부가 지정한 "디지털성공사례 1호"로 지정되기도 했다. 이후 주요 포털 웹툰의 화면복사방지, 국회방송녹화방지, 민원24의 전자문서복사방지 등 디지털 저작권관리기술(DRM)의 전문기업으로 기반을 구축하였다.

특히 콘텐츠의 이용패턴이 개인용 컴퓨터에서 스마트폰으로 이동하면서 스마트기기의 사용에 필요한 보안솔루션의 요구증대로 사업은 큰 성장의 계기를 맞이했다. 회사가 축적한 전문적인 기술과 상업적인 경험은 일본시장진출 등 글로벌시장으로 사업의 영역을 넓혀가고 있다.

02 기존의 업종(사업아이템)에 새로운 가치를 부여한 창업

우리의 생활주변에서 전통적으로 오랜기간 존재하는 업종이나 사업아이템을 새롭게 해석하고 추가적인 가치를 더하여 창업하는 경우이다.

창조란 무엇인가?라는 질문에 대하여 새로운 해답을 제시하는 업종의 재해석이라고 볼 수 있다. 하늘아래 새로운 것은 없다고 해도 과언은 아니다. 그러나 이미 존재하는 것들에 대하여 새로운 의미를 부여하고 이를 사업화하는 창업의 사례에서 많은 학습을 하게 된다.

흔히들 레드 오션(Red Ocean)이라는 피 터지는 경쟁시장에서 조그마한 틈새도 없어 보이는 업종에 진출하여 성공한 사례들이다. 흔히들 자영업창업의 무덤으로 불리는 음식숙박업과 도·소매사업은 직장에서 은퇴한 사람들이 어쩔 수없이 선택하는 생계형 창업업종으로 인식된다. 그러나 이러한 업종을 새로운 방식으로 변형하여 창업에 성공한 사례가 속출하고 있어 전문적 기술이 없는 평범한 창업희망자들에게 큰 희망을 주고 있다.

국내 최대 숙박예약서비스 플랫폼기업을 만든 "야놀자"의 이수진 대표의 경우가 첫 번째 사례이다.

먹고 자는 문제를 해결하기 위하여 모텔종업원으로 출발하였지만 모텔종업원에서 일했던 경험을 바탕으로 창업하여 국내 최대의 중저가 모텔예약서비스 플랫폼기업을 탄생시켰다. 모텔정보 카페운영사업으로 시작하였지만 홈페이지와 모바일 앱으로 플랫폼을 다변화시켜 O2O(Online To Offline)서비스로 발전시켰다.

점진적으로 숙박프랜차이즈운영, 경영컨설팅, 숙박창업지원서비스 등을 추가하여 현재 제휴숙박업소는 모텔, 팬션, 게스트하우스 등 5천여 개의 제휴업소, 회원가입자 수 300만 명을 확보하였다.

현재 연 매출액이 300억 원, 종업원 수170명 규모의 기업으로 성장하였으며 2015년에는 벤처투자회사 파트너스 인베스트먼트로부터 100억 원의 투자를 유치하여 잠재적인 성장가능성 전망을 가늠케 한다.

모텔이란 업종에 대한 일반적인 인식은 어떤가? 그리고 모텔의 종업원이란 직업에 대한 자부심은 어떠한가? 두 가지 질문에 대한 대답은 긍정적이지는 않을 것이다. 그런 모텔사업을 양지로 끌어내어 새로운 가치를 덧붙임으로서 전혀 새로운 비즈니스모델을 구축한 것이다. 이수진 대표는 먹고사는 문제를 해결하기 위하여 막노동보다도 힘든 일을 하는 모텔종업원으로서 출발하였다. 지금도 모텔업에 오랜기간 종사하는 사람들은 얼마나 많을까?

그러나 이대표는 미래에 자신의 사업을 창업하려는 꿈을 가지고 오랜기간 창업에 대한 공부와 준비를 계속하면서 자신이 종사하고 있는 업에서 사업기회를 발견한 것이다. 야놀자의 사례는 피가 터지는 전통적인 사업에서도 얼마든지 새로운 가치를 추가하여 창업의 기회를 찾아낼 수 있음을 여실히 보여주고 있다.

지금 국내에는 약 1만 5천여 곳의 독서실이 운영되고 있으며 연 매출액은 약 1천억 원 정도로 추정된다. 그 중에서 설비나 위치 그리고 제공하는 서비스가 차별화된 프리미엄급 독서실은 약 300여 개가 있는 것으로 알려져 있다. 영세성과 낮은 수익성 그리고 중고생들을 주요 고객으로 하고 있는 전통적인 독서실 사업을 프리미엄급으로 변형시켜 창업하는 사례가 하나 둘씩 늘어가고 있다.

그 가운데서도 "클라스플러스 독서실" 프랜차이즈를 운영하는 레인보우(대표 이승우)는 2010년 개인사업으로 시작하여 법인으로 전환한 대표적인 창업사례이다.

독서실의 핵심적인 본질은 혼자서 조용히 공부하고 연구하는 장소이지만 기존의 상식이나 관념을 뛰어넘어 새로운 의미를 부여하여 창업한 것이 새로 태동하기 시작한 프리미엄급 독서실이다. 혼자서 조용히 공부하는 곳이라는 독서실의 기본적인 역할에 그룹스터디, 과외, 비즈니스 미팅 등의 기능을 추가하여 고객의 범위를 확장하였다.

장소 또한 일반적인 독서실이 자리잡는 변두리 지역의 오래된 건물에서 벗어나 이용자의 접근이 용이한 지역으로 바꾸었으며 인테리어 등 시설도 고급화하여 쾌적한 공간으로 탈바꿈하였다. 고객범위가 확장됨에 따라 커피 등 음료를 서비스하는 휴게실공간까지 추가하였다.

레인보우는 현재 전국 15개 가맹점을 보유하면서 사업을 늘리고 있다. 프리미엄급 독서실은 기존의 전통적인 독서실에 비하여 이용자, 이용요금, 시설, 위치 등 여러 가지 면에서 차이가 크다. 그래서 어떤 면에서는 일반적인 독서실과는 다른 사업아이템이라고 볼 수도 있다. 그러나 프리미엄급 독서실의 출발점은 전통적인 기존의 독서실이다.

창업자인 이승우 대표는 자신이 사법시험을 준비하면서 독서실에서 보낸 10여 년 동안의 경험을 바탕으로 독서실 사업을 새로운 시각으로 바라보게 되었다. 프리미엄급 독서실운영 창업자들은 매우 낮은 부가가치를 창출하는 업종이라고 치부되는 독서실 운영업종을 고부가가치 사업으로 전환시키면서 새로운 고부가가치 사업아이템을 탄생시킨 것이다.

현재 이 분야의 사업에는 아카데미라운지, 스터디뱅크, 어썸팩토리, 그린램프 등의 체인이 진출해 있으며 100여 곳의 가맹점을 두고 있는 토즈는 본래 스터디그룹 공간전문업체로 출발하였으나 현재 프리미엄 독서실 가맹사업을 하고 있다.

우리나라의 의류 도·소매업은 오랜전통을 가지고 있다. 동대문시장, 남대문시장 그리고 부산, 대구를 비롯한 전국의 중소도시에 의류도·소매상 시장은 오랜기간 경제활동의 한 부문을 담당하여 왔다.

지금도 전국의 도·소매상들은 새벽에 동대문시장에 도착하여 의류제품을 구매하거나 공급계약을 맺고 돌아가는 일상이 반복되고 있다. 심지어는 중국 등 외국의 바이어들이 동대문시장을 주요 의류공급처로 삼아 자신들의 국내 소매상들에게 의류제품을 공급하는 상행위가 지속되고 있다. 제품구매와 공급의 대부분이 직접방문에 의하여 이루어지는 것은 구매자와 공급자 모두에게 얼마나 불편하고 비생산적인 일인가?

다른 제품과는 달리 의류제품은 디자인, 패션 등 구매자가 직접 눈으로 확인해야 안심이 된다. 그러나 어떻든 인터넷이 고도로 활용되고 있는 디지털시대에 직접 방문하여 제품을 선택하고 주문과 결제를 하는 것은 어색한 패턴이다.

이에 착안하여 동대문시장의 도매상과 중국, 미국의 소매상을 연결하여 주는 B2B패션 플랫폼기업이 창업되었다. 동대문시장에서 도매상 사업을 3년동안 직접 경험한 서경미 대표는 2015년 초 "링크스닷컴"(기업명 "에이프릴")이라는 사업을 창업하였다.

동대문시장의 도·소매 경제는 연 11조 원에 달하는 규모로 알려져 있다. 인터넷의 발달로 그동안 다수의 전자상거래업체가 동대문시장을 표적으로 생겨났지만 크게 성공을 거둔 사례는 거의 보이지 않았다.

에이프릴을 창업한 서대표는 그 동안 도·소매업 분야에서 풍부한 경험을 바탕으로 차별적인 도·소매연결 비즈니스모델을 구축하였다. 미국 LA의 자바시장에서 도매상과 소매상을 연결하는 인터넷 서비스사업과 미국 라스베가스호텔에서 키오스크 소매상을 운영하면서 도·소매 사업에 대한 경험을 축적하였다. 동대문시장의 670개 도매상과 2만 8천여 개의 상품을 "링크스닷컴"에 입점시켜 사업을 출범하였다.

입점비와 판매수수료를 주요 수익모델로 하여 국·내외의 인정을 받아 미국 알토스 벤처캐피털로부터 26억 원 그리고 국내의 KTB 네트워크로부터 4억 원의 투자를 받았다. 서대표 자신은 IT 문외한이지만 유능한 IT 및 마케팅 전문가와 팀을 구성하여 사업플랫폼을 구축하였다.

예비창업자들이 가장 고심하는 것 중의 하나가 창업아이템을 무엇으로 정할 것인가이다. 주변을 둘러보면 모든 사업업종들이 촘촘히 누군가에 의하여 오랜기간 동안 영위되어 온 것으로 보인다. 특히 사례로 예시한 모텔사업, 독서실 운영, 패션의류 도·소매업은 전통적인 레드오션에 속하는 사업영역으로 누구나 감히 엄두조차 내지 못할 사업업종이다.

그러나 그 분야에서 일하면서 오랜기간 축적한 경험을 바탕으로 업종을 새롭게 해석하고 새로운 가치를 추가하면서 새로운 사업기회를 포착할 수 있는 것이다. 이러한 전통적인 업종에 장기간 종사하는 사람은 수없이 많다. 그러한 사람들 대부분은 그냥 그대로 머무르기 마련이다.

무엇이 사례로 예시한 창업자들에게 창업의 기회를 찾게했을까? 매우 중요한 의문이 아닐 수 없다. 이 질문에 대한 진지한 해답을 구하는 것이 예비창업자들에게 매우 중요할 것이다. 자신이 오랜기간 종사한 전통적인 사업업종에서 새로운 가치를 발견하고 창업에 성공한 사람들의 공통점은 바로 창업에 대한 뜨거운 열정이다. 자신의 꿈을 실현하기 위하여 창업에 대한 기회를 엿보고 관찰하고 부족한 부분을 학습하면서 창업을 결행하였다.

03 열정과 취미로 레드오션을 혁신한 창업

오늘날 창업을 가장 만류하는 업종이 음식서비스업, 의류도·소매업, 커피전문점 등 소위 전통적인 레드오션(Red Ocean)에 속하는 사업이다.

특히 자영업 창업의 대부분이 치킨점 등 피 터지는 경쟁이 진행되고 있는 업종에 집중되면서 자영업 창업의 실패율은 고공행진을 이어가고 있다. 또한 이러한 업종에 진출하려는 창업은 정부기관의 지원을 받기도 힘들고 투자회사들로부터 투자를 받기조차 힘들다.

그러나 이러한 소비자를 대상으로하는 전통적인 업종을 제외하면 도대체 창업의 기회를 어디에서 구할 것인지 의문이 든다. 특수한 기술이나 과학적인 재능을 가진 인재나 자원을 가진 창업가들을 제외하면 일반적인 사람들이 창업의 기회를 탐색할 수 있는 업종은 치열한 경쟁이 이루어지고 있는 기존 시장 외에는 찾기가 힘들다. 실제로 이러한 레드오션에서 창업하여 성공한 사례들은 매우 많다. 이러한 성공의 배경에는 어떠한 비결이 담겨있는지 몇 사례를 통하여 살펴보고자 한다.

우리가 사는 세상은 이제 우리가 필요한 모든 것들이 공급되고 있다고 해도 과언이 아니다. 소비생활을 통하여 특별히 느끼는 불편함도 거의없다. 그러나 이러한 시장에서 엄청난 열정과 뛰어난 안목으로 전통적인 사업분야에 진출하여 창업에 성공한 사례는 우리에게 많은 영감을 준다.

우리나라는 세계적인 명품 소비재시장으로서 세계적인 고급소비재 공급기업체들은 만약 그들의 제품이 우리나라에서 통하면 세계적으로 통할 수 있다고 칭찬아닌 칭찬을 한다. 특히 핸드백 등 고급디자이너 가죽제품들은 백화점 등에 입점하여 매장의 요지를 점하고 있다.

개인이 제품을 디자인하고 만들어서 세계적인 제품들과 겨룬다는 것은 관습적인 통념으로는 상상조차 할 수 없는 일이다. 이러한 통념에 도전하여 개인창업으로 디자이너 가방을 만들어서 명품화의 반열에 도전하는 기업이 있다. 샤나에잇스에비뉴(Shana 8th Avenue) 한예온 대표의 창업사례이다.

한 대표는 학창시절부터 디자이너로서의 꿈을 키우고 그 꿈을 실현시키기 위하여 관련분야에 대한 공부와 취업을 경험하면서 창업에 도전하였다. 꿈과 열정으로 목표를 향하여 스스로를 단련하고 격려한다면 아무리 피 터지는 레드오션에서도 가능성을 찾을 수 있음을 보여준다.

한 대표는 연세대학교 생활디자인학과 졸업 후 미국 F.I.T Fashion Design 전문대학에서 수학 후 코치 등 세계적인 명품디자인 제품기업에 취업하여 경험을 쌓았다. 세계적인 소비재제품 기업의 디자이너로서 자부심도 가질 수 있었지만 세계적인 명품가방들이 한국에서 만들어진다는 사실을 발견하고 귀국하였다.

2012년 서울패션창작스튜디오에서 창업하여 본격적으로 자신만의 디자인 제품을 만들기 시작하였다. 다른 일반창업과 마찬가지로 창업의 길이 순탄할 수는 없었다. 무명 디자이너의 제품을 만들어줄 공방을 찾기도 힘들뿐더러 설사 제작에 성공하여도 백화점 등의 명품관에 입점하기란 거의 불가능에 가까운 일이었다.

그러나 유명제품 전시회에 꾸준히 참가하여 제품디자인과 품질의 우수성이 알려지면서 점차 명성을 얻기 시작하였고 신진 디자이너에게 주어지는 롯데백화점 편집숍입점을 계기로 한 대표의 사업은 모멘텀을 얻게 된다.

한 대표의 대표작인 "세투치오네 오리가미 클러치" 가방이 명성을 얻는 것을 계기로 창업 2년만에 제2롯데월드 에비뉴엘, 롯데백화점 수원점에 입점하였다. 한 대표는 국내 시장을 벗어나 해외진출을 위한 노력을 기울여왔으며 해외전시회에 참가하여 판촉노력을 기울인 결과 뉴욕과 이태리의 편집숍 입점도 하게 되었다.

샤나에잇스에비뉴의 창업사례는 현재 진행중이기 때문에 성공의 판단은 이르다. 그러나 뜨거운 열정과 노력 그리고 스스로에 대한 격려로 어려운 고비를 극복하고 성장의 발판을 마련하였다.

한 대표가 창업할 때 둥지를 튼 "서울창작패션스튜디오"는 신진 디자이너들을 양성하기 위하여 2009년 서울시가 시작하여 지원하는 패션인큐베이팅 사업이다. 창업에 대한 열망과 노력이 갖추어지면 이와 같이 정부, 지방자치단체, 기업체 그리고 대학산학협력기관들을 탐색하여 자신이 필요한 지원을 받을 수 있다.

세계적인 명품브랜드와 감히 경쟁할 엄두를 내지 못하는 아이템 중의 하나가 중소기업이 만드는 화장품이다. 특히 국내의 많은 화장품 회사들 중에서도 몇몇 대기업을 제외하고는 이익이나 현금흐름 면에서 뛰어난 성과를 내는 기업들은 그렇게 많지 못하다.

색조화장품이나 마스크팩 등 틈새분야에서 특화된 제품으로 인상적인 업적을 쌓은 중소기업들도 있지만 대부분 규모가 있는 기업들이다. 화장품사업 역시 전통적인 레드오션에 속하는 업종이라 볼 수 있다.

그러나 화장품사업은 레드오션이라는 일반적인 인식에 도전하여 틈새시장의 진출로 크게 성장하여 세계적인 화장품기업의 투자까지 받은 해브앤비의 사례가 있다.

건축사로 일하던 이진욱 대표는 피부과용 의료제품에 화장품이라는 가치를 부가한 새로운 제품을 개발하였다. 이대표는 수술 후 피부에 바르는 블레미쉬 밤(Blemish Balm) 일명 BB크림에서 사업 아이디어를 얻게 된다.

피부과 전문의와 제조회사를 설득하여 연구개발에 주력한 결과 최고품질의 수분크림과 BB크림 제품을 완성하여 연예인 등의 입소문에 의한 제품의 우수성을 알리게 한 후 세계적인 화장품 유통업체인 세포라에 입점하게 된다.

이대표는 최고급 품질의 BB크림인 닥터자르트와 남성용 화장품 DTRT를 중심으로 선택과 집중전략을 펼치면서 브랜드 가치를 높여 세계적인 화장품기업 에스티로더의 투자를 받게 되었다. 한류바람과 K 뷰티의 인기를 타고 해외진출에도 성공하여 미국, 중국, 일본, 호주 등 11개국에 진출하였다.

비록 일인창업에서 출발하였지만 연 매출액이 800억 원을 넘게 되면서 중견기업으로 성장하게 되었다. 해브앤비의 사례에서 사업 아이디어는 비록 피 터지는 레드오션에서도 얼마든지 발견할 수 있음을 알게 된다. 창업의 성공은 반드시 열정과 끈기 그리고 실행력이 뒷받침되어야 함을 이진욱 대표의 사례에서도 깨닫게 된다.

가방, 액세서리같은 패션디자인 제품시장은 전형적인 레드오션이다. 몇몇 유명 세계적인 기업의 브랜드들이 프리미엄급 시장을 지배하고 그외 제품카테고리 시장은 헤아릴 수 없이 수많은 국·내외의 중소기업들이 진출하여 가격과 디자인경쟁을 펼치고 있는 업종이다.

일반인들이 감히 도전하여 이 분야에서 창업하기에는 엄두조차 내기 어려운 일이다. 그러나 패션디자인 중 가방제품에 과감히 도전하여 죠셉 앤 스테이시(Jiseph & Stacy)라는 기업을 창업하고 불과 3년만에 해외브랜드 편집쇼핑몰 "위즈위드(www.wizwid.com)"와 디자이너 브랜드 쇼핑몰 "W컨셉(www.wconcept.or.kr)"등에 입점하여 가방, 액세서리 분야에서 1위를 차지하였다.

특히 년 간 일만 개 이상 제품을 판매한 제품을 3개나 보유하였고 매출액도 80억 원 정도를 기록하여 레드오션업종에서도 성공할 수 있다는 믿음을 입증하였다. 창업자 백동진 대표는 대학에서 산업디자인학과를 졸업하고 프리랜서로서 디자인 컨설팅을 하다가 패션디자인 제품분야에서 자신만의 믿음으로 도전할 수 있는 자신감을 가지고 2013년 창업하였다.

디자이너 1명, 상품기획자(MD) 1명과 팀을 이루어 사업을 시작하면서 디자인보다는 고급가죽제품이라는 소재로서 승부를 걸어 차별화에 성공하였다.

패션디자인 제품의 사업이 디자인경쟁과 값비싼 연예인 모델을 이용한 광고 및 판촉에 의존하지만 이러한 통념에서 과감히 탈피하여 시간이 흘러도 싫증나지 않는 클래식한 디자인과 최고품질의 가죽으로 제품의 차별화를 이루었다.

패션제품사업에 패션디자이너가 꼭 필요하다는 믿음을 버리고 최고급의 소재확보를 최우선 과제로 삼아 백대표 자신이 전 세계의 공급처를 방문하였다. 3사람이 팀을 이루어 창업하였지만 이제는 직원들이 30명을 넘으면서 사업도 안정적인 토대를 구축하였다. 제품의 우수성은 입소문을 타고 젊은세대를 중심으로 인기를 얻으면서 백화점과 가로수같은 번화가 편집숍 35곳, 19개의 인터넷 쇼핑몰에 입점하였다. 영업은 오프라인보다 온라인 매출에 역점을 두어 약 75%의 매출을 온라인에서 확보하고 있다.

죠셉 앤 스테이시의 사례를 통하여 비록 아무리 전통적인 사업업종이라 할지라도 창업자 자신만이 가지고 있는 경험, 신념, 열정 그리고 실행력으로 창업의 계기를 포착할 수

있음을 알게된다,

04 기존 업종에 신기술을 접목한 창업

국·내외에 어떤 형태로든 이미 존재하는 사업에 IT 등 새로운 기술을 적용하여 창업한 사례로서 창업의 성공률이 비교적 높은 것으로 나타난다.

기술을 이용한 창업은 특별한 기술을 가진 사람들만이 창업할 수 있을 것이라는 믿음은 매우 틀린생각이다. 사례에서 나타난 바와 같이 가장 중요한 것은 사람들이나 고객을 편하고 행복하게 해 줄 수 있는 아이디어를 창안할 수 있는 통찰이다.

본인이 보유한 기술은 없지만 확고한 사업 아이디어만 있다면 기술을 보유한 사람을 찾아서 창업을 할 수 있는 것이다. 비록 인문학을 전공했으나 IT기술 등을 적용하여 산업계에 큰 파장을 일으킨 창업의 사례에서 배울점은 기술과 자금은 우수한 사업 아이디어만 있으면 얼마든지 동원할 수 있다.

금속분말사업체인 ㈜나노코리아는 대학에서 경제학을 전공한 김일규 대표가 2011년 창업하였다. 일찍이 창업에 관심을 가지고 있었던 김대표는 대학졸업 후 의도적으로 중소제조업체에 취업하여 금속제조업 분야에 대한 경험과 학습을 하였으며 자동차나 전자제품의 부품소재로 사용되는 금속분말의 대부분이 일본이나 스웨덴 등 외국에서 수입되는 현실을 알고 34세의 나이에 이 분야의 창업에 도전하였다.

과거 금속부품의 소재는 주조, 단조, 다이캐스팅 등의 방법으로 생산되었으나 이러한 제조방식은 소재손실이나 가공비가 높았고 경쟁력도 떨어지고 생산시간도 오래걸리며 후공정이 요구되는 불편함과 고비용의 문제점에서 사업 아이디아를 착안한 것이다.

창업 후 4명의 기술자들과 팀을 이루어 7개월 간 각고의 노력끝에 스테인리스 금속분말의 제품화에 성공하였다. 제품생산 첫 해에 1억 원에 못 미쳤던 매출액은 일년만에 약 20억 원으로 늘어나며 제품군도 다양한 금속분말로 넓혔다.

구리분말, 청동분말, 니켈분말, 고내열강 금속분말로 제품분야가 확대되어 해외진출도 꿈꾸고 있다. 현재 금속분말의 국내시장은 약 1조 원 규모이며 금속분말은 3D프린터 등 다양한 소재로 사용되어 시장의 성장성은 매우 높다.

2012년 벤처기업인증을 받은 ㈜나노코리아는 중소기업진흥공단 등으로부터 투자를 받았으며 김일규 대표는 중소기업청, 한국청년기업가정신재단 등의 단체가 선정하는 국가대표 청년기업가로 선정되기도 하였다.

대학에서 사회학을 전공한 비공학도가 IT기술을 적용하여 혁신적인 커피로스팅기계를 생산하는 제조업을 창업한 사례가 있다. 현재 스마트 커피로스터 제품을 생산하는 스트롱홀더의 우종욱 대표의 창업사례이다.

우대표의 사례 역시 뛰어난 통찰력으로 사업 아이디어를 발견할 수 있다면 비록 엔지니어 출신이 아니어도 얼마든지 기술중심의 창업을 할 수 있음을 여실히 보여준다.

세계적으로 폭발적인 성장을 보이고 있는 커피산업을 보면서 우종욱 대표는 커피산업에 대하여 관심을 가지게 되었고 커피의 맛은 원두의 품질이 약 70%를 차지할 정도로 절대적임을 이해하게 된다. 대부분의 커피서빙 업소들이 값비싼 원두를 구매하며 대형업소들은 고가의 로스팅머신을 비치하여 커피를 만들고 있는 것이 일반적인 현상이다.

우대표는 급성장하는 커피산업의 이면에 있는 로스팅기계의 경제성과 품질관련성에 주목하면서 사업 아이디어를 포착하였다. 전통적으로 로스팅머신은 가스가열방식으로 이는 품질의 균질성을 보장하는데 문제가 있으며 조금만 주의를 기울이지 않으면 원두를 낭비해야하는 문제점을 가지고 있다. 또한 커피맛을 내는 레시피도 비전문가들에게는 매우 어려운 문제로서 누구나 맛있는 커피를 만들고자 하는 사람들에게는 장애가 되고 있다.

이러한 문제점에 착안하여 우대표는 2010년 자본금 800만 원으로 구로구의 한 아파트 사무실에서 창업을 하였다. 우대표의 목표는 품질이 뛰어나며 균질한 로스팅을 보장하는 기계로서 비전문가라도 전문가 못지않게 맛있는 커피를 만드는 스마트 로스팅기계의 완성이었다. 그리고 소형의 가게에서도 부담없이 구매할 수 있는 합리적인 가격의 제품개발이었다.

이러한 제품의 개발에는 디지털기술과 기계설계기술 그리고 응용화학기술의 융합이 필요하였고 사업은 5명의 팀으로 시작하였으며 3명의 로스팅기계 제조회사 출신의 엔지니어와 설계, 판금, 조립, 배선전문가들로 구성하였다.

피나는 연구개발 노력끝에 2011년 독일 국제아이디어발명 신제품전시회(iENA)와 2012년 미국 피츠버그 국제발명전시회(INPEX)에서 금메달을 수상하였다. 스트롱홀더의 커피로스팅기계는 로스팅의 전과정이 안드로이드 운영체계를 사용하여 컴퓨터화되었으며 35가지의 로스팅조리법이 입력된 소형 컴퓨터가 부착되어 있다.

초기자금조달에는 어려움을 겪었지만 IT기술과 제조를 결합하는 뛰어난 사업 아이디어로서 신용보증기금에서 3천만 원의 청년창업자금을 지원받은 것을 시작으로 2011년 청년창업사관학교로부터 1억 원의 자금을 지원 받았다.

제품개발의 신뢰성이 확보됨에 따라 소프트뱅크벤처스로부터 10억 원의 투자를 받으면서 제품개발에 박차를 가하여 매출성과로 이어졌고 사업의 성장 및 지속가능성에 큰 기대를 가지게 되었다. 우대표가 도전적으로 창업한 벤처기업 스트롱홀더의 성공적인 사례는 전통적인 제조업도 새로운 기술을 융합하여 창업의 기회가 될 수 있음을 잘 보여주고 있다.

우리국민의 일상생활에 매우 밀접한 음식배달업에 IT기술을 접목하여 창업한 “우아한 형제들”은 대한민국 스타트업의 롤 모델로 인정받고 있다.

“우아한 형제들”은 김봉진 대표가 2010년 형과 함께 카페를 전전하며 “배달의 민족” 이란 브랜드명으로 창업하였다. 김봉진 대표는 네오위즈와 NHN에서 웹 디자이너로 일하고 있었지만 스마트폰의 등장으로 인하여 스마트폰을 이용한 새로운 사업기회를 찾을 수 있다는 신념을 가지게 되었다.

첫 사업아이템으로 스마트폰용 114 전화번호 안내서비스 앱을 만들고자 했으나 실패하였고 비록 실패했으나 큰 손실은 보지 않았다. 감당할 수 있는 실패에서 많은 것을 배우고 새로운 사업 아이디어를 탐색하면서 우리들의 일상생활에 매우 밀접하게 존재하는 음식배달사업에 주목하였다.

우리나라의 배달음식시장은 약 10조 원으로서 실로 어마어마한 규모이나 배달음식에 대한 정보는 음식업자가 일방적으로 제공하는 전단지에 의존하며 정보의 신뢰성은 매우 낮았다. 또한 주문과 배달 그리고 대금결제과정에 많은 불편과 비효율성이 있음에 착안하여 스마트 폰을 이용한 앱개발의 목표를 세웠다.

시중 음식점들이 배포하는 약 오만장의 전단지를 직접 입력하면서 사업을 시작한 후 일년만에 벤처기업인증을 받고 벤처캐피털기업 본엔젤스로부터 투자를 받았다. ‘배달의 민족“ 앱을 이용한 거래가 늘어나면서 풍부한 음식점 후기에 기초한 음식점 평가로 이용자의 신뢰가 큰 장점이 되었다.

음식점들 또한 효과가 가시적으로 측정되는 앱을 이용한 광고로 배달앱에 대한 신뢰를 가지게 되어 ”배달의 민족은“ 성장의 모멘텀을 얻었다. 특히 유명 벤처투자 기업인 알토스벤처스로부터 20억 원의 투자를 유치하여 사업의 전망에 대한 신인도가 높아지고 2014년 골드만삭스가 400억 원을 투자하여 일본 등 아시아시장 진출의 계기를 맞이하고 있다.

IT기술을 배달음식사업에 접목하여 푸드테크(Food Tech)라는 새로운 업을 탄생시켰다는 자부심을 가진 김대표는 2015년 6건의 인수합병을 통하여 사업영역을 확대하였다. 배달이 안 되는 맛집을 위한 "배민브라더스", 신선제품의 정기배송을 하는 "배민프레시", 도시락 가정배송을 위한 "옹가솜씨" 그리고 반찬배송을 하는 "더푸드" 등의 업체들이 포함되어 있다.

창업 5년을 넘기면서 지속적인 발전을 거듭해온 배달의 민족은 현재 15만 여개의 음식점들이 등록되어 메뉴와 가격정보를 제공하고 있다. 전국적으로 약 2천 백오십만 명이 앱을 설치하였고 월 평균 약 600만 건의 배달음식 주문을 처리하고 있다. 불과 몇 사람이 시작한 회사는 어느덧 약 400명의 직원을 보유한 중소기업으로 성장하였다.

이미 존재하는 전통산업일지라도 신기술 또는 기존의 기술을 적용하여 얼마든지 새로운 사업아이템이나 업을 창조할 수 있음을 여실히 보여준 사례이다. 그리고 사업기회는 이미 존재하는 업종을 새로운 시각에서 바라보거나 재해석함에 따라서 무궁무진하게 발견할 수 있을 것이라는 교훈을 보여주고 있다.

새로운 사업아이템을 탄생시키기 위해서는 꼭 자신이 기술을 보유한 기술자일 필요는 없다. 사업 아이디어만 있다면 기술보유자나 필요한 자원을 가진 사람이 팀을 이루어서 공동창업을 할 수 있는 것이다.

05 사회적 문제의식에 착안한 창업

일상생활에서 경험하거나 평소에 관심을 가지고 있는 사회적인 문제에 착안하여 창업을 하는 사례가 증가하는 추세이다.

그 중에서도 성공하는 사례가 부각되면서 사회적인 문제의식이 창업사업 아이디어의 원천으로 인식되어지고 있다. 특히 장애인이 겪는 불편함과 차별성에 주목하여 이러한 문제해결을 위한 창업을 시도하여 일반대중들로부터 지지를 얻는 사례는 사회적 가치라는 공통분모를 만든다.

일반대중들로부터의 지지는 크라우드 펀딩(Crowd Funding)을 통한 자금조달의 가능성을 높여주며 제품이 완성되어 출시될 경우 사회적으로 환영을 받을 수 있는 여지가 매우 높을 것이다.

최근 농어촌을 배경으로 한 6차 산업의 창업 또는 사회적 기업의 창업도 사회적 가치창출이라는 공감대를 중심으로 국가 및 지역사회의 지지를 받고 있다. 창업하여 경제적 가치도 창출하고 동시에 사회적 가치도 창출할 수 있다면 가장 바람직한 창업으로서 사업의 성장과 지속가능성이 매우 높을 것이다.

미국 유학생 김형수 대표는 MIT대학원 재학중인 2011년 이원(e one)이라는 장애인용 시계를 만드는 벤처기업을 창업하였다.

경영학과 심리학 등을 전공하며 공학과 디자인을 몰랐던 김대표가 강의실에서 같이 수강하던 시각장애인 친구의 불편함을 보고 현존하는 장애인용 시계의 문제점에 착안하였다.

기존의 장애인용 시계는 소리로서 시간을 알려주어서 장애인에게 차별적인 느낌을 주는 동시에 수업이나 공연 등의 장소에서 시간을 알아보기에 많은 불편을 주고 있다. 따라서 보는 시계가 아닌 만지는 시계 또는 느끼는 시계를 만들 필요성을 절감하였다.

2명의 공대출신 동료들과 팀을 이루어 디자인한 첫 제품은 점자식 시계로서 실패하였으나 약 200여명의 시각장애인을 심층 면담한 김대표는 그 동안 시각장애인들에게 가졌던 편견을 깨닫고 새로운 통찰을 얻었다.

시각장애인들도 비시각장애인들과 마찬가지로 제품의 기능 외에 디자인을 매우 선호한다는 사실과 차별받는 것을 매우 싫어한다는 사실이었다. 김대표는 디자이너를 새로 영입하여 자신의 통찰에 기초한 모두를 위한 디자인(Design for all) 즉 유니버설 디자인(Universal Design)제품을 디자인하였다.

크라우드 펀딩회사인 킥스타트(Kickstarter. www.kickstarter.com)를 통하여 모금한 결과 큰 반향을 얻었다. 약 4만 불의 투자를 기대했지만 예상밖으로 약 60만 불이 쇄도하여 제품개발을 완성하였다. 장애인과 비장애인을 구분하지 않는 제품으로서 이름도 Watch대신에 Time Piece라고 명명하였다.

제품은 자석의 원리를 이용하여 두 개의 구슬, 즉 시침과 분침을 부착하여 만져서 시간을 확인할 수 있도록 했다. 시각장애인을 배려한 창업이라는 철학에 맞추어서 김대표는 아프가니스탄에서 네이비 실(Navy Seal)요원으로서 활약하다 사고로 시력을 잃은 해병장교 브래들리 스나이드(Bradley Snyder)와 같이 사업을 추진하였다.

브래들리는 비록 사고로 시각장애인이 되었지만 2012년 런던 패럴림픽 수영부문에서 두 개의 금메달을 따는 등 불굴의 집념으로 미국의 영웅이다. 제품의 브랜드 명칭을 브래들리 타임피스로 정하면서 크라우드 펀딩에서 나타난 바와같이 일반대중의 열렬한 호응을 얻었다.

뛰어난 디자인 컨셉으로 런던 디자인박물관이 선정하는 "올해의 디자인 상"을 수상하고 박물관에 영구전시제품이 되었다.

모두를 위한 디자인 컨셉으로 제품을 구매하는 고객의 98%는 비시각장애인이며 현재 제품은 주문자 상표부착(OEM)방식으로 국내에 소재하는 제조사에서 생산하여 공급되고 있다. 현재 매달 30만 불 정도의 매출을 기록하면서 안정적인 성장을 이어가고 있고 순이익의 20%는 시각장애인 지원사업 등에 기부하며 사회적 가치를 위한 창업철학을 실천하고 있다.

시각장애인이 겪는 불편과 고통에 문제의식을 가지며 문제해결을 위한 사명감에서 사업 아이디어를 포착하여 창업한 또 하나의 벤처기업이 세계적으로 주목을 받고 있는 사례가 있다.

약관 20대 중반의 나이인 김주윤 대표가 "닷(dot)"이라는 능동형 점자 웨어러블 디바이스(Wearable Device)제품을 개발하는 벤처기업을 공동으로 창업하였다.

미국 워싱턴대학교에서 사회학을 전공하는 도중에 휴학하고 5명의 다른 전공의 동료들과 팀을 구성하였고 그 중에는 회로설계전문가, 기구설계전문가 그리고 점자기술전문가가 포함되었다. 김대표는 점자책을 사용하여 공부하면서 겪는 시각장애인 동급생의 불편함을 보고 문제의식과 사명감을 가지게 되었다.

비록 문자음성 자동변환기술을 이용한 점자정보단말기가 시장에 이미 존재하지만 대당 약 300만 원이나 되는 비싼가격 그리고 무게가 3kg이나 되는 등 매우 불편한 제품으로서 시각장애인의 약 75%가 실업상태에 있는 것을 고려할 때 기존의 제품을 구매하기도 쉬운일이 아니다.

기존 제품의 또 다른 문제점은 문자정보를 음성으로 변환하기 때문에 사생활이 노출될 수 있는 점이다. 국내 판매서적의 점자책 보급률도 미국이 1%, 우리나라가 0.1% 정도로서 시각장애인들은 디지털기술의 발달이 초래한 혜택에서 소외되고 많은 차별을 받고 있음을 알게 된다.

김대표는 유학생신분으로 미국에서 창업이 어려워 귀국하여 2014년 개인창업을 하고 2015년 4월 법인전환을 하였다. 창업전에 이미 약 300여 명의 시각장애인들을 심층면접하고 제품의 기능과 디자인에 대한 설계에 착수하였다. "닷"을 창업하기 전에 김대표는 미국에서 두 번이나 창업하였으나 실패하였고 이 실패의 경험들이 큰 도움이 되었다.

전 세계적으로 약 2억 8천 5백만 명의 시각장애인이 있으며 그들 중 약 95%가 점자문맹으로 알려졌다. 한국과 미국에는 각각 약25만 명과 130만 명의 시각장애인이 있으며 시각장애인들의 대부분은 후천적인 원인으로 장애가 되었는바 이들이 겪는 불편과 고통은 너무나 큰것이다.

김대표가 개발하는 제품은 손목에 차는 전자스마트 워치로서 블루투스를 통하여 스마트폰과 테블렛 PC에 표시되는 텍스트가 점자로 전환되며 문자메시지, 이메일, 소설 및 서적도 읽을 수 있다.

가격도 기존 점자정보단말기 가격의 10% 정도로 저렴하며 무게도 230그램 정도로 초경량화된 제품으로서 제품에 대한 기대와 성능의 우수성이 입증되면서 각종 아이디어 및 시제품경진대회에서 수상을 하고 투자도 받았다.

2012년 중소기업청이 주관하는 글로벌 청년창업활성화사업으로 선정되어 실리콘벨리에 최종진출의 영예를 안았으며 2014년에는 미국 GSEA(Global Student Entrepreneur Award)에서 혁신상을 수상하였다. KBS에서 개최하는 창업오디션 프로그램인 "황금의 펜타곤"에 출연하여 최고상을 수상하여 상금 1억 원과 창업자금으로 10억 원을 대출받으면서 제품개발에 박차를 가하고 있다. 2015년에는 SK Telecom의 창업지원프로그램인 "브라보 스타트업"에 선정되어 사무실 공간을 얻고 운영자금으로 1억 2천만 원을 지원받았다.

창업이 추구하는 사회적 가치와 기술성을 국·내외적으로 인정받으면서 "닷"은 미국 창업지원 기관 "Kickstarter"를 통한 크라우드 펀딩으로 제품출시를 할 계획이다.

오늘날 우리농촌은 인구의 노령화와 소득감소로 심각한 문제들을 안고 있다. 정부에서 귀농을 장려하고 농촌에서의 창업(창농)을 지원하는 각종 정책을 펼치고 있지만 아직 성과는 미미한 수준에 머무르고 있다.

그러나 황량한 들판에서도 꽃이 피듯 한 때 탄광촌으로 유명했던 경북 문경시가 지역특산물인 오미자를 중심으로 새로운 산업을 창출하였다.

문경오미자벨리 영농조합은 우리나라 농촌이 공통적으로 안고 있는 인구감소, 인구 노령화 등에 의한 지역 공동화문제의 해결방식을 롤 모델로 제시하였다.

오미자는 조선시대부터 문경의 특산물로 인정되었고 오늘날도 전국 오미자 생산량의 45%를 담당하고 있다. 오미자는 해발 300미터 이상의 산지에서 생산되며 문경은 전체면적의 78%가 산지로서 오미자 작물재배를 위한 가장 유리한 입지조건을 갖추었다.

그러나 농가별로 생산되는 작물들이 일관된 유통망도 없이 각각 판매되면 부가가치가 낮을 수밖에 없다. 그러나 2006년 문경이 오미자 생산특구로 지정되면서 큰 전기를 맞이하였고 2007년 박종락대표가 귀농하면서 문경지역 방문객들을 위한 오미자체험촌을 설립하였다.

2008년에 약 2만 5천명이 문경을 방문하여 오미자수확, 담그기, 송어잡기 등의 관광체험을 하여 관광도시로서의 가능성을 보여주었다. 박대표는 오미자의 상품화 가능성에도 자신을 가지면서 지역주민 9명과 함께 영농조합법인을 설립하였다.

조합창업과 동시에 860평방미터의 가공공장을 설립하여 오미자청, 양념소스, 식초, 차, 과즙음료 등 오미자 가공식품생산을 개시하였고 오미자제품과 체험관광에 대한 만족도 및 인지도가 높아지면서 6차산업으로서의 신인도가 크게 제고되기 시작하였다. 2011년 중소기업청 주관 농공상융합형기업으로 선정되고 2011년에는 벤처기업인증을 받았다.

이제 문경오미자벨리 영농조합은 오미자생산과 제품가공 그리고 체험사업을 모두 겸한 6차산업의 롤 모델로 인정받게 되었고 영농조합은 약 80톤의 오미자를 농가로부터 수매하고 50톤의 가공제품을 생산한다. 그리고 관광객을 유치하여 오미자담그기, 수확, 송어잡기, 썰매타기 등의 체험을 팔고있다.

매출은 백화점, 홈쇼핑, 온라인 등의 유통기관이 약 77%를 차지하고 방문객을 통한 직판이 약 20%를 소진한다. 2012년부터는 싱가폴, 일본, 중국 및 필리핀 등에 수출을 시작하여 2014년에는 어느덧 11억 원의 매출실적을 달성하였고 그 중 36농가의 수입이 약 4억 8천만 원을 기록하였다. 종업원 중에서 여성고용비율이 약 70%이며 이 중에서 75세 이상 고령자의 비율이 약 60%나 되어 오늘날 우리 농촌이 안고 있는 문제의 해결방식을 제시한 창업사례이다.

06 틈새시장(Niche Market)을 발견한 창업

숨어있는 시장을 발견하고 창업하는 사례가 늘고 있으며 성공확률도 비교적 높은 것으로 보인다.

눈에 보이는 큰 시장들은 이미 포화상태로서 자원과 기술에 한계가 많은 창업자가 파고들기에는 거의 성공을 기대할 수 없는 사업영역이다. 구매패턴, 기호, 선호도, 시장트렌드의 변화 등을 분석하여 특정시장을 겨냥하여 진출하는 사업은 일단 성공하면 상당한 경쟁력을 가질 수 있다.

틈새시장은 대기업이나 타 업종에서 이미 기반을 구축한 기업들이 참여하기에는 규모가 작기 때문에 창업기업들이 진입하기에 적합한 시장이다. 진입한 시장에서 어느 정도 기반을 구축하면 핵심역량의 활용이 가능한 사업아이템을 추가하여 시장규모를 늘릴 수도 있다.

최근에는 이러한 숨어있는 틈새시장을 매의 눈으로 찾아내고 창업팀을 구성하여 창업하면서 사회적인 반향을 일으킨 스타트업의 사례가 주목을 받고 있다.

우리 국민들이 사용하는 각종 신용카드는 약 2천 5백여 종에 이른다. 그리고 각각의 신용카드들이 제공하는 혜택의 종류도 25만 종에 이른다. 그리고 신용카드 사용자들은 이렇게 많고 다양한 신용카드들이 제공하는 혜택을 알 수가 없으며 이러한 평범한 사실에 착안하여 카드추천서비스 플랫폼 사업을 창업한 기업이 있다.

서강대학교에서 경영학을 전공한 김태훈 대표는 약관 30세인 2012년 6월 카드추천서비스 플랫폼 구축을 위하여 레인니스트(www.rainist.com)라는 기업을 창업하였다.

레인니스트가 제공하는 앱인 뱅크샐러드(www.banksalad.com)는 신용카드 사용자가 소비패턴을 입력하면 최상의 혜택을 받을 수 있는 소비패턴별 신용카드를 추천한다.

대학재학시절부터 창업을 꿈꾸던 김대표는 서강대 앞에서 호떡장사를 하며 사업경험을 쌓았으며 금융정보의 비대칭성에서 문제의식을 가지고 자신의 아파트에서 팀들과 창업준비를 하였다. 김대표의 비전은 금융기관들과 일반인들 사이에 존재하는 정보의 비대칭성을 해소하여 삶에 가치와 효용을 제공하는 것이다.

약 2년 반 동안의 준비기간을 거쳐 아무도 거들떠보지도 않았던 핀테크 틈새시장을 만들어 낸 것이다. 뱅크샐러드는 약 2천 5백여 종의 신용카드가 제공하는 혜택을 알고리즘을 바탕으로 한 이용자의 소비패턴에 가장 적합한 신용카드를 추천한다.

창의적인 사업모델을 인정받아 구글캠프스서울 Maru180@캠퍼스에 입주하였으며 코스콤이 주최하는 2015 핀테크첼린저 사업부문 대상을 수상하였다.

옐로우금융그룹(YFG)으로부터 19억 원의 투자를 유치하여 대외적으로 사업의 가능성에 대한 인정을 받았고 현재 가입자 수는 약 2만 6천명에 28억 원 정도의 혜택을 받은 것으로 기록되고 있다.

최근에는 연말정산 코칭서비스라는 사업아이템을 추가하였으며 가입자가 미리 신용카드, 체크카드 등 각종 카드의 사용에 대한 시뮬레이션을 실행하며 연말정산시 최대한의 공제혜택을 받을 수 있게 하였다. 뱅크샐러드는 매의 눈으로 발견한 사업 아이디어로서 국내기반이 구축되면 해외진출을 염두에 두고 있다.

매의 눈으로 틈새시장을 발견한 또 다른 사례로 미아방지용 스마트밴드 제품을 개발한 문석민 대표의 리니어블(Lineable)이라는 스타트업이 있다.

30대 중반인 문대표는 삼성전자에서 스마트폰 하드웨어설계, 디자인 그리고 무선통신을 담당하던 엔지니어였다. 창업에 열망을 가졌던 문대표는 퇴사 후 2012년 컨설팅기업을 창업했으나 실패하고 5억여 원의 부채를 지고 폐업하였다.

창업 첫 번째에 성공할 수 있는 확률이 극히 낮음을 예외없이 보여준다. 놀이공원이나 대형쇼핑센터 등에서 발생하는 미아로 인한 문제는 해당 부모나 아이들에게 커다란 고통을 안겨주고 사회적인 문제이기도 하다.

이러한 문제의식을 가지고 시장조사를 한 결과 의외로 적합한 제품이 국내에 없으며 외국의 제품도 값이 너무나 비싸서 사용이 편리하지 않음을 알고 본격적으로 팀을 꾸리고 제품개발에 착수하였다. 스마트폰 엔지니어로서 쌓은 전문성으로 값싸고 사용에 편리한 제품개발이 가능함을 믿었다.

"아이의 보호를 위해서라면 누구나 차별없이 사용할 수 있어야 한다"라는 사업철학을 관철하고자 하였다. 블루투스4.0 비콘기술을 사용하여 기존 제품가격의 10분의1 수준에 불과한 제품개발을 목표하여 기능보다는 가격을 혁신의 목표로 삼은 것이다. 개당 5천원으로 배터리의 충전없이 일 년간 사용 가능한 제품을 완성하였다.

제품개발 및 운영자금조달을 위하여 먼저 미국의 크라우드 펀딩 플랫폼 기업 인디고고(www.indiegogo)를 통하여 4천만 원에 달하는 성공적인 투자를 받을 수 있었고 이는 제품개당 5천 원을 감안할 때 8천개에 해당하는 모금이었다.

그 후 국내 크라우드 펀딩 플랫폼 기업 와디즈를 통하여 성공적인 모금을 하였으며 본엔젤스, 동문파트너스 등으로부터 15억 원에 달하는 시드머니를 확보하여 사업에 대한 국·내외의 신인도를 제고하였다.

그리고 미래창조과학부가 주최하는 "K Global Connect Pangyo" 컨퍼런스에서 우승을 차지하여 사업의 창의성을 인정받기도 하였다. 제품의 판매는 온라인판매와 아가방, 에뜨와, 디어베이비, 넥스트맘 등의 오프라인을 통하여 이루어지고 있으며 의류, 신발, 금융사 등과 제휴하여 콜레보레이션 제품을 개발할 예정이다.

미아방지용 스마트 손목밴드제품은 현재 66개 국가에서 판매되고 있으며 신제품개발과 더불어 글로벌 진출이 가속화될 것으로 보인다. 언제나 우리사회에 걱정거리 중의 하나인 미아발생의 문제에 착안하여 틈새시장을 창조한 리니어블의 경우는 사업의 아이디어는 항상 우리 주변에서 찾을 수 있음을 잘 보여주는 사례이다.

초등학교 교사였던 조현구 대표는 4년간 정들었던 교직을 떠나 스타트업 창업의 길로 나섰다.

마크 주커버크가 페이스북을 만드는 과정을 다룬 영화를 보고 크게 감동을 받은 조대표는 약관 29세의 나이에 안정된 직장을 버리고 원대한 꿈을 펼치기로 결심하였다. 초등학교 교사로서 체험한 학교와 학생, 그리고 학부모 및 학생 상호간의 비효율적인 소통문화에 큰 문제의식을 느끼면서 소명감과 창업에 대한 사업계획을 안고 정든 교정을 나왔다.

서울교육대학대학원에서 컴퓨터교육학을 전공한 조대표는 교육과 IT기술을 접목하여 교육용 SNS 플랫폼 개발에 착수하였다. 교육전문가로서 직접 현장에 있으면서 채워지지 않는 틈새시장을 발견한 것이다.

현존하는 교육용 앱이나 프로그램들은 거의 일방형 커뮤니케이션 방식으로서 효율성이 떨어지고 활용도도 극히 낮았다. 조대표는 고교동창인 전자통신연구원의 연구원인 강기상씨와 공동으로 클라스팅이라는 스타트업을 창업하였다.

클라스팅은 교사와 학생, 교사와 학부모 그리고 학생과 학생들을 연결하는 교육용 SNS으로서 회원가입은 오직 교사와 학부모 또는 학생들로만 제한하였다. 오직 학교에서만 사용할 수 있는 커뮤니티로서 선생님만이 클라쓰를 개설한 권한을 가지며 맞춤형 상담과 교육을 주목적으로 하였고 비밀상담을 보장하여 학교폭력이나 왕따 등의 문제해결에도 큰 도움을 주고 있다.

두 공동창업자는 KAIST학생들의 재능기부도 받으면서 2011년 플랫폼개발에 착수하여 2012년 3월 완성된 서비스 앱을 출시하였다. 제공하는 서비스의 효과와 안전성이 입증되면서 현재 1만 3천여 곳의 학교에서 약 15만 명의 교사가 활용하고 있으며 이는 전국적으로 약 200만 가정이 사용하고 있는 셈이다.

여느 창업이나 마찬가지로 조대표 역시 자금부족으로 많은 어려움을 경험하였다. 교사시절 저축한 천만 원, 각종대회에 참가하여 받은 상금 3천만 원 등을 운영자금으로 사업에 착수하였으나 제품개발이 완성되기까지 어려움의 연속이었다. 그러나 완성된 제품의 우수성이 평가를 받으면서 투자의 기회도 찾아왔다.

2012년 11월 방송통신위원회가 수여하는 “Global K Start-up” 우수상을 받고 곧 이어 교육과학기술부 주최 “스마트교육 앱” 공모전에서 장관상을 수상하였으며 2013년 3월 사용자가 15만 명을 돌파하면서 투자유치가 이루어지기 시작하였다.

2013년 일본 소프트뱅크가 10억 원을 투자하였고 2014년에는 파트너스 인베스트먼트가 30억 원을 투자하였으며 5억 원의 개인투자도 이루어졌다. 클라스팅은 현재 세계적으로 약 60여개 국가에 서비스를 제공하고 있으며 모두에게 최고의 학습경험을 제공하여 사회에 기여하고자 하는 비전을 추구하고 있다.

틈새시장은 발견하기만 하면 스타트업으로 창업하기에 가장 적합한 사업기회를 제공한다. 틈새시장은 대기업이나 이미 기반을 구축한 기업들이 관심을 기울이지 않는 조그마한 영역이다.

그리고 시장규모를 측정하기가 쉽지않고 자원과 역량을 쏟아붓기에 확신을 가질 수 없는 영역이다. 그러나 동시에 기존 기업들이 외면하는 틈새시장을 명확히 발견하고 정의할 수 있다면 기업가정신으로 무장한 젊은 창업가가 용기있게 도전하여 승부를 걸만한 기회의 창이다.

많은 예비창업가들이 가지는 가장 큰 질문은 도대체 사업 아이디어는 어떻게 발견하나?이다. 합당한 질문이다. 틈새시장에서 창업기회를 발견한 사례와 같이 사업기회는 우리 주변에서 얼마든지 찾을 수 있다. 매의 눈으로 발견할 수 있는 것이다. 자신이 종사하는 사업이나 경험에서 사람들이 겪는 불편함, 어려움 등에서 문제의식을 찾아서 틈새시장을 창조할 수 있는 것이다.

표 2-1 최근 창업의 유형정리

창업유형	기 업 명	창업아이템
I. 과학기술을 응용한 창업	1. 아이센스 2. 파크시스템 3. 테르텐	바이오센스 원자현미경 디지털 보안시스템
II. 기존의 업종에 새로운 가치를 더한 창업	1. 야놀자 2. 레인보우 3. 에이프릴	숙박예약서비스 플랫폼 프리미엄 독서실 의류 도·소매연결 비즈 플랫폼
III. 열정과 취미로 레드오션을 혁신한 창업	1. 샤나에잇쓰에비뉴 2. 해브앤비 3. 죠셉 앤 스테이시	명품 디자인 백 화장품 BB 크림 패션 가죽가방
IV. 기존 업종에 신기술을 접목한 창업	1. 나노 코리아 2. 스트롱홀더 3. 우아한 형제들	금속분말 커피 로스터기계 음식배달앱, Food Tech.
V. 사회적 문제의식에 착안한 창업	1. 이원(e one) 2. 닷(dot) 3. 문경오미자벨리 영농조합	장애인용 시계 장애인용 점자 디바이스 농촌 6차산업
VI. 틈새시장을 만든 창업	1. 뱅크 샐러드 2. 리니어블 3. 클라스팅	카드추천 서비스 플랫폼 미아방지용 스마트 밴드 교육용 SNS

CHAPTER

03

창업생태계

스타트업들이 성장하기 위해서는 창업생태계의 지원이 절실하다. 창업생태계는 창업의 주변에서 작용하는 사회, 경제적인 기반으로서 국가별로 각기 다른 특성을 가지고 발전하였다.

아무리 기업가정신으로 무장한 사업가라도 혁신적인 사업 아이디어를 사업화하기 위해서는 투자가 필요하며 경험많은 선배 사업가들의 조언도 필요하다.

에어비앤비, 드롭박스, 우버 등과 같이 크게 성공한 스타트업들이 미국 실리콘밸리의 창업지원기업인 Y Combinator의 보육, 멘토링 그리고 투자를 받으면서 성장한 것은 이러한 창업생태계의 절대적인 역할을 잘 설명한다.

대부분의 스타트업들은 작은 아이디어에서 출발하여 독창적인 비즈니스모델을 구축하는 매우 작은 규모의 기업으로서 모든 것이 부족함에서 출발하며 사업의 구체화를 도모한다.

사업 아이디어를 제품화하기 위한 기술의 간극, 자금부족, 법률 및 세무지원, 시장에 대한 이해 등의 문제를 해결해야 하며 스타트업들이 안고 있는 이러한 문제를 중심으로 영리기업이나 비영리기업들이 보육, 투자, 기술혁신 및 사업화를 지원하고 있다.

이러한 다수의 이해관계자들이 시장에 존재하면서 체계적으로 조직화되어 하나의 통합된 시스템을 이루고 있는 상태가 창업생태계라고 볼 수 있다. 즉 스타트업과 보육기관(Incubator), 기술지원, 멘토링, 초기자금지원 등의 지원을 하는 액셀러레이터(Accelerator), 투자가(엔젤 및 벤처캐피털)가 있으며 이에 더하여 창업생태계를 구성하고 있다.

그림 3-1 **창업생태계**

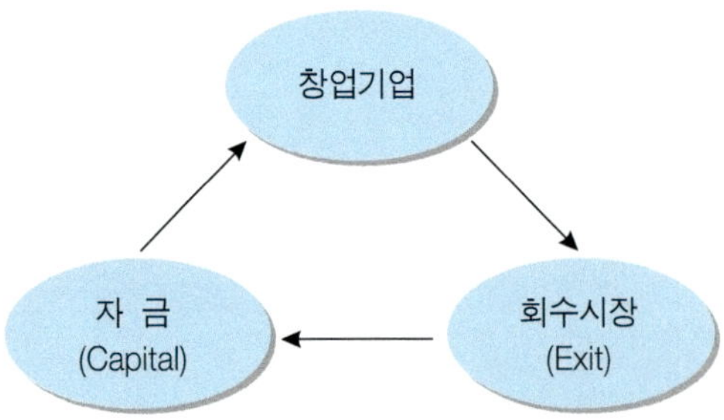

그림 3-2 창업생태계의 구성요소

01 창업보육 및 지원기관

신생기업이 태동 후에 발육할 수 있도록 도와주는 것이 인큐베이팅이며 이러한 일을 담당하는 기관이나 기업이 인큐베이터(Incubator)이다.

국내 첫 인큐베이터는 "중소기업 창업보육센터"로서 처음에는 정부주도로 중소기업의 보육을 도왔으나 그후 기업이 운영하는 인큐베이터가 탄생하였다. 원래의 창업보육은 창업공간제공, 시드머니공급, 멘토링 등과 같은 비교적 제한된 역할을 담당하였으나 최근에는 기술지원, 외부투자자와의 네트워킹, 투자유치, 직접투자 등의 확장된 역할을 하고 있다.

이렇게 확장된 역할을 수행하는 기업이 액셀러레이터(Accelerator)이다. 미국실리콘밸리에서 창업하여 액셀러레이터의 보육 및 투자를 받아 세계적인 기업으로 성정한 소위 유니콘들이 증가하면서 액셀러레이터들에 대한 기대와 관심이 매우 커지고 있다.

(1) 인큐베이터(Incubator)

순수하게 창업기업의 보육만을 도와주는 기관은 정부, 대학, 지방자치단체, 연구소, 공공법인 등 대부분이 비영리를 목적으로 하는 기관들이다. 일반적으로 사무공간을 무료 또는 매우 합리적인 가격으로 제공하며 1~5년 동안 보육관련교육, 멘토링, 기술지원 등의 서비스를 제공한다.

직접투자는 하지 않으며 적은 금액의 시드머니를 제공하기도 하며 현재 국내에는 서울시가 운영하는 "서울시 청년창업센터(2030.seoul.kr)", "서울시 창업스쿨(www.school.kr)"이 있으며 정부가 운영하는 "중소기업창업보육센터"와 "청년창업사관학교"가 있다.

또한 정부가 예산을 지원하여 선정한 창업선도대학들이 창업보육역할을 수행하고 있고 그외 영리를 목적으로하는 기업들이 보육을 포함한 확장된 창업기업보육서비스를 수행하고 있다.

(2) 액셀러레이터(Accelerator)

인큐베이터가 비교적으로 단순지원 서비스를 제공하며 대부분 정부, 지방자치단체, 대학, 연구기관 등 비영리기관에 의하여 운영되는 것에 비하여 액셀러레이터는 영리를 목적으로하는 기업체에 의하여 운영되는 것이 거의 대부분이다.

예외적으로 정부나 정부산하기구들에 의하여 운영되는 액셀러레이터도 있지만 민간기업에 의하여 운영되는 것이 세계적인 추세이며 바람직한 방향이다.

액셀러레이터는 스타트업의 안착을 위하여 사무공간 등 물리적 지원부터 투자자 소개, 해외네트워크개척 등의 지원하며 통상적으로 스타트업의 지분 5~10%를 인수하여 스타트업이 매각되거나 상장되면 회수한다.

액셀러레이터는 매우 적극적으로 선정한 스타트업을 지원하여 때로는 투자까지 하면서 회수를 목표하며 국내에서도 최근 전문적인 액셀러레이터 기업들이 늘어나면서 신생 스타트업들을 지원하고 있다.

액셀러레이터 기업은 선발된 기업들을 비교적 3~6개월의 단기간 동안 집중보육프로그램을 실행하여 창업교육, 멘토링 등의 지원을 하고 데모데이(Demo Day)를 개최하여 투자자 및 고객을 초청하여 발표할 기회를 제공한다.

2000년대 중반이후 확산되기 시작한 액셀러레이터는 현재 세계적으로 약 2천여 개의 기업이 활동하고 있다.

세계적인 스타트업들을 발굴하고 성공시킨 미국의 액셀러레이터들은 민간주도형 모델로서 공정한 선발과정을 거치며 선정된 기업들에게 조기투자, 차별화된 1:1 멘토링, 코칭중심의 집중지원을 한다. 미국의 대표적인 액셀러레이터로는 Y Combinator, 500startups, Techstar, Angelpad 등이 있다. Y Combinator는 전자상거래업체인 "비아앱"의 창업자 폴 그레이엄이 2005년 설립하였으며 Airanb, Dropbox 등의 보육과 창업을 성공시킨 액셀러레이터의 롤 모델이다.

국내적으로는 2010년도에 초기 벤처창업가들에 의하여 설립된 “프라이머”가 최초의 액셀러레이터이며 현재 약 20여개의 액셀러레이터가 활동하고 있다.

국내의 액셀러레이터들은 인큐베이팅 기능과 기타 멘토링, 투자 등 역할들을 복합적으로 수행하고 있다.

국내의 대표적인 액셀러레이터 및 주요 수행역할은 다음과 같다.

① 프라이머(www.primer.kr)

국내 최초의 액셀러레이터로서 이니시스, 다움커뮤니케이션, 네오위즈, 본엔젤스 등 창업기업의 벤처1세대들이 의기투합하여 2010년 설립하였다.

초기에는 인큐베이터로서의 역할을 수행하였으나 현재는 엔턴십(Enternship) 프로그램과 외부강사 초청 등 액셀러레이터의 기능을 배가하였다.

극초기의 창업기업에 투자하고 소수지분을 획득하여 선정된 초기 스타트업들을 위하여 인턴십 프로그램을 운영하고 나아가 데모데이행사를 개최한다. 데모데이발표의 결과에 따라 2~4천만 원 정도의 투자를 하고 5~15%의 지분을 얻는다.

② K 스타트업(www.kstartup.com)

K 스타트업은 정부 및 민간기업 등의 자본투자로 2012년에 설립되어 민간에 위탁되어 운영되는 비영리기관으로서 자본투자기관으로는 구글, SK Planet, 은행권 청년창업재단이 참여하였다.

K 스타트업은 선발된 스타트업들에게 사무공간을 제공하고 멘토링프로그램을 실행하며 유망한 벤처사업에는 약 2천만 원 정도의 투자를 하여 10% 이하의 지분을 획득한다. 대부분의 액셀러레이터가 영리기업인데 비하여 K 스타트업은 비영리로 운영되고 있다.

③ 스파크랩스(www.sparklabs.co.kr)

미국 실리콘벨리의 대표적인 액셀러레이터인 Y Combinator를 벤치마킹하여 해외에서 활동 중인 벤처사업가들이 2012년에 설립한 액셀러레이터이다.

스파크랩스는 다른 액셀러레이터와는 달리 해외진출에 특화된 프로그램을 운영하며 해외기업가를 중심으로 멘토링단을 구성하여 약 3개월 간의 프로그램을 수행한다. 선정된 스타트업에게는 앤젤이나 벤처투자가들과 네트워킹기회를 제공하고 직접투자도 한다.

일 년에 약 2회 정도의 애플리케이션 과정을 거쳐서 3천만 원 정도의 투자를 하고 현재까지 약 40여개의 업체가 프로그램에 참여하였다. 디지털교육프로그램 개발업체인 "노리", 온라인 화장품 요통업체 "미미박스", 모바일게임분석 솔루션업체 "파이브락스" 등은 대표적인 스파크랩스의 프로그램과 투자를 받은 스타트업들이다.

④ 디캠프(dcamp.kr)

디캠프는 20개의 은행들이 출자하여 설립한 비영리기관인 은행권 청년창업재단이 2013년 설립한 기구이다.

디캠프는 회원에 가입한 스타트업들이나 사업 아이디어를 가진 사람들이 서로 협업하여 일할 수 있는 협업공간을 제공한다. 타 액셀러레이터와는 달리 좋은 사업 아이디어만 가지고 있어도 협업공간에서 자신의 아이디어를 다른 사람과 공유하여 발전시킬 수 있는 기회를 가진다.

선정된 스타트업들은 약 6개월 동안 보육공간에 입주하여 지원을 받으며 데모데이에 통과하면 시드머니를 제공받는다. 유망한 스타트업들은 엔젤투자자나 벤처투자기업들과 네트워킹할 수 있는 기회가 주어져서 투자로 이어질 수도 있다.

⑤ 패스트트랙아시아(www.fast-track.asia)

패스트트랙아시아는 티켓몬스터의 신현성 대표, 파이브락스의 노정석 대표 그리고 스브리지캐피탈의 박지웅 대표가 2012년 설립하였다.

패스트트랙아시아는 일반적인 인큐베이터나 액셀러레이터나 투자자가 아니고 캄퍼니빌더(Company Builder)의 사업을 수행하여 유망 스타트업과의 공동창업, 기존 스타트업과의 협업 그리고 대기업과의 파트너십을 맺는다. 선정된 스타트업에게 Company Building을 위한 지원, 사업개발을 위한 자금투입 및 후속투자유치를 위한 지원을 제공한다.

최근엔 프리미엄 창업교육을 위한 패스트 캠퍼스(Fast Campus)를 설립하였고 멤버십에 기초한 신개념 오피스 서비스기업인 패스트파이브(Fastfive) 1호점을 개설하였다.

⑥ 마루180

아산나눔재단이 2014년 설립한 창업지원센터이다.

직접 창업지원프로그램을 운영하는 다른 액셀러레이터와는 달리 스타트업과 액셀러레이터 그리고 벤처캐피털 리스트까지 동시에 같은 공간에 입주시켜 창업을 지원하는 소규모 창업생태계이다. 일종의 오픈소스 플랫폼으로서 교육, 투자, 네트워킹 등 창업관련 종합솔루션을 제공하는 기관이다.

입주 스타트업들은 센터에서 제공하는 각종 이벤트나 프로그램들을 통하여 멘토나 투자자 그리고 다른 창업가들과의 네트워킹기회를 자주 그리고 쉽게 가질 수 있는 혜택을 누릴 수 있다. 창업설립 후 3년 이내의 중소기업이나 팀원의 수가 16인 이하의 창업팀을 가진 스타트업이 입주할 수 있으며 다른 액셀러레이터와는 달리 연령제한은 없다.

입주 스타트업들은 6개월마다 재심사를 받으며 주로 사업아이템과 팀의 역량이 평가기준이며 역삼동에 위치한 마루180은 소규모 창업생태계로서의 시스템을 갖추고 있다. 1층은 이벤트홀로서 창업관련 각종행사를 개최하며 코워킹 스페이스를 제공한다. 2층에서 5층까지의 공간에는 액셀러레이터와 투자사들 그리고 스타트업 기업들이 입주해 있다. 스타트업들에게는 서로 배우고 교류하며 함께 성장할 수 있는 기회를 제공받는 창업공간이라고 볼 수 있다.

⑦ 구글캠퍼스 서울

영국 런던과 이스라엘의 텔아비브에 이어 세계에서 세 번째로 구글캠퍼스가 서울에서 개관되어 스타트업을 지원한다.

구글캠퍼스는 구글같은 글로벌 프로그램과 민간보육창업생태계의 장점을 결합하여 창업기업을 효율적으로 지원하려는 목표로 2015년 설립되었고 구글캠퍼스는 구글이 통합관리를 맡고 아산나눔재단이 입주스타트업을 지원하며 500스타트업 코리아가 액셀러레이터 프로그램을 제공한다.

구글캠퍼스 서울 역시 "마루180"과 유사하게 일종의 소형 창업생태계라고 볼 수 있다. 구글캠퍼스는 회의실, 통신망, 카페테리아 등의 물리적인 공간을 제공하며 전문가의 멘토링, 투자자연결, 교육프로그램 등 스타트업 육성프로그램을 제공한다. 그러나 인큐베이팅이나 직접투자 등의 역할은 하지 않는다.

캠퍼스빌딩은 커뮤니티공간, 이벤트공간, 협업공간, 구글공간으로 구성되어 창업지원 기능을 담당하며 커뮤니티공간은 스타트업들이 모여서 아이디어를 교환하고 협업할 수 있는 장소로서 누구나 회원가입을 하여 참여할 수 있다. 이벤트 공간에서는 각종 교육프로그램들이 진행되며 정규, 비정규적인 세미나 등이 개최된다.

협업공간은 오픈 스페이스로서 엄정하게 선정된 입주스타트업들을 위한 장소로서 사무공간, 회의공간으로 이루어지며 스타트업 기업 간의 상호교류가 이루어진다. 구글공간은 캠퍼스을 운영 및 지원하는 구글, 아산나눔재단 및 500 스타트업코리아를 위한 장소이다.

구글캠퍼스의 특징으로서 육아 때문에 스타트업에 참여할 수 없는 어머니들이 육아와 스타트업을 병행하도록 하는 "엄마를 위한 캠퍼스(Campus for Moms)" 프로그램이 있다.

구글서울 캠퍼스가 제공하는 큰 장점은 국내의 스타트업들이 글로벌로 진출할 수 있는 프로그램들을 운영하고 있는 점이다. 그 중에서도 캠퍼스 교환프로그램(Campus Exchange Program)은 전 세계 스타트업들이 한 곳에 모여서 아이디어를 교환하고 발전시켜 나가는 과정을 지원한다.

이상 사례로 예시한 국내의 액셀러레이터들은 나름대로의 특성을 갖추고 스타트업들을 위한 서비스를 제공하고 있으나 대부분 설립 5년 이내의 짧은 역사와 경험을 가지고 있다. 따라서 미국, 이스라엘, 영국 등 창업선진국들에 비하여 전문화, 글로벌화 역량, 양적인 면에서 아직 초기단계에 있으며 특성화, 전문화가 더욱 필요하다고 볼 수 있다.

표 3-1 Incubator와 Accelerator의 비교

	Incubator	Accelerator
지원 대상	기술 및 비기술사업. 연령, 성별과 무관하게 해당 분야 경험, 전문성 중시	웹, 모바일, 게임, 눈, 클라우드, 소프트웨어 설계 등 도전적인 창업가
비즈니스모델	대부분이 비영리 목적으로 운영	영리를 목적으로 운영. 투자수익 기대
운영자	정부, 지역단체, 대학, 경제단체 등	기업가와 투자자
대상기업 선발	대부분 지역에서 경쟁선발	다양한 지역, 국제적인 경쟁선발
지원기간	비교적 장기(1~5년)	단기간(1~6)의 boot camp
투 자	일반적으로 직접투자를 하지 않음	직접투자를 행하고 소수지분을 확보함
시설공간제공	무료 또는 저렴한 가격으로 보육공간제공	boot camp 기간만 공간제공. 예외적으로 장기간 공간제공

02 정부의 창업지원제도

국·내외적으로 크게 성공한 대부분의 스타트업들은 정부의 지원정책에 의존하지 않고 거친 창업생태계 속에서 뿌리박고 성장하였다.

정부기관들이 제공하는 지원정책에 크게 기대하거나 의존해서 창업을 시도하는 것은 바람직하지도 않고 성공을 기약할 수도 없다. 스타트업은 아무리 척박한 환경에서도 자신을 믿고 사업기회를 끝까지 추구하는 정신을 가지고 추진해야 한다.

그러나 창업초기에 자신의 업종이나 사업추진과정에 적합한 지원프로그램이 있다면 충분히 활용하여 도움을 받을 수 있다. 정부가 제공하는 창업지원정책은 새로운 정부가 탄생할 때마다 바뀌어 왔으며 현재는 정부가 중점적으로 추진하는 창조경제를 위하여 그 어느 때 보다도 구체적이고 강화된 창업지원 프로그램들이 있어서 이것들을 잘 파악하고 활용할 수 있다.

정부의 창업지원 프로그램은 지원을 받을 수 있는 대상과 지원내용이 매우 다양하게 구성되어 있고 매년 중소기업청과 미래과학부가 정부의 창업지원 사업현황을 일목요연하게 정리하여 발표하고 있다.

정부의 창업지원사업은 창업교육, 창업시설 및 공간제공, 멘토링, 사업화, 정책금융 그리고 연구개발 등 6개의 분야별로 구성되어 있고 각종 경진대회, 공모전, 행사 및 네트워킹 프로그램들이 있다. 도움을 받을 수 있는 정부의 지원사업이 있음에도 불구하고 이를 알지 못하여 활용하지 못하는 사례가 적지 않으며 예비창업자들은 이러한 정부의 지원제도를 잘 파악하여 자신이 추진하는 사업의 성격과 가장 부합되는 지원프로그램을 선택할 수 있다.

정부지원 정책중에서도 청년창업이나 기술기반창업을 고려하는 창업가들에 참고가 될 수 있는 정책들만을 발췌하여 이곳에서 소개하기로 한다.

(1) 청년창업사관학교

중소기업진흥공단이 우수한 사업 아이디어를 가진 청년창업가 또는 예비창업가를 선발하여 창업의 시작부터 사업화할 때까지의 전 과정을 일괄지원하는 가장 강력한 지원프

그림 3-3 단계별 지원프로그램

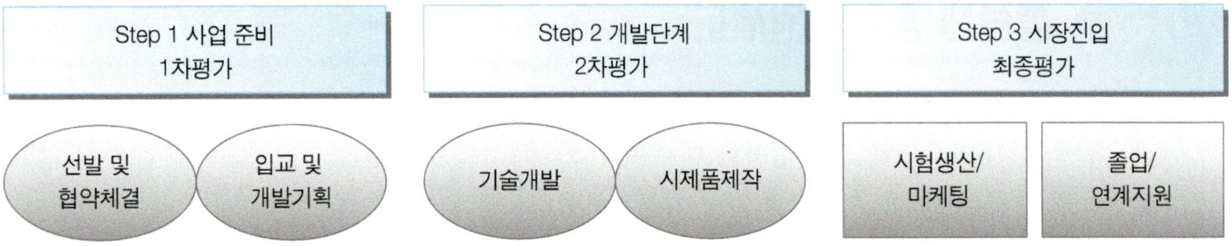

로그램이다.

지원내용의 파격성에 비추어서 매년 약 300개 내외의 예비창업자 또는 팀이 선발되며 선발된 예비창업자는 창업교육, 기술개발, 시제품제작, 시험생산, 사업화를 위한 연계지원까지 체계적인 교육과 지원을 받는다. 정부가 많은 예산을 투입하여 수준높은 지원을 제공하는만큼 입교의 조건과 선발절차도 매우 엄격하다.

- **지원자 자격요건** : 만39세 이하의 예비창업가 또는 예비창업팀(2~4인)과 창업 후 3년 이내의 중소기업대표가 지원할 수 있다. 고용 및 부가가치창출이 높은 기술기반 업종에 우선순위를 부여함(제조업 및 지식서비스업).
- **자금지원규모 및 모집인원** : 총 사업비의 70%로서 1억 원 정도 자금을 지원하며 청년창업자는 총사업비의 30%를 본인이 부담한다. 매년 약 330팀 내외가 선발되어 수도권과 4 곳의 지방권역의 창업공간에 입소하고 필수교육을 이수한다. 입교하여 각 단계별로 성과에 대한 평가가 이루어지며 실적이 미흡하면 졸업을 할 수 없다.
- **지원내용** : 창업공간제공, 창업교육, 창업코칭, 사업비지원, 기술지원, 연계지원 및 글로벌진출을 위한 원스톱지원이 이루어진다.

(2) 스마트벤처 창업학교

중소기업청이 운영하며 창업사관학교와 유사한 지원시스템을 갖추고 ICT기반 지식서비스 분야의 창업을 지원하는 프로그램이다.

매년 전국 4개의 창업학교에서 200개 내외의 창업팀을 선발하여 비교적 8개월이라는 장기적인 지원프로그램을 실행하며 앱, 콘텐츠 및 소프트웨어 분야에 종사하는 예비창업자 또는 팀을 지원하기 위한 지원제도이다.

그림 3-4 **단계별지원프로그램**

사업계획	창업교육	개 발	사업화
사업계획 수립/평가	경영실무 창업의지	멘토링 전문교육	마케팅 기업제휴

- **지원자 자격요건** : 만 40세 미만의 예비창업자(팀) 또는 창업 3년 미만의 중소기업 대표자로서 앱, 콘텐츠, 소프트웨어융합 등 유망 지식서비스 분야 예비창업자 또는 초기창업자이다.
  앱분야에는 모바일앱, 웹앱 등의 응용프로그램을 포함하며 콘텐츠 분야에는 방송영상, 게임, 에니메이션, 만화, 캐릭트 등이 대상이며 소프트웨어융합 분야에는 제조업, 서비스업 등 타 산업과 융합할 수 있는 소프트웨어를 포함한다. 서류심사와 면접심사를 통하여 결정하며 평가요소로는 창업의지, 창업아이템의 우수성, 사업계획서의 타당성으로 구성된다.
- **자금지원규모** : 총사업비의 70%를 1억 원의 한도 이내에서 지원하며 청년창업가는 총사업비의 30%를 직접 부담한다.
- **지원내용** : 사업 아이디어를 사업화하기 위한 전 과정을 교육 및 전문멘토링을 통하여 지원하며 사업계획수립, 사업아이템개발, 창업 및 사업화 단계를 32주 기간 동안 단계별 프로그램을 실행한다.

(3) 글로벌창업활성화 사업

중소기업청 산하의 창업진흥원이 주관하는 해외진출을 목표로 하는 예비창업가, 2인 이내의 창업팀, 창업 5년 이내의 창업기업 대표자를 지원하기 위한 프로그램이다.

미국, 중국, 유럽, 베트남, 캄보디아 등 해외에서 창업을 목표하는 청년창업활성화사업으로 매년 약 50여개의 팀을 지원한다.

- **지원자 자격요건** : 예비창업자, 팀 또는 창업 후 5년 이내의 기업대표로서 IT분야 및 제조업창업을 위주로 선발하며 팀원 중 한 사람은 현지어에 능통해야 한다. 예외적

그림 3-5 **선정평가기준**

사업계획서 평가	→	Mentor 평가	→	Presentation 평가
현지사업의 Business Model		창업의지 전문성 팀원역량		기술성 현지창업 가능성

인 국가들에 진출하는 경우는 영어에 능통할 것이 조건이다.

- **지원내용** : 국내연수과정을 통하여 창업자가 해외진출에 필요한 실무적인 교육을 행하고 해외의 현지 액셀러레이터를 통하여 약 90일 간의 위탁교육을 한다.

(4) 창조경제타운

창조경제타운(www.creativekorea.or.kr)은 미래창조과학부가 운영하는 온라인 플랫폼이다. 국민 중 누구라도 독특한 사업 아이디어가 있으나 기술이나 자원이 부족하여 사업화할 능력이 부족하면 이를 통하여 시제품제작과 사업화과정에 필요한 도움을 받을 수 있다.

그림 3-6 **아이디어 구현 플랫폼**

1. 아이디어 제안	2. 아이디어 구체화	3. 타당성 분석지원
• 자신의 아이디어 제안 • 아이디어를 백업 할 수 있는 정보제공	• 아이디어를 제품, 서비스로 구현할 수 있도록 지원 • 독창성이 검증되면 특허 출원 등을 지원	• 제품의 경쟁력과 시장성 분석 • 아이디어를 발전시키는 전략수립 지원, 관련 기술정보제공
5. 시제품제작/마케팅지원	**6. 연구개발지원**	**4. 창업지원**
• 시제품 제작 및 판로개척지원 • 전시회 참가, 온라인 홍보 등으로 판매촉진지원	• 기존 기술연계지원 • 기업, 대학, 연구소의 인력과 장비지원	• 창업을 위한 사업계획서, 법인설립절차 등 지원 • 창업자금 연계, 경영, 법률 등 교육안내

그림 3-7 **아이디어 멘토링 프로세스**

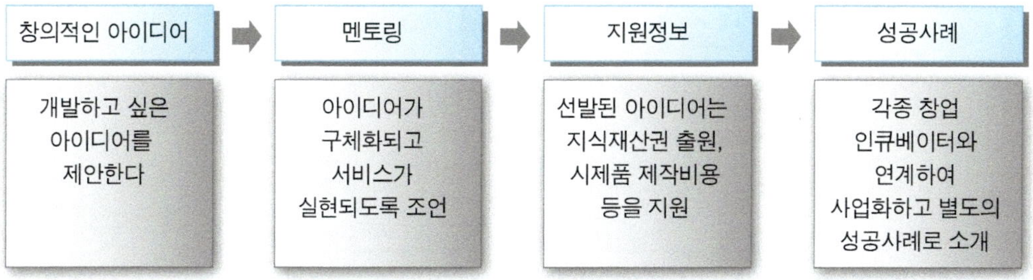

창의적인 사업 아이디어만 있으면 관련기술, 자본이 없더라도 정부, 공공기관 및 출연연구소 등 유관기관들이 주도적으로 도와서 아이디어의 실현을 돕는다.

(5) TIPS 프로그램

뛰어난 기술을 가진 스타트업 창업가를 지원하기 위한 프로그램으로 2013년 처음 도입되었다.

프로그램의 이름인 Tech Incubator Program for Startup이 암시하듯 빼어난 기술을 소지한 기업의 창업을 정부가 파격적인 예산으로 지원하는 프로그램이다.

이 프로그램은 민간투자가 주도하며 정부가 지원하는 제도로서 창업을 지원하는 민간 액셀러레이터가 보육과 사업화의 대부분을 담당하고 정부는 연구개발 및 사업화를 위하여 상당한 규모의 자금을 지원한다. 선정된 창업기업은 팀당 최대 10억 원 규모의 자금 지원까지 받을 수 있어서 모든 창업지원제도 중에서 가장 큰 도움을 받을 수 있는 프로그램이다.

지원규모가 큰 만큼 오직 기술창업 스타트업들만이 지원자격을 가지며 이 프로그램의 지원을 받은 기업들 가운데는 이미 국·내외 벤처캐피털로부터 상당한 규모의 투자를 유치하는데 성공하였다.

특히 키즈노트와 엔트리코리아는 다음 카카오, 네이버와 M&A를 성사시켰다. 글로벌로는 잡 플래넷을 만든 "브레인 커머스"는 미국 알토벤처스와 퀄컴으로부터 투자를 받았고 음악 앱 비트를 만든 "비트패킹 컴퍼니"도 알토스벤처스로부터 투자를 유치하였다. 이밖에도 모바일 오타 수정앱인 "큐키"와 명함 앱 "드라마 앤 컴퍼니"는 일본투자자로

그림 3-8 TIPS 프로그램의 구조

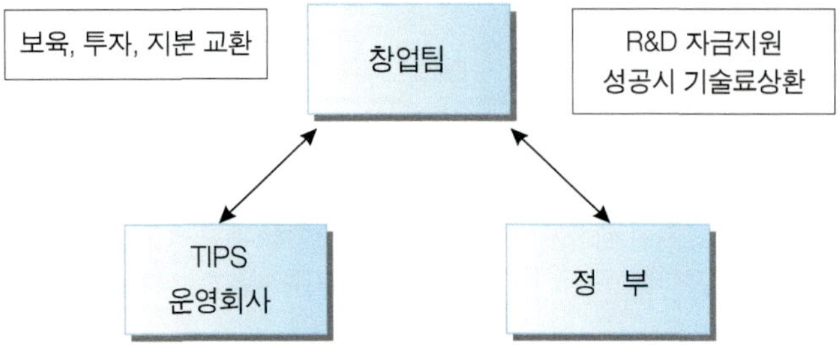

부터 투자를 받았다.

TIPS의 운영회사들은 성공한 벤처1세대들을 포함한 액셀러레이터 및 엔젤투자가, 대학창업보육센터 그리고 대기업들로서 현재 26개의 민간기관들로 구성되어 있다.

이들 운영기관들은 선정된 스타트업들에게 작업공간제공, 멘토링, 인큐베이팅, 네트워킹 등의 서비스를 제공한다. 대표적인 운영사로는 본 앤젤스, 프라이머, 캡스톤파트너스, 패스트트랙아시아 등이 있으며 협력기관으로는 포스코, 현대자동차, 카이스트 청년창업투자지주 등이 있다.

- **지원자 자격요건** : 사업을 개시 후 7년이 지나지 않은 중소기업과 대학, 연구기관 등의 기관과 기업에 소속된 상태에서 창업을 희망하는 경우는 예비창업팀으로 신청이 가능하다. 대학 또는 연구기관도 위탁연구기관으로 참여할 수 있다.
- **지원내용** : 창업팀 당 최대 10억 원 규모의 지원을 3년 이내의 기간에 걸쳐 받을 수 있다. 이 지원금액은 엔젤투자금 1억 원, 정부의 기술개발자금 5억 원, 창업화 사업자금 4억 원을 포함한다. 정부의 자금지원이 매칭되는 보육기간은 2년이나 생명과학 등 장기간이 소요되는 과제는 3년까지 연장된다. 선정된 스타트업들은 운영사가 지원하는 인큐베이터에 입주하여 운영사의 보육과 멘토링의 지원을 받는다.

(6) 창조경제혁신센터

창조경제혁신센터는 창조경제실현을 위하여 현 정부가 지방자치단체 그리고 대기업들과 협업으로 전국 17개의 시, 도에 구축하였다.

법적으로 비영리재단으로 설립되어 정부산하기관이라고 볼 수 없지만 정부의 주도로 설립되고 정부가 운영과 방향설정에 상당한 영향력을 행사하고 있다. 창조경제혁신센터는 각 지역별로 집중육성산업을 특화하여 벤처창업기업, 중소기업과 대기업간의 유기적인 생태계를 조성하는 것을 목표한다.

스타트업 창업가들은 17개의 각 지역별로 중점지원하는 특화사업을 이해하고 제공하는 서비스 내용을 파악하여 지원을 요청할 수 있다. 각 지역센터들은 사업 아이디어를 사업화하는데 필요한 창업관련정보 및 창업에 필요한 금융, 법률, 특허, 유통 및 판로개척 등의 서비스를 원스톱 지원하도록 되어 있다.

지역센터별로 창업공모전을 개최하여 선정된 기업은 창업지원금, 보육, 창업투자유치 등의 혜택을 받을 수 있다. 정부와 대기업 그리고 지방자치단체가 연계하여 운영되는 체제이기 때문에 행정자치부가 제공하는 공공데이터, 대기업이 제공하는 경험과 글로벌시장에 대한 정보 등을 편리하게 활용할 수 있다. 전국의 창조경제혁신센터의 역사가 아직 짧지만 센터의 보육과 지원을 받아 성공창업으로 이어진 사례가 탄생하고 있다.

전국의 혁신센터 및 각 센터별 특화산업은 다음과 같다.

시도별 센터/기업	특화산업	분 야
서울 CJ	도시라이프	도시생활 스타일, 전국혁신센터 연계거점
인천 /한진	물류	첨단물류기반, 중국진출플랫폼, 중소벤처 수출물류
충남/한화	태양광 에너지	충청권 태양광클러스터, 농수산물 부가가치화
세종/SK	스마트 농업	농업+ICT, 스마트로컬푸드, 스마트농업벤처
대전/ SK	ICT	벤처육성특화프로그램, ICT,에너지,반도체, 대학, 연구기관 보유기술공개 및 사업화
광주/현대차	자동차	자동차산업창업, 수소경제, 시민주도창조경제모델
전북/효성	탄소섬유	탄소산업, 전통문화농생명창업, 사업화
제주/다음카카오	IT 관광	문화와 SW융합창조허브, 스마트관광, 에너지산업
경기/KT	게임, 핀테크	ICT융합, 이동통신관련 중소벤처,
강원/Naver	빅 데이터	빅 데이터, 크라우드소싱 플랫폼, 관광, 헬스케어, 농업
충북/LG	바이오 뷰티	K 뷰티, 의료기기, 친환경에너지
경북/삼성	스마트팩토리	노후단지의 창조산업단지화, 전통문화자원 관광산업화
대구/삼성	전자섬유	섬유, 자동차부품, 산업기계, C-lab 프로그램운영
울산/현대중공업	조선	조선, 해양플란트, 첨단의료자동화, 3D프린팅
부산/롯데	유통, 영화	유통판매, 영화, 영상창작생태계, 스마트시티, IoT
경남/두산	스마트기계	대체수자원산업, 항노화 바이오산업
전남/GS	농수산식품	농수산벤처창업, 웰빙관광, 친환경바이오화학

03 자금공급

기업활동에서 자금은 인체의 혈액과 같다. 사업에 착수한 시점에서부터 모든 활동에는 자금의 수요가 수반되기 때문에 창업에 있어서 자금의 공급원이야말로 창업생태계를 구성하는 중요한 요소이다.

창업의 실패를 부르는 죽음의 계곡(Death Valley)에는 언제나 자금의 부족문제가 어두운 그림자를 형성하고 있다. 따라서 창업의 각 실행단계별로 활용할 수 있는 자금에는 어떤 종류가 있는지 각 자금별 성격과 조건은 무엇인지를 명확히 이해할 필요가 있다.

사업에 필요한 자금은 크게 보아 자기자본과 타인자본이 있으며 자기자본은 창업자 본인의 투자자금, 엔젤투자자나 벤처투자자들이 장래성을 보고 투자하는 자금을 포함한다.

사업에 성공한다면 이러한 자기자본의 공급자들은 주식상장 등의 기회에 주식처분을 통하여 큰 이득을 얻거나 배당수입을 얻게 된다. 그러나 만약 사업이 실패한다면 투자자금을 모두 포기해야만 한다. 창업자는 투자자들이 투자한 자금들을 상환해야할 의무는 없다.

타인자본은 금융기관 등으로부터 대출을 받거나 타인으로부터 상환을 전제로 자금을 빌리는 것으로 약정한 이자를 지불해야하며 동시에 사업의 성공여부와 관계없이 약정기일에 빌린 돈을 갚아야할 의무를 지닌다.

자기자본과 타인자본의 이용에는 각각 장점과 단점이 있고 투자자 등으로부터 공급받는 자기자본은 투자원금을 상환해야할 의무는 없지만 창업기업의 일정지분을 보장해 주어야할 의무가 있다.

과도한 지분의 양도는 창업기업이 성공한 후에 창업자에게는 큰 부담이 될 수 있다. 알리바바의 창업자 마윈회장은 자신이 창업한 기업이 상장되어 큰 부를 얻었지만 사업의 추진과정에서 많은 투자를 받았기 때문에 주식을 상장한 시점에서 약 10% 정도의 지분만을 소유하였다.

사업의 성공여부가 불분명한 스타트업이 금융기관 등으로부터 신용으로 자금을 빌리기란 매우 어렵다. 물론 기술기반의 사업으로서 기술평가를 높게 받은 기업은 기술보증기금의 보증으로 금융기관의 융자를 받을 수 있는 등 예외적인 경우가 있지만 스타트업들은 금융기관으로부터의 융자보다는 외부투자가들로부터 자금을 공급받는 것이 일반적이다.

표 3-2 **자금의 분류 및 성격**

	자기자본	타인자본	정부정책자금
공급처	창업자 본인의 자금 현물출자 엔젤투자 자금 벤처캐피털 크라우드 펀딩	금융기관 융자 금융기관외 차입금 정부보증 차입금	청년전용창업자금 일반창업기업지원자금
공급조건	지분양도	이자지급 원금상환 담보제공	저리의 정책자금 기준금리에 의한 이자지급
장 점	투자금의 상환의무 없음	창업자의 지분유지	금융비용 최소화 무담보 대출
단 점	. 창업자의 지분감소 . 경영권상실의 위험성	창업의 실패시 신용불량 위험	창업실패시 상환의무

스타트업에 투자하는 외부투자자들로는 엔젤(Angel)투자자, 벤처투자자(Venture Capitalist) 그리고 대중으로부터 모금받는 크라우드 펀딩(Crowd Funding)이 있다.

이밖에 정부가 정책적 목적을 달성하기 위하여 지원하는 정부정책자금이 있다.

스타트업의 성장단계별로 어떠한 자금을 활용할 수 있을 것인지? 어떠한 자금이 활용 가능한 것인지?에 대한 의문이 있을 것이다. 자금의 활용은 자금이 필요한 곳보다는 자금을 공급하는 측의 입장에서 결정할 일이기 때문에 스타트업의 성장단계에 따라 활용 가능한 자금의 종류와 성격을 이해해야 한다.

사업의 아이디어를 발견하고 사업가능성을 검증하는 사업타당성 분석의 단계인 발아단계(seed stage)에서 활용 가능한 자금은 가까운 친지나 정부의 정책자금 등에 국한되어 있다.

사업의 구체성을 예측할 수 없는 단계에서 앤젤투자나 벤처자본 등의 투자를 기대할 수 없으며 시제품을 개발하고 사업계획을 수립하여 창업에 이르는 단계(Startup Stage)에서는 사업의 유망성에 따라 활용가능한 자금의 범위가 비교적 넓다고 볼 수 있다.

정부정책자금, 엔젤펀드, 벤처캐피털투자 및 크라우드 펀딩의 활용이 가능하다. 그리고 사업이 정상궤도에 진입하는 성장단계 및 확장단계에서는 규모가 큰 벤처캐피털 자본으로부터 투자를 받을 수 있다.

스타트업이 성장단계별로 엔젤투자 및 벤처캐피털의 투자를 받으면서 성장하는 것이

표 3-3 **성장단계별 자금수요**

성장단계	발아단계 (seed stage)	창업 및 신생기업단계 (startup stage)	성장초기 (early growth stage)	확장단계 (mezzanine stage)
주요 과제 및 자금수요처	사업 아이디어 개발, 사업타당성 검토	시제품제작, 시장조사, 창업	제품생산개시 마케팅활동	본격 생산, 시장개척
자금조달 옵션	친지, 정부정책자금	Angel 투자, Venture Capital, Crowd Funding	Angel 투자, Venture Capital	Venture Capital, 사모펀드, 투자은행

가장 바람직한 모습이다. 페이스북도 창업초기에 개인엔젤투자자인 피터 티엘로부터 50만 불을 시드머니로 투자받았으며 그후 벤처캐피털 및 투자은행 골드만삭스에게서 투자를 받으면서 성장을 이끌었다.

자금조달의 신청을 위해서는 반드시 자금의 수요에 대한 계획을 수립하여 자금공급자를 설득할 수 있어야 한다. 자금수요에 대한 구체적인 계획이 없는 사업에 자금을 공급할 투자자는 없을 것이다. 자금수요의 예측을 위해서는 자금의 용도, 소요금액, 소요시기 등을 고려하여 구체성있는 계획을 수립한다.

(1) 엔젤투자

① 정 의

엔젤은 기술이나 뛰어난 사업 아이디어를 보유하고 있으나 자본력이 부족한 창업초기의 벤처기업에게 자금을 공급하고 경영에 대한 자문을 수행하는 개인투자자이다.

설립초기의 스타트업들은 연구개발을 하거나 비즈니스모델을 설계하는 단계에 있어서 많은 자금이 소요되지는 않지만 창업자 자신의 자금으로는 부족하여 외부투자자의 도움을 받아야 한다.

그러나 창업기업에 대한 정보의 비대칭성과 높은 위험성 때문에 외부의 투자를 받기가 매우 어렵다. 투자자의 입장에서 보면 초기의 창업기업에 대한 고도의 불확실성으로 투자가 망설여질 수밖에 없다. 따라서 엔젤투자는 불확실성에 투자하여 높은 수익을 기대하는 High Risk & High Return을 추구한다고 볼 수 있다.

"벤처기업육성에 관한 특별조치법"에서는 창업 7년 이내의 벤처기업 또는 벤처기업으로 전환한지 7년 이내의 벤처기업에 투자한 개인이나 조합을 엔젤투자자로 정의하고 있다.

② 엔젤투자자의 특징

대부분의 엔젤투자자들은 과거 창업이나 벤처기업을 경영한 경험을 가진 이력을 갖춘 사람들이다.

이들 엔젤들은 자신들이 창업을 통하여 축적한 경험, 전문성 그리고 재력을 바탕으로 스타트업에 자금을 투자할 뿐만 아니라 사업성공을 위한 조언자(Mentor)의 역할을 수행하기도 한다. 이들은 비즈니스 엔젤투자자로서 자신들이 구축한 인적 네트워크를 통하여 추가 엔젤투자를 모집하거나 차후 벤처캐피털 자금투자를 연결하기도 한다.

이처럼 벤처기업의 성공을 위하여 주도적인 역할을 하는 엔젤을 리드엔젤(Lead Angel)이라하며 간접적으로 전문지식을 이용하여 창업지원을 하는 변호사, 회계사, 컨설턴트 등의 전문가들은 지원엔젤(Support Angel)이라 부른다.

투자주체별에 따라 엔젤을 구분하면 친구나, 친지, 직장동료 등 창업가와 개인적으로 가까운 사람인 개인엔젤과 전문적인 지식과 경험을 토대로 독자적으로 유망한 벤처기업을 발굴하고 투자하는 비즈니스 엔젤 그리고 개인 엔젤들이 그룹을 만들어서 전문지식과 경험을 공유하며 공동으로 유망기업을 발굴하고 정보를 교환하는 엔젤클럽이 있다.

벤처캐피털 리스트들이 직업적이며 보다 큰 수익의 창출을 최상의 목표로 삼지만 엔젤투자가들은 조금 다른 특징을 가지고 있다. 수익을 추구하는 면에서는 벤처캐피털 리스트와 별반 다르지 않지만 엔젤투자가들은 자신이 투자하는 벤처기업의 성공을 위하여 보다 적극적으로 관여하길 원한다. 마찬가지로 스타트업 창업자들이 좋은 엔젤투자자를 만나는 것은 커다란 행운이다.

③ 엔젤투자사업의 프로세스

비즈니스 엔젤투자자들은 벤처캐피털 리스트들과 유사한 프로세스를 통하여 투자를 하고 출구방식을 모색한다. 적극적으로 투자대상을 발굴하고 심사를 거쳐 투자하며 가치 극대화를 추구한다.

미국 실리콘벨리에서 창업하여 유니콘으로 성공한 다수의 기업들이 엔젤투자자의 도움을 받아 성장하는 단계를 거쳤지만 아직 우리나라의 엔젤투자 자본시장은 매우 적은 규모이다.

2000년도 초 벤처붐이 한창일때 한때 엔젤투자 규모가 한 해에 5,000억 원에 달하기도하였지만 벤처버블이 사라진 후 우리나라의 엔젤투자는 깊은 침체의 나락으로 빠졌다. 최근 정부의 세제지원 등으로 엔젤투자 규모가 향상되었지만 여전히 선진창업국가들에 비해서는 매우 낮은 편이다.

정부조사에 의하면 엔젤투자자를 만나본 스타트업들은 100명 중 2명에 불과하며 2014년 기준 엔젤투자규모는 약 1,500억 원에 엔젤 수는 1만 명 정도이다.

미국은 일년에 약 5만 여명의 엔젤투자자가 약 20조 원의 투자를 감행하고 있다. 우리나라도 정부가 엔젤투자자금에 대한 세제혜택을 확대하여 적용하는 등 투자분위기가 향상됨에 따라 엔젤투자가 더욱 활성화될 것으로 전망된다. 현재 개인별 엔젤투자가 1,500만 원 이하는 전액 소득공제가 되며 5,000만 원을 초과하는 금액도 30%의 소득공제율이 적용된다.

(2) 벤처캐피털

엔젤투자가 사업의 장래성이 극히 불투명한 최초의 시기에 이루어지는데 비하여 벤처자본의 투자는 사업의 전망에 대한 예측이 어느 정도 가능한 시점부터 이루어진다.

또한 엔젤투자가 아이디어를 검증하거나 연구개발단계에 이루어짐에 비하여 벤처캐피털은 사업화 단계에 접어든 성장기업의 시설투자나 추가개발자금지원을 위하여 투자된다.

엔젤투자자들이 스타트업 창업자에게 우호적인 관계를 가지는 개인투자자임에 반하여 벤처캐피털 리스트들은 전문적인 투자사업자로서 수익을 노리는 창업투자회사 등 법인의 형태를 가지고 있으며 스타트업에 자금을 공급하는 두 주체들은 행동방식에 있어서 큰 차이를 가진다.

우리나라의 벤처투자기업들은 창업초기의 기업에 투자하기보다는 어느 정도 사업의 성공여부가 검증 가능한 창업후기의 기업에 투자하는 경향이 농후하다.

벤처기업협회에 의하면 우리나라 벤처투자의 40%는 상장직전 벤처기업에, 30%는 창업 3년미만 초기 벤처기업에 몰려있다. 이 때문에 창업 3~7년 사이에 많은 벤처기업이 투자부족으로 위기를 맞는다.

투자에 성공하여 큰 수익을 얻은 벤처캐피털 자본이 신생창업기업에 재투자하는 등의 선순환방식은 우리나라 스타트업의 생태계구축에 있어서 매우 중요한 부분이다.

① 정 의

뛰어난 사업 아이디어나 기술력을 보유했으나 자금력이 약한 유망한 벤처기업을 발굴하고 이들에게 투자하는 자본이 벤처캐피털이다.

벤처기업들은 불확실한 장래성으로 인하여 금융기관으로부터의 융자나 외부자금의 유입을 받기가 매우 어렵다. 벤처캐피털은 이러한 간극을 메우면서 투자한 벤처기업의 성공과 더불어 막대한 수익을 목표한다.

많은 벤처캐피털 리스트들은 단순히 자본의 투자에 그치지 않고 기술 및 경영지도 등 경영컨설팅의 전문적인 서비스까지 제공한다. 벤처캐피털 리스트들의 최종목표는 투자한 벤처기업에서 상장(IPO)이나 인수합병 등의 방식으로 큰 이득을 보면서 성공적인 출구(Exit)를 하는 것이다. 이러한 선순환 방식은 스타트업의 육성, 발전을 위하여 매우 바람직하다.

우리나라의 창업지원법에 의하면 창업투자회사의 설립요건은 자본금 50억 원 이상으로 자본금의 40% 이상을 설립 7년 이내의 창업기업에 지분투자를 해야 한다. 투자대상기업에서 금융 및 보험, 부동산, 숙박 및 음식점은 제외된다.

② 벤처캐피털 리스트의 역할

벤처캐피털 회사의 활동은 크게 보아 세 가지 영역에서 이루어진다. 우선 투자를 희망하는 사람이나 기관을 모으는 펀딩(Funding)과정이 있다. 이것은 투자자금의 원천을 모집하는 기본적인 활동이다. 그리고 투자처를 발굴하거나 팔고자 하는 사람을 찾는(Deal Sourcing)과정과 최종적으로 투자자금을 회수하는(Exit)역할이 있다.

③ 투자절차

벤처캐피털의 투자는 엄격한 절차에 의하여 이루어지며 법인으로서 의사결정과정(Governance)이 매뉴얼에 의하여 투명하게 명시되어 있어 그 절차에 따라 심사가 이루어진다.

본 심사가 착수되기 전에 일반적으로 비공식적인 접촉과 예비검토가 이루어지며 이를 통과하면 본심사에 회부된다.

예비절차	본심사	투자승인	투자실행	사후관리
• 비공식 접촉 • 투자요청 • 정보요청 및 검토 • 참고자료검토	• 사업계획서 제출 • 사업계획서 발표 • 사업타당성 검토 • 투자금액 적정성 심사	• 승인조건 확인 • 승인 및 통보	• 투자계약서 서명 • 투자금 납입	• 경영지원 • 기술지원 • 정보교류

④ 벤처캐피털 투자규모

그 동안 우리나라의 벤처캐피털 신규투자규모는 한 해에 1조 원 정도에 머물렀으나 2015년에 2조 원을 돌파하였고 신규투자를 받은 벤처기업의 수도 일 천개 기업을 넘어섰다.

양적으로 큰 성장을 이루었으나 벤처캐피털의 보수적인 투자성향에 의하여 투자업종이 편중되었고 초기창업기업보다는 비교적 성장기업에 많은 투자가 이루어졌다. 벤처캐피털의 투자를 받은 기업 중에서 기업상장(IPO)을 한 기업의 수도 39곳으로 늘어났으나 아직은 매우 미흡한 규모이다.

	2011	2012	2013	2014	2015
신규투자규모(조 원)	1.3	1.2	1.4	1.6	2.1
피투자업체 수	613	688	755	901	1,045
IPO 벤처기업 수	30	14	22	22	39

우리나라 벤처캐피털 투자시장규모가 사상 처음으로 2조 원을 돌파하였으나 아직 미국이나 이스라엘 등 스타트업의 생태계가 잘 성숙한 창업국가들에 비해서는 매우 미흡한 수준이다.

2015년도의 투자금액을 자세히 살펴보면 투자금액의 40% 이상이 창업 7년 이상의 창업후 기업에 쏠리고 있어 초기 스타트업들에 대한 투자가 부족하다.

이것은 벤처자본의 투자에서 IPO에 이르기까지의 기간이 평균 10년이나 걸리는 현실에서 불가피한 현상으로 보여 역시 회수시장의 활성화가 창업생태계를 구성하는데 있어서 가장 시급한 과제로 보인다.

표 3-4 엔젤투자와 벤처캐피털의 비교

	엔젤투자	벤처캐피털
투자자 자격요건	없음. 개인투자자(가족, 전직 CEO 등)	법적 자격을 갖춘 법인
투자가 필요한 단계	창업 종자돈(Seed Money) 또는 창업 초기단계(Early Stage)	성장단계 또는 후기 성장단계
투자동기	친분, 자긍심, 고수익	고수익
투자재원	개인자금	펀드조성
투자규모	통상 5백만 원에서 1억 원 이내	통상 5억 원에서 20억 원
위험수용 정도	매우 큼	상대적으로 적음
회수의 중요성	중요함	매우 중요함

(3) 크라우드 펀딩(Crowd Funding)

자금조달이 시급한 스타트업이 벤처캐피털 투자를 받는 것은 매우 어렵다. 실제 벤처캐피털의 투자는 창업 3년 이후의 기업에게 70% 정도를 투자하며 신생기업에 대한 투자는 30% 정도에 머무르고 있다.

투자에 대한 수익창출이 최대의 목표인 벤처캐피털이 고도의 불확실성을 가진 스타트업에 투자하기를 회피하려는 성향은 너무나 당연하다. 이러한 문제를 해결하기 위하여 탄생한 자금조달형태가 크라우드 펀딩제도이다.

그 동안 대출형 크라우드 펀딩제도가 있었지만 2015년 자본시장법의 개정으로 지분(증권)형 크라우드 펀딩이 합법화되어 우리나라의 스타트업들에게는 또 하나의 자금조달방편이 마련되었다. 크라우드 펀딩을 통하여 투자를 받으면 투자 그 이상의 의미를 가진다.

모금과정에서 군중들로부터 열렬한 반응을 받는다면 그만큼 자신감과 신뢰도가 높아져서 사업이 진전됨에 따라 엔젤 및 벤처캐피털의 투자로 이어질 가능성이 높아진다.

① 정 의

군중(Crowd)인 개인투자자들이 전망있는 신생 스타트업에 투자하여 지분을 획득하고 장래 큰 수익을 기대하는 투자방식이다. 뛰어난 사업 아이디어나 기술력을 갖추었으나 엔젤투자나 벤처캐피털의 투자를 받지 못하여 자금부족에 목마른 스타트업이 개인투자자들로부터 자금을 모금하는 방식이다.

크라우드 펀딩은 대면중심으로 이루어지는 기존의 자금조달방식과는 달리 불특정 다수투자자로부터 온라인상에서 중개회사를 통하여 자금조달이 이루어진다.

미국 등 창업 선도국에서의 크라우드 펀딩은 2000년대 이후에 출현하였으며 실리콘밸리에서 성공한 많은 벤처기업들이 크라우드 펀딩을 통하여 종자돈을 마련하고 도약하는 계기를 마련하였다.

미국의 대표적인 리드 크라우드 펀딩 중개사이트인 킥스타트(Kickstarter)는 실리콘벨리에서 성공한 많은 벤처기업의 펀딩을 중개했으며 2016년 초까지 약 21억 달러의 모금실적을 기록하였다.

우리나라의 청년 기업가가 창업한 시각장애인용 시계 브래들리 타임피스(Bradley Timepiece)도 킥스타트(Kickstarter)를 통하여 성공적으로 종자돈을 마련하였으며 미아방지용 스마트밴드(Smart Band)를 창업한 "리버스"는 미국 크라우드 펀딩 중개업체인 인디고고(Indiegogo)를 통하여 자금을 모금한 후 국내 크라우드 펀딩 중개업체인 와디즈를 통하여 부족한 자금을 투자받았다.

② 크라우드 펀딩의 형태

최근 자본시장법의 개정에 의하여 실행되는 크라우드 펀딩은 지분(증권)투자형이나 고유한 의미에서의 크라우드 펀딩은 법 개정이전에 이미 실행되어온 대출형이 있으며 그 외 후원형과 기부형 등 4개의 형태가 있다.

대출형은 P2P(Peer to Peer)거래의 일종으로서 여유가 있는 개인이 신생기업에 돈을 빌려주고 나중에 원금과 이자를 돌려받는 방식이다. 스타트업이 신용이 부족하고 대출절차가 까다로운 현실에서 금융권을 통하지 않고 간단하게 자금을 융통할 수 있는 장점이 있다.

크라우드 펀딩형태	내 용
후원형 (Reward-based)	금전보상 이외의 형태로 보상받음. 주로 공연, 음악, 영화, 교육, 환경분야. IndieGoGo, Kickstarter 등이 대표적인 업체임
기부형 (Donation-based)	보상없이 순수기부의 형식으로 일방적으로 기부. 자선이나 후원
대출형 (Lending-based)	인터넷 소액대출을 통하여 사업자에게 자금을 지원하고 이자를 받음. P2P금융, 온라인 마이크로 크레딧 등
지분투자형 (Equity-based)	투자금에 비례한 지분획득을 목적으로 소액투자를 함

후원형은 주로 창작활동이나 문화예술, 공익사회활동 등을 지원하며 시제품, 기념품 등을 받거나 후원자로서의 명예를 얻는 것과 같은 작은 보답을 받는다. 기부형은 공익을 목적으로 하는 사업에 대가를 바라지 않고 순수하게 기부하는 형태이다.

③ 투자한도

우리나라의 크라우드 펀딩금액은 법에 의하여 그 한도가 정해져 있다. 동일기업에 대한 개인의 투자한도는 200만 원이며 연간 500만 원의 범위 이내에서 투자할 수 있다. 그러나 금융소득종합과세자 등 고소득자들은 기업당 최고 1천만 원 연간 2천만 원까지 투자한도가 정해져 있다. 그러나 전문기관 투자가들은 투자한도에 제한이 없다. 투자자 보호를 위하여 동일기업은 일년에 7억 원을 상한으로 크라우드 펀딩을 받을 수 있다. 그리고 중개업자들의 난립을 막기 위하여 중개업자들은 최소자본금이 5억 원 이상이 되어야 한다.

표 3-5 크라우드 펀딩 투자한도

구 분	동일기업당 투자한도	연간 총 투자한도
일반투자자	200만 원	500만 원
고소득자(금융소득종합과세자 등)	1,000만 원	2,000만 원
전문 기관투자자	무제한	무제한

④ 운 영

크라우드 펀딩은 온라인 펀딩 중개업체를 매개로하여 투자자와 스타트업이 연결되는 만큼 펀딩 중개업체의 역할이 중요하여 설립요건도 법에 의하여 엄격히 정해져 있다.

우리나라 크라우드 펀딩 중개업체의 자격요건은 최저자본금이 5억 원 이상이며 전문인력을 3인 이상 보유해야 한다. 중개업체들은 중개 플랫폼을 운영하며 유망한 스타트업을 발굴하고 업체에 관련된 투자정보를 제공하고 투자자의 자격확인 등의 업무를 수행한다. 중개업체들은 수익을 목적으로 중개사업을 영위하는 영리법인으로서 중개자금의 5~10%를 수수료로 징수한다.

그림 3-9 크라우드 펀딩 투자흐름도

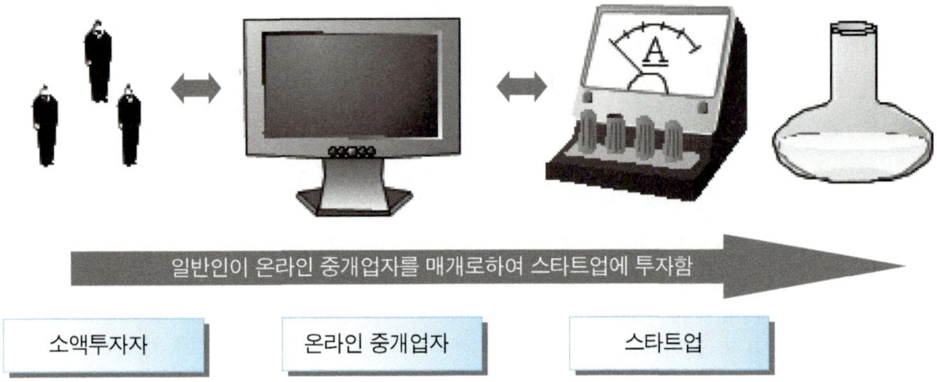

04 회수시장(Exit)

가장 바람직한 창업생태계의 성장모형은 창업–투자–성장–회수–재투자로 이어지는 선순환의 고리가 지속적으로 이어지는 환경을 조성하는 일이다. 스타트업의 경우 연구개발이 본격적으로 이루어지는 시기에 창업자금이 고갈된다면 큰 위기를 맞는다.

그러나 우리나라의 경우 벤처캐피털 투자금액의 70% 이상이 창업 후 3년이 경과한 벤처기업에 이루지고 있어 창업기업에 대한 지속적인 투자가 어려운 환경이다. 이것은 창업초기의 투자가 고위험을 가지며 창업기업이 IPO에 이르기까지의 기간이 너무 길어 기다릴 여유가 없기 때문이다. 따라서 지속가능한 회수시장을 조성하는 것은 창업생태계에서 매우 중요하다.

수익을 목적으로 하는 벤처캐피털 등 투자자들은 투자자금을 회수할 수 있는 시장이 부실하다면 위험부담이 큰 투자를 당연히 회피할 것이다. 따라서 활성화된 회수시장이야말로 지속가능한 창업생태계의 성장에 필수적인 요인이다.

그러나 우리나라의 창업생태계 구성요소 중에서 회수시장은 가장 취약한 요인으로 남아 있다. 벤처기업의 생태계가 잘 조성된 미국 등 외국의 경우에는 인수합병(M&A)을 통한 투자금의 회수가 매우 활발하게 이루어지지만 우리나라의 벤처기업인수 사례는 일 년에 손꼽을 정도로 건수가 적다.

상장(IPO)을 통한 투자금의 회수도 매우 미미하다. 엄격한 상장요건과 절차 등으로 IPO에 이르기까지 장기간이 걸리며 실제 상장을 하는 기업의 수도 턱없이 적은 것이 현실이다. 그러나 최근 세제지원, 정책자금의 조성, 상장요건의 완화와 코스닥상장 이전 시장인 코넥스 시장의 설립은 회수시장의 환경을 개선하기 위한 긍정적인 노력으로 보인다.

① 회수방법

벤처기업에 투자한 자금의 회수방법으로는 기업공개(IPO), 인수합병(M&A), 장외매각 및 상환, 프로젝트를 통한 자금회수 등이 주요 수단이다.

IPO는 벤처기업의 성공적인 창업과 경영을 통한 회수라는 점에서 가장 보람있고 바람직한 방식이지만 창업에서 상장까지 장기간이 소요된다. 특히 투자기관의 하나인 벤처투자조합의 존속기간이 대부분 짧아 IPO까지 기다릴 여유가 없다.

M&A는 외국의 경우 대부분의 벤처캐피털이 투자자금을 회수하는 방식이다. 유튜브나 인스타그램이 구글과 페이스북에 각각 인수합병된 사례가 세계적인 M&A의 대표적인 사례이다. 이처럼 M&A는 스타트업이 개발하여 상업적 가능성이 큰 기술적인 사업아이템을 대기업이나 중견기업이 전략적인 관점에 가치를 평가하고 거금을 지불하며 인수하는 것이다.

그러나 M&A가 활성화되기 위해서는 벤처기업, 인수기업, 가치평가기관, 법률 및 자금공급 등의 인프라가 이상적으로 구축되어야 한다. 장외매각이나 상환은 대부분 저가매각이나 단순한 투자자금의 회수로서 우리나라의 경우 대부분의 회수는 장외매각을 통하여 이루어진다.

② 우리나라 회수시장 환경

우리나라에는 대기업이 기술력있는 벤처기업을 인수해서 성장을 돕는 시스템과 문화가 정착되지 않았다. 국제회계컨설팅회사의 통계에 의하면 미국 벤처기업은 10곳 중 9곳이 한국은 100곳 중 3곳이 M&A를 당한다. 대기업은 기술력있는 벤처기업을 인수하는 대신에 기술을 복사하여 벤처기업을 고사시키는 행태를 보여 왔다.

창업생태계의 연결고리 중에서 우리나라의 회수시장은 매우 취약하여 회수방식중에서 대분의 회수가 장외매각을 통하여 이루어진다. 미국 등 창업선진국의 경우 회수의 70% 정도가 M&A방식에 의하여 이루어지고 20% 정도가 IPO에 의하여 이루어진다.

그러나 우리나라의 경우 장외매각이나 프로젝트회수에 의한 방식이 약 80%에 가깝고

IPO에 의한 회수는 20%이하이며 M&A에 의한 투자자금의 회수는 2~3% 정도의 미미한 수준에 머무르고 있다.

2015년 IPO를 실행한 벤처기업은 58개 기업이며 이 중에서 벤처캐피털로부터 투자를 받은 기업은 43개 기업에 불과하다. 국내증권시장이 벤처투자 자금회수의 통로로서의 기능을 발휘하지 못하고 있음을 여실히 보여준다.

우리나라 스타트업이 창업하여 IPO에 이르기까지는 보통 12년이 걸린다. 기술을 개발하여 상업적으로 활용하기 위하여 약 5년, 시장에 성공적으로 진입하여 사업의 기반을 잡기까지 약 5년 그리고 재무적인 성과를 창출하고 관리하는데 2년 등 총 12년 정도의 기간이 필요하다.

이처럼 장기간이 소요되는 IPO를 통한 회수는 투자자금의 유동화를 제한하는 요인이며 이러한 문제에 대한 대안으로 논의되기 시작한 것이 중간회수시장(Secondary Market)이다. 중간회수시장은 투자와 투자자금 회수요구 간의 시기적 괴리를 해소하기 위하여 새로운 투자조합이 기존의 투자조합 조합원의 주식을 인수하는 방식이다.

미국이나 중국 등 외국에 비하여 우리나라에서 M&A가 지극히 부진한 이유는 대기업 주도의 M&A에 대한 부정적인 인식과 인수후에 계열사에 편입하는 과정에서 발생하는 공정거래법 등 법적인 문제가 복합적으로 작용하고 있다. 대기업이나 중견기업 등은 R&D에 직접적으로 투자함으로서 막대한 비용과 시간을 발생시킨다.

이러한 직접투자대신에 관련기술을 개발한 벤처기업의 인수나 합병을 통하여 큰 이득을 취할 수 있는 것이다. 아직 우리나라의 벤처기업 인수합병사례는 손에 꼽을 만하다. 그러나 최근 SK가 헬쓰케어 벤처기업인 ㈜나노텍을 인수 한 것과 다음카카오가 교통안내 네비게이션 앱인 록앤올의 김기사를 인수한 사례는 앞으로 M&A시장의 전망을 밝게 한다.

표 3-6 국내 벤처캐피털 회수유형

회수유형	내 용	회수비율
IPO	벤처기업을 코스닥에 상장시켜 투자자금을 회수함	18%
M&A	IPO 이전에 벤처기업을 제3자에게 인수합병시켜서 회수함	2%
장외매각	IPO나 M&A 이외의 방법으로 지분을 제3자에게 매각함	50%
프로젝트	영화 등에 프로젝트 베이스로 투자하여 성과에 따라 회수함	30%

CHAPTER

04

창업 비즈니스모델의 설계

01 창업과 비즈니스모델

스타트업은 작은 사업 아이디어로 출발하는 소규모 기업이다. 사업의 진행에 따라 수많은 스타트업이 명멸하는 가운데 중소기업 규모로 성장하는 기업도 있으며 때로는 유니콘기업(기업가치가 매우 큰 스타트업)으로 성장하는 경우도 있다.

사업은 사업 아이디어를 보다 구체화시키면서 상업화에 이르기까지의 몇 단계를 거치게 되며 사업 아이디어를 제품이나 서비스로 구현하기 위하여 시제품(Prototype)을 만들고 점진적으로 개선시켜 드디어 완성된 제품을 만들어 출시한다.

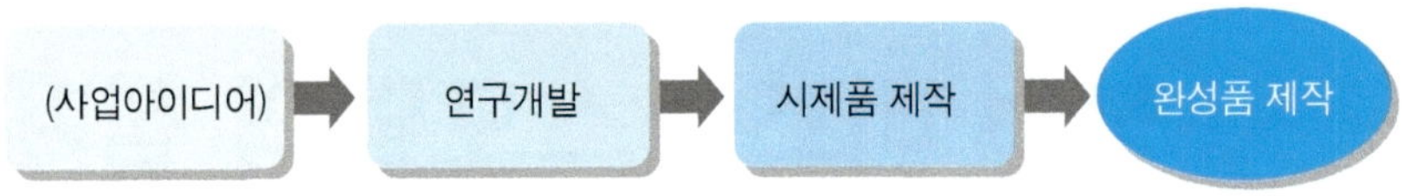

제품화는 그 자체가 목표가 아니다. 아무리 기술적으로 뛰어난 제품이라도 이를 구매할 고객이 없다면 시도했던 창업은 실패할 수밖에 없다.

자신의 기술에 심취하여 스스로 감탄스러운 제품으로 완성하였지만 시장진입에 실패한 창업사례는 무수히 많다.

미국의 발명가 딘 카멘(Dean Kamen)이 오랜 연구개발끝에 2002년에 출시한 최첨단 스쿠터 세그웨이(Segway)가 대표적인 사례이다. 제품의 공개후에 혁신적인 제품으로 문명의 이기가 될 것이라는 극찬을 받으면서 풍성한 벤처캐피털을 투자받았지만 결국 상업화에 실패하였다. 최근 중국의 샤오미가 개선된 세그웨이 제품인 나인봇 미니를 출시하여 시장의 각광을 받고있으나 2000년도 초반에 출시된 최초의 제품은 시장을 찾지 못하여 실패하였다. 최적 시장의 발견은 상업화를 성공적으로 이룩하기 위하여 매우 중요한 요소이다.

기업이 완성한 제품이나 서비스를 판매할 표적시장을 정했다면 이를 시장에 알리고 고객의 손안에 전달 할 수 있는 최적의 수단을 갖추어야 한다. 시장에 알릴 방법이나 이를 판매할 수단 등의 시스템을 갖추어야만 비로소 상업화를 위한 준비가 갖추어지는 것이다.

비즈니스모델이란 바로 제품 또는 서비스, 표적시장의 발견 그리고 이를 운영할 운영시스템 세 가지가 작동하는 프로세스이다.

초창기 세그웨이의 사례처럼 아무리 기술이나 기능적으로 완벽한 제품이라도 시장의 환호를 받지 못하면 사업적으로 성공할 수 없다. 뛰어난 제품을 판매할 시장과 이를 고객의 손안에 쥐어줄 수단인 비즈니스모델이 명확히 설계되어야 비로소 시장에 성공적으로 진입할 수 있다.

특히 벤처캐피털 등 외부의 자금투자가 필요한 스타트업들은 자신의 비즈니스모델이 어떻게 작동하는지를 분명히 설명할 수 있어야 한다. 사업이 어떻게 진행될지를 명확히 설명하지 못하는 창업자에게 누가 투자를 하겠는가?

02 비즈니스모델의 구성요소

창업은 창업자의 사업 아이디어에서 출발하여 사업 아이디어를 제품이나 서비스로 구체화하면서 완성된 제품이나 서비스를 판매할 시장을 찾는 것으로 본격화된다.

제품이나 서비스를 판매할 시장을 찾으면서 이를 고객에게 알리고 고객의 구매행동으로 연결한 방법을 찾으면 사업화의 준비가 갖추어진다. 이 세 가지의 요소를 유기적으로 연결한 것이 비즈니스모델로서 그것은 제품과 서비스(What), 시장, 즉 고객(Who) 그리고 전달방식(How)으로 설명될 수 있다.

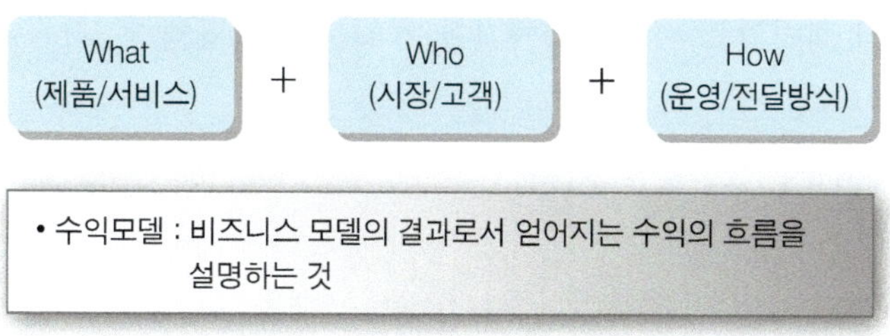

(1) What(제품 또는 서비스)

제품개발과정을 거치면서 창업자는 사업 아이디어를 제품이나 서비스로 구현하며 이것으로 창업을 위한 첫 단초가 준비된 것이다.

그러나 창업자가 사업을 구상할 때부터 끊임없이 스스로 질문해야 할것은 본인이 준비하는 제품이나 서비스가 고객에게 어떠한 혜택을 제공하는 것이냐?에 대한 것이다. 다시 말해서 왜 고객이 나의 제품이나 서비스를 구매할 것인가?라는 질문이다.

만약 이 질문에 대한 분명한 해답을 찾지 못했다면 출시하는 제품이나 서비스를 판매할 시장을 찾지 못할 것이다. 즉 시장에 이미 존재하는 제품이나 유사 대체품보다 차별적인 장점이나 혜택을 시장에서 어필할 수 있어야 비로소 고객을 창출할 수 있는 것이다.

오늘날 기술의 발달로 인하여 시장에서 팔리는 제품의 외형적인 모습이나 기능적 우수성 등은 비슷하게 수렴되고 있다. 고객들이 진정 원하는 것은 그들이 가진 문제를 해결해주거나 뛰어난 혜택이다.

따라서 제품의 외형이나 기능보다는 자신의 제품이 제공하는 특별한 가치에 집중해야 한다. 이렇게 고객에게 기업의 제품이나 서비스를 선택하도록 하는 유인이 고객가치제안(Value Proposition)이며 제품이나 서비스가 경쟁기업과 차별되게 제공하는 가치가 What의 핵심내용이 되어야 한다. 고객가치(Customer Value)는 고객이 지불하는 가격에 비교하여 기대 이상의 만족을 얻을 수 있는 제안이다.

그러면 고객이 특별히 가치있다고 느끼는 내용들은 무엇인가?

고객가치의 구체적인 내용은 소비자에게 제공되는 비용절감, 시간절약, 편의성 제고, 건강, 미용, 안전, 감성적 만족, 새로운 라이프 스타일 제공, 가치관의 공유 등의 혜택으로 볼 수 있다. 사업계획서에는 제품과 서비스에 대한 설명에서 제품의 기본사양보다는 그것이 제공하는 고객가치제안을 중심으로 설명해야 한다.

(2) Who(고객 또는 시장)

시장은 기업의 제품이나 서비스를 구매할 수 있는 의지와 구매력을 가진 표적고객의 그룹이다. 물이 없는 물고기를 상상할 수도 없듯 고객은 사업의 핵심요소이다.

따라서 기업의 제품이나 서비스를 구매해줄 고객이 누구인지 명백히 정의하는 것은 매우 중요하다. 기업의 제품이나 서비스를 구매할 수 있는 목표고객이 중요시 하는 가치요소가 무엇인지 이해하지 못한다면 잠재적 고객에게 적합한 제품을 만들고 이를 전달할 방법을 찾지 못할 것이다.

고객은 고정되어 있는 것이 아니며 기업의 치밀한 계획에 따라서 표적고객그룹이 새롭게 만들어지기도 하고 바뀌기도 한다. 자신의 고객을 새로운 관점에서 해석하고 바꾸는 것을 고객을 재정의(Redefine)한다고 한다.

일본의 게임기 제조업체 닌텐도가 유아 및 청소년위주의 주 고객그룹을 장년 및 노년층까지 확대하였으며 이렇게 고객을 재정의하여 Wii와 DS 등의 신제품을 출시하여 시장의 확대에 성공하였다.

(3) How(전달방식)

사업의 핵심인 두 가지 요소, 즉 What와 Who가 모두 준비되었다면 표적고객에게 구매행동으로 연결하는 방식인 How?가 필요하다.

How는 기업의 제품이나 서비스와 그것이 제공하는 특별함의 존재를 고객에게 알리는 것과 제품이나 서비스를 원하는 고객의 손에 쥐어주는 운영시스템을 포함한다. 비즈니스모델의 구성요소 중에서 때로는 How에서의 차별성이 큰 역할을 한다.

유사한 제품과 서비스를 제공하는 동종 업종의 기업들이 경영성과에서 큰 차이를 보이는 현상은 바로 그것을 전달하는 운영방식을 달리했기 때문이다. 같은 서적을 판매하더라도 대형오프라인 서점과 아마존같은 온라인 서적상은 사업을 운영하는 방식에서 근본적인 차별화를 기하여 매우 다른 비즈니스모델로 경쟁한다.

동일한 항공서비스 상품을 제공함에도 불구하고 저가항공사들이 일반항공사들과 사업방식을 달리하여 독자적인 비즈니스모델을 구축하는 등 How를 통하여 새로운 비즈니스모델이 시장에서 구축된다.

오늘날 시장환경은 유사한 제품과 서비스가 시장에서 넘쳐나면서 가격경쟁이 치열하게 벌어진다. 그럼에도 불구하고 혁신적인 How를 발견하여 뛰어난 사업성과를 이루는 사례들은 비즈니스모델의 구성요소 중에서 How의 역할을 잘 보여준다.

한번 설계된 비즈니스모델은 고정된 것이 아니며 비즈니스모델 구성요소인 What, Who 그리고 How 중에서 어느 하나라도 변경하여 혁신적인 비즈니스모델을 구축할 수 있다.

03 비즈니스모델의 사례

산업의 트렌드가 변하거나 새로운 유행이 탄생하면 이에 맞추어 새로운 비즈니스모델이 탄생한다.

인터넷의 출현으로 산업의 지형이 근본적으로 변화되고 인터넷 기반의 새로운 글로벌 기업들이 출현한 것도 혁신적인 비즈니스모델을 설계한 결과이다.

K Pop문화로 세계적으로 큰 영향을 끼치면서 성장한 우리나라의 엔터테인먼트 기업들은 유튜브를 비롯한 소셜네트워크 서비스(Social Network Service)를 가장 효과적으로 활용하여 비즈니스모델을 구축하여 상업적으로 성공하였다.

K–Pop을 중심으로 독자적인 비즈니스모델이 탄생하게 된 엔터테인먼트 산업의 사회적인 배경과 비즈니스모델의 구성요들을 살펴본다.

사회적 환경

- 산업의 Digital화
- Smart Phone의 보급
- Smart 기기들의 일반화
- Face Book, You tube 등 SNS를 통한 소통의 대중화
- 국가들 사이의 문화적 경계가 무의미화 됨

연예 및 엔터테인먼트 산업환경

- 다양한 Media의 출현
- 콘텐츠위주의 경험경제로 전환
- Digital 음원판매로 전환
- 라이브 공연의 확대
- 음악 스트리밍 서비스 확대

연예 및 오락산업은 산업의 진화만큼 그 역사가 장구하다. 그러나 인터넷의 발달 그리고 SNS가 젊은 세대에게 국경을 초월한 소통수단이 되면서 K Pop과 같은 새로운 비즈니스모델을 탄생시켰다.

K Pop은 우리나라의 자랑스러운 문화콘텐츠로서 세계적으로 한류바람을 일으키며 국가의 브랜드가치를 향상시키는데 크게 기여하였다.

창업가에게 하늘에서 뚝 떨어지는 새로운 사업아이템이나 비즈니스모델은 없다. 그러나 수많은 스타트업들이 창업하여 명멸하는 가운데 성공하는 스타트업들은 나름대로의 독자적인 비즈니스모델을 구축하였다.

그것은 이미 시장에 존재하는 업종일지라도 비즈니스모델의 세 가지 구성요소인

그림 4-1 K-Pop의 비즈니스모델

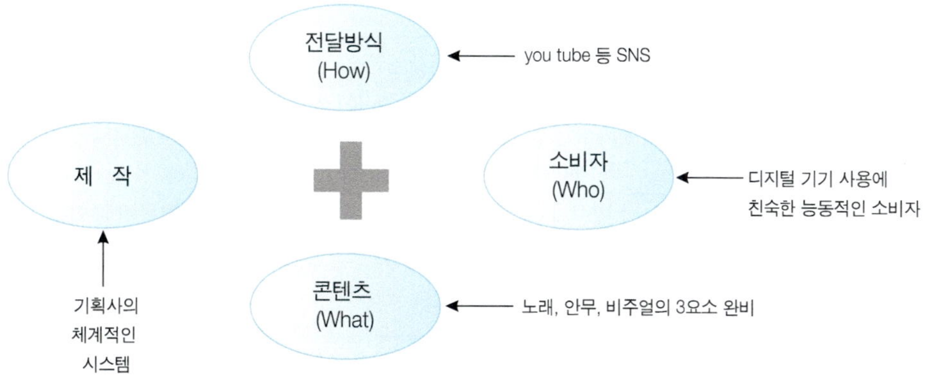

What? Who? How? 중에서 하나 또는 그 이상의 요소에 변경을 가하여 독자적인 새로운 비즈니스모델을 만들었다.

동일한 제품일지라도 고객에게 전달하는 방식을 달리한다든가 고객의 범위를 달리하여 비즈니스모델을 혁신하는 사례는 얼마든지 있다. 경우에 따라서는 기존의 비즈니스 시스템을 그대로 두고 기존의 고객에게 필요한 새로운 제품이나 서비스로 사업의 혁신을 이루기도 한다.

닌텐도는 고객인 Who?를 청소년에서 가족의 범위로 확대하여 사업의 혁신을 이룩했으며 웅진코웨이는 가정용 정수기를 직접 판매하는 대신에 랜탈로 바꾸는 How?의 변경으로 사업모델을 혁신하였다.

표 4-1 에어비앤비와 일반호텔의 비즈니스모델 비교

구성요소	Airbnb	일반 호텔
What?	·숙박 · 관계 ·체험 ·문화체험 ·여유 ·추억	·숙박 ·세탁 ·식음료 서비스 ·Bar/ Cafe
Who?	·관광(개인, 소그룹) ·친지방문 ·동호회 ·개인 여행	·비즈니스방문 ·공무 방문 ·행사, 컨퍼런스 · 관광(그룹, 개인)
How?	·입소문 ·인터넷 ·SNS ·Editirial	·여행사 ·직접관리 ·인터넷 ·TV, 잡지 등

표 4-2 아마존과 대형 오프라인서점의 비즈니스모델 비교

구성요소	Amazone	오프라인 서점
What?	· Long Tail (다품종 소량판매) · 배송서비스 차등화(Premium 등) · 전자책단말기 Kindle · CD, Digital Contents 등 다양화	· 소품종 다량판매 · 종이도서, 전자책 · 전자책 단말기
Who?	· IT 및 Mobile 기기에 친숙한 사람 · 전문가, 바쁜 일상을 가진 사람 · Trendy Life Style	· 오프라인에 익숙한 사람 · 보수적인 Life Style · 체험/경험을 선호하는 사람 · 광범위한 고객범위
How?	· 온라인에 의한 주문, 연결, 배송 · 물리적 창고 보유하지 않음 · 수학적 algorithm에 의한 추천 · 뛰어난 할인요금 제도 · 배송의 긴급성에 따른 차등요금 · 비교 쇼핑사이트 제공	· 방문 구매, 결제. 매장 방문, 체험 · 매장 시설 고객 친화적 환경제공

공유경제 비즈니스모델을 창조한 에어비앤비는 기존의 숙박업과는 달리 제공하는 서비스의 가치, 표적고객, 전달방식, 수익모델 등을 차별화한 혁신적인 비즈니스모델로 창업을 하였다. 온라인 서점으로 출발한 아마존은 기존의 오프라인 서점의 판매방식과 전혀 다른 판매방식인 How?를 변경하였고 판매아이템도 서적 외의 아이템을 추가하여 What?마저 크게 차별화하였다.

에어비앤비와 아마존은 모두 기존에 존재하는 업종에 사업을 하는 방식인 How?에 집중하여 혁신적인 비즈니스모델을 창출하였으며 벤처기업으로서 작은 아이디어에서 출발하였지만 유니콘 기업을 뛰어넘어 시장에 빅뱅을 초래하였다.

에어비앤비나 아마존과는 달리 이미 시장에 굳건하게 자리잡은 기존의 업종에 What?를 변경하여 새로운 비즈니스모델을 만든 사례도 무수히 많은데 그중에서 모스버그의 사례를 본다.

표 4-3 모스 버그와 McDonald 햄버그의 비즈니스모델 비교

구성요소	McDonald 햄버그	Mos 버그
What?	· Fast Food · 탄산음료, Junk Food 이미지 · 규격화 · 상품화(Commodity) · 제한된 메뉴 · 스넥 개념	· 약간 Slow Food · 유기농 식자재 · 차(건강음료) · 보다 넓은 선택메뉴 · 식사 개념
Who?	· 청소년, 바쁜 직장인 · 이동 중인 고객 · 건강에 덜 예민한 사람 · 혼자인 경우 많음 · Stylish한 life style을 가진 사람	· 가족, 소규모 모임을 갖는 그룹 · 주부, 사무직 직원 · 건강에 민감한 고객 · 가치 중시 고객 · 보수적인 life style을 가진 사람
How?	· 대량소비 · 점포 수 확대 · 대규모 매체광고 · 저가정책, 낮은 원가유지 · 메뉴의 상품화 · 번화가 중심 점포 · 브랜드 이미지에 의존	· 보다 개인적인 소비 · 선택적인 점포개발 · 비번화가 선호 · 프리미엄 가격정책, 원가수준 높음 · 건강 이미지 중심 · 유기농 식품 positioning

04 수익모델(Revenue Model)

비즈니스모델의 구성요소는 What?(제품이나 서비스가 제공하는 고객혜택), Who?(좁게 정의된 잠재적인 고객그룹) 그리고 How?(전달방식)로 정의하였다.

수익모델은 이러한 비즈니스시스템의 결과로서 수익이 창출되는 메카니즘(Mechanism)을 의미하며 수익모델은 비즈니스모델의 일부이다.

비즈니스모델의 설명없이 수익모델은 설명되지 않는다. 수익모델은 단기간에 얼마나 수익을 획득하는가에 대한 질문이 아니라 장기간에 걸쳐서 지속적으로 수익의 흐름이 이어지는 과정이다.

아무리 뛰어난 비즈니스모델을 보유하고 있어도 지속가능한 수익의 흐름을 창출하는 메카니즘이 없다면 사업은 유지될 수 없다. What?, Who? 그리고 How?로 구성되는 비즈니스모델의 구성요소가 상호작용하는 결과로서 수익이 어떻게 창출되는지에 대한

그림 4-2 수익모델

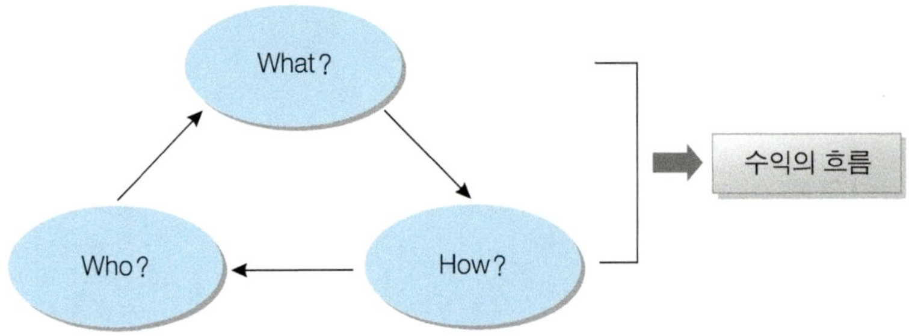

수익모델이 명확해야 한다.

스타트업이 투자를 받거나 정부의 정책지원을 받기 위한 엘리베이터 피칭 등의 심사, 평가장소에서 거의 빠지지 않는 질문은 "당신 사업의 비즈니스모델은 무엇입니까?" 또는 "당신 사업의 수익모델에 대하여 설명해보세요" 등의 질문들이다.

이러한 질문에 대하여 명확하게 즉답을 할 수 없다면 불리해질 수밖에 없으며 창업자는 자신의 비즈니스모델 및 수익모델에 대하여 명쾌하게 정리된 견해를 가지고 있어야 한다.

비즈니스모델이 다양한 것처럼 수익모델도 다양하다. 기존의 안정된 수익모델을 가진 계속기업일지라도 수익모델을 개선하거나 새로운 수익모델을 지속적으로 개선해야 한다.

모방하기 쉬운 수익모델은 타 기업에 의하여 쉽게 따라 잡힐 수밖에 없으며 스타트업들도 모방이 어렵거나 참신함 수익모델로 독창적인 비즈니스모델을 구축하는 것이 중요하다.

산업의 디지털화가 점진적으로 도입되는 것과 같이 수익모델은 계속 진화되고 있다. 국·내외의 인터넷 기업들은 혁신적이며 독창적인 수익모델을 구축하여 큰 성과를 이루고 있다. 음반산업의 비즈니스모델도 디지털기술을 도입함에 따라 큰 혁신을 가져왔다.

다음은 음악서비스사업에서 수익모델이 진화된 사례이다.

음악서비스 제공방식	요금을 지불하는 사람(Payer)	제공서비스 내용 (Packaging)	지불가격 (Pricing)
CD	소비자 (구매자)	CD(10곡 수록)	CD당 10~20$
iTunes	소비자(구매자)	1곡	곡당 1$

음악서비스 제공방식	요금을 지불하는 사람(Payer)	제공서비스 내용 (Packaging)	지불가격 (Pricing)
Melon	회 원	월간 무제한 Streaming 서비스	월 5$
Spotify	광고주 유료회원	7가지의 다양한 포맷 월간 무제한 Streaming(Premium 버전)	광고기반 무료서비스에서 월 5$, 10$ 등으로 차별화된 가격

수익모델의 유형은 거래가 이루어지는 형태, 고객에게 가치를 전달하는 방식, 산업의 특수성에 따라 매우 다양한 형태를 가지고 있다.

동일한 업종의 기업들이나 유사한 아이템으로 사업을 하는 기업들일지라도 매우 차별적인 수익모델을 가지고 있음을 발견하게 된다. 수익모델의 유형을 살펴보면 다음과 같다.

(1) 거래형태에 따른 수익모델

수익의 흐름은 거래를 통하여 실현되기 때문에 이러한 거래형태에 따른 수익모델의 유형은 다음과 같다.

수익모델의 형태	내 용	사 례
1. 반복수익형	지속적으로 수익의 흐름을 가능케 하는 거래방식	IBM의 하드웨어 설치 및 유지보수 계약
2. 거래별수익형	안정된 거래관계로 제품과 서비스를 제공하고 수익을 획득함	산업재 및 소비재 제품의 공급 및 수입인식
3. 프로젝트별 수입	각각의 프로젝트를 수행하고 수입을 획득함	선박건조, 턴키베이스 공사, 건설공사
4. 서비스수입	주로 시간과 관련되는 서비스의 제공으로 수익을 획득함	호텔업, 항공업, 콘도미니엄 임대업 등

(2) 가치전달방식에 따른 수익모델

기업은 각기 독특한 방식으로 가치를 전달하거나 마케팅방식을 디자인하고 실행한다. 이러한 전달방식의 차이에 따른 수익모델의 유형은 다음과 같다.

수익모델의 형태	내 용	사 례
상품의 서비스화	상품을 기본적으로 제공하고 사용량(시간)을 기준으로 지속적인 수익흐름을 창출함	웅진코웨이 정수기, GE의 항공기 엔진, 금융리스
인접영역의 추가	현재의 업종에 시너지가 있는 인접 업종을 추가함	Nike의 스포츠 의류사업, naver의 인터넷 부동산 중개업, KT의 무선통신 사업
면도기와 면도날	주 제품은 낮은 가격으로 공급하고 부속품을 높은 가격으로 제공함	Gillette 면도기, HP의 프린터와 잉크
역면도기와 면도날	주 제품은 높은 가격으로 제시하고 부제품은 낮은 가격을 유지함	아이팟과 아이튠즈 아마존 킨들
Freemium	기본 서비스는 무상으로 제공하고 고객을 확보한 후 업그레이드 버전을 제공하여 수익을 창출함	아래한글, Skype Anti-virus 소프트웨어
분 할	묶음으로 제공하는 방식을 분할하여 여러 명이 사용하게 하고 사용료를 분담하여 지불하게 함	콘도미니엄, 법인골프 회원권
양면시장	서비스 이용자에게서는 무료로 하고 제3자로부터 지불받음	Social Commerce, Google, naver
구독료	일정금액을 정기적으로 지불하게 하고 회원에게 차별화된 서비스를 제공함	안양 Country Club, Lotte Vic market, 위성방송, 헬스클럽, Cable TV
Franchisor	표준화된 제품, 서비스방식을 제공하고 Loyalty 수입을 징수함	카페베네 등 전문 커피점, Mc Donald,
거간(Broker)	판매자와 구매자를 연결하고 판매수수료를 받음	Home Shopping, 경매 우리나라 일부 백화점, G-market

(3) 디지털환경기반 사업의 수익모델

인터넷기반 사업의 수익모델들은 전통적인 굴뚝(Brick and Mortar)산업에 비하여 매우 다양한 형태를 보이며 수익모델의 개발에 많은 시사점을 주고 있다.

수익모델의 형태	내 용	사 례
광 고 (Advertisement)	서비스 이용자(visitor)에게 광고를 노출하고 노출회수나 클릭 수에 따라 광고주로부터 광고비를 지불받음	각 종 포털사이트, Google의 AdSense
회원의 회비 (Membership fee)	기본적인 서비스를 제공하고 유료회원에게는 차별적인 서비스를 제공함	전자출판회사, Cable TV, Skype, 경제연구소의 정보제공

수익모델의 형태	내 용	사 례
제휴관계 프로그램 (Affiliate Program)	플랫폼을 제공하고 제3자의 제품이나 서비스를 판매하게 하여 수수료를 수령함	스마트폰의 앱 스토어, Auction, G-market 각종 Web-blog
가상의 부동산 거래 (Virtual Real Estate)	가상의 토지를 판매하거나 임대하여 수입을 획득함	Second Life
기 부 (Donation)	사용자 단체나 기타 그룹이나 개인으로부터 기부금을 받고 기부처의 이름을 공개함	Wikipedia
상품화 (Merchandise)	Network의 명성을 브랜드화한 제품(T-shirts, 모자, 커피 머그잔 등)을 판매하여 수입을 확보함	메신저업의 캐릭터사업(카카오톡의 이모티콘, 라인의 스티커)

PART

2

창업사업계획서

CHAPTER 01 창업단계와 사업계획서
CHAPTER 02 사업계획서의 유용성
CHAPTER 03 사업계획서의 외부이용자와 중시관점
CHAPTER 04 사업계획수립에 필요한 질문
CHAPTER 05 사업계획서의 구조설계
CHAPTER 06 사업계획서의 문서화
CHAPTER 07 사업계획서의 프레젠테이션

CHAPTER

01

창업단계와 사업계획서

01 창업의 단계

사업계획서의 구조를 어떻게 구상해야할지? 분량은 어느 정도로 해야 적당할지? 형식은 어떻게 갖추어야할지? 스타트업 창업자가 한 두 번씩은 겪는 고민이다.

사업계획서의 형식과 내용은 사업계획서의 사용목적과 사업의 진행상황에 맞추어야 한다. 스타트업이 현재 처해있는 상황에 비하여 너무 과도하게 나아간 사업계획서는 신뢰성에 의문이 생길 것이며 너무 축소된 간편한 사업계획서 또한 진지하게 보이지 않을 수 있다.

스타트업은 사업이 진행되는 단계에 적절한 사업계획서를 사용목적에 맞추어서 형식과 내용을 구상해야할 것이다.

스타트업은 일반적으로 다음과 같은 사업화의 단계를 밟는다.

사업화의 각 단계에서 사용목적에 적합한 사업계획서를 만들어서 필요한 용도에 사용해야 한다. 스타트업 초기에 외부인에게 사업 아이디어나 시제품을 소개하거나 투자를 제안하는 피칭(또는 엘리베이터 피칭)도 일종의 미니 사업계획서의 발표라고 볼 수 있다.

스타트업이 출범하여 사업화에 이르기까지 준비되는 사업계획서의 유형은 다음과 같다.

① 엘리베이터 피칭용 사업계획서
② 프레젠테이션용 간편사업계획서
③ 간편사업계획서
④ (풀 버전)상세사업계획서
⑤ 정책자금지원신청용 사업계획서

사업계획서의 양식과 내용의 구성방식은 매우 다양하며 모든 목적에 다 통할 수 있는 하나의 유형은 없다. 그러나 모든 논문에는 일관성 있는 논문의 구조가 있듯이 사업계획서도 유형에 관계없이 일정한 틀과 논리적인 흐름을 가지고 만들어져야 한다.

02 창업단계별 사업계획서의 유형

알리바바의 창업자인 중국의 마윈 회장은 일본 소프트뱅크의 손정의 회장에게 약 20분간에 걸쳐 사업브리핑(피칭)을 하여 2천만 불의 투자를 받았다.

이스라엘의 벤처기업 M-Systems을 창업한 도브 모란(Dov Moran)은 USB 메모리 연구개발을 지속하기 위한 막대한 투자자금이 필요하였다. 그는 파워포인트로 작성된 11장짜리 사업계획서를 피칭하여 거액의 투자를 성공적으로 유치하였다. 그는 2006년 자신이 개발한 USB제품을 San Disk에 거금 16억 불에 매각하였으며 현재도 전문벤처창업가로서 활약하고 있다.

이 두 가지 사례에서 본 바와 같이 기업이 진행하는 사업계획을 효과적으로 준비하여 전달하는 것은 투자유치에 결정적인 역할을 할 수 있다. 물론 평범한 사업 아이디어를 아무리 좋게 포장하여도 성공할 수는 없다. 그러나 아무리 탁월한 사업의 피칭도 상대방에게 영향력을 주지 못한다면 목적을 달성할 수 없다.

벤처캐피털 등 투자자금의 유치, 정부의 정책자금지원신청, 스타트업 경진대회 참가, M&A의 제안 등을 위한 작업에는 반드시 사업계획서의 발표가 따른다.

사업계획서라는 명칭을 사용하지 않을지라도 발표자는 자신의 사업에 대한 내용과 목표 등 사업의 핵심을 준비해야 한다. 모든 상황에 똑같이 적용할 수 있는 형식은 없으며 업종과 사업진척도 등 상황에 적합한 사업계획서가 만들어져야 한다.

일반적으로 각 사업의 단계별로 준비되는 사업계획은 다음과 같다.

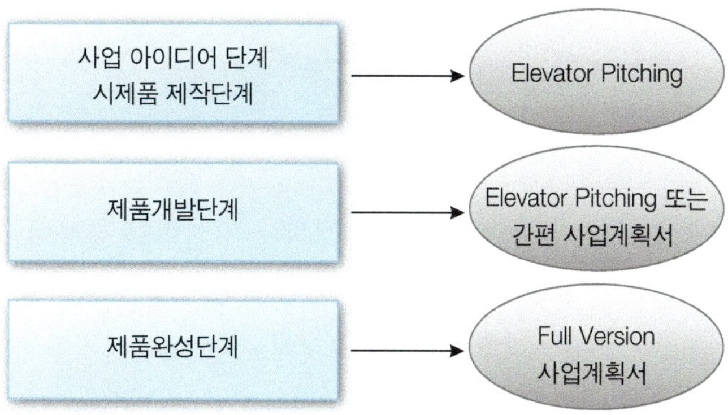

(1) 엘리베이터 피칭용 사업계획

엘리베이터(Elevator) 피칭은 엘리베이터에 동승하는 짧은 시간동안 상대방에게 강렬하게 어필하는 것처럼 30초 또는 5분~10분 이내의 주어진 시간에 사업 아이디어나 사업계획을 영향력 있게 발표하는 것이다.

피칭(Pitching)이 있으면 캐칭(Catching)이 있듯이 상대방에게 의미있는 행동(call to action)으로 이어질 수 있는 피칭이 되어야 한다. 엘리베이터 피칭은 여러 가지 경우에 행하여지는 평가를 위한 심사위원들 앞에서 자신의 사업을 설명하는 최초의 기회이다.

엘리베이터 피칭의 결과에 따라 후속미팅이나 사업계획의 발표기회가 주어지기도 하고 무산될 수도 있다. 짧게 주어진 시간에 사업 아이디어나 사업계획을 충분히 설명하기란 매우 어려운 일이다.

심사위원으로 참여하는 투자자 등도 매우 바쁜일정을 가진 사람들이며 무수히 많은 투자제안발표나 사업계획서를 검토한다. 유사한 사업 아이디어나 제품 또는 서비스의 개념이 포함된 사업계획이 넘치는 현실에서 이들에게 강렬한 인상을 주어야만 연속으로 이어지는 기회를 맞을 수 있다.

그러면 Elevator Pitching을 위하여 어떠한 내용을 중심으로 어떠한 요령으로 발표할 것인가? Elevator Pitching을 위한 시간은 대략 5분,10분 단위로 주어지나 경우에 따라서는 2분 등 매우 짧은 시간이다.

주어진 시간에 맞추어서 준비하되 다음의 핵심요소들을 놓치지 않아야 한다.

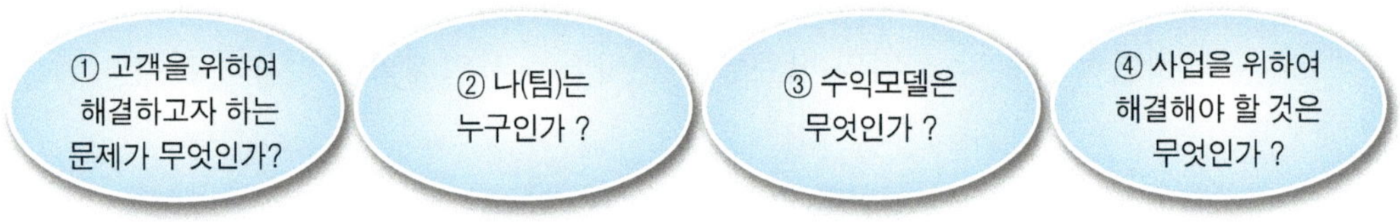

① 고객을 위하여 해결하고자 하는 문제는?

창업자가 보유한 기술의 차별성보다는 사업화를 통하여 소비자 또는 고객의 어떠한 문제를 차별적인 방식으로 해결하는지에 대하여 집중해야 한다.

빼어난 기술을 보유하는 것은 그것대로 큰 매력이지만 투자자는 기술을 적용하는 결과로서 초래되는 잠재적인 효익에 관심을 가진다. 기술에 도취한 엔지니어들은 보유기술에 대하여 큰 자부심을 가지기 쉽다. 그러나 기술이 매력적인 사업으로 연결되지 못한다면 그 기술은 평가를 받을 수 없다.

② 나(팀)는 누구인가?

초기의 스타트업에 투자하는 대부분의 벤처캐피털 리스트들은 창업가의 열정과 전문성을 매우 중요시 한다. 아무리 빼어난 사업 아이디어나 비즈니스모델이라도 창업가의 열정과 신뢰가 부족하다면 투자하지 않는다.

창업가의 열정과 더불어서 창업자의 개인적인 배경과 그의 직업적인 경력이 사업에 어떠한 시너지를 미칠지를 중심으로 설명한다.

③ 수익모델은?

Elevator Pitching 시점에서 비즈니스모델이 아직 정립되지 않은 경우가 많다. 그러나 벤처캐피털의 투자를 요청할 시점에는 비즈니스모델에 대한 설계가 되어 있어야 한다. 벤처캐피털 리스트 등 투자자들의 목표는 최대한의 투자수익을 회수하여 다음단계로 옮아가는 것이다. 따라서 비즈니스모델과 그 결과로서 얻어지는 수익의 흐름에 매우 민감하다.

④ 해결해야 할 문제나 주요이슈는?

Elevator Pitching이나 사업계획서의 발표에서 가장 주의할 점은 자신의 사업 아이디어나 제품이 최고라든가 사업의 진행상 모든 것이 문제없이 잘될 것이라는 등의 근거없는 자신감이다.

사업에는 반드시 크고 작은 문제들이 있기 마련이다. 예상되는 주요 문제의 해결을 위하여 어떠한 도움이 필요한지 그리고 어떻게 문제를 해결할 것인지를 밝혀야 한다.

일반적으로 효과적인 Elevator Pitching의 실행을 위하여 필수적으로 요구되는 네 가지 요소는 다음과 같다.

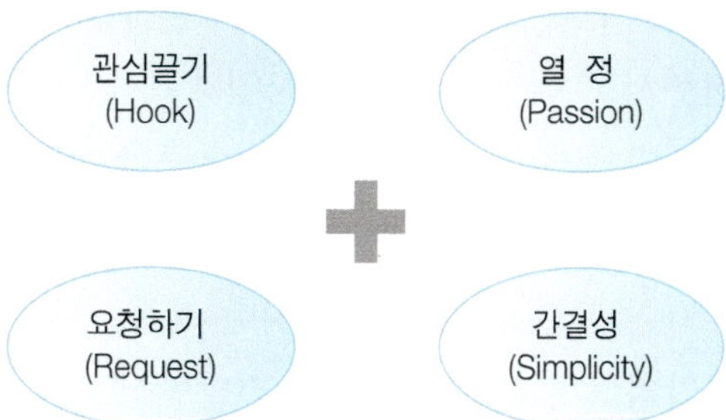

- **관심끌기**(Hook) : 시작부터 청중의 관심을 끌어내지 못한다면 실패할 위험성이 매우 높다. 관심을 유도할 수 있는 흥미있는 주제나 질문으로 시작하는 편이 좋다. 초점이 불분명한 전개는 쉽게 흥미를 잃게 한다.
- **열정**(Passion) : 창업가가 스스로 자신이 하는 사업에 빠져있지 않는다면 누가 사업에 참여할 것인가? 창업가는 사업 아이디어와 사업화 가능성에 대하여 자신감과 더불어 사업이 성공할 수밖에 없는 열정을 보여야 한다.
- **요청하기**(Request) : 발표후에 피드백을 요청하거나 사후에 연락해도 좋은지 등에 대하여 허락을 요청한다. 투자가들은 적극적이고 긍정적인 태도로 무장한 기업가정신을 가진 창업자를 선호한다. 투자결정을 할지, 철회할지 등의 경계선상에 있는 투자자에게 적극적인 태도로 접근하는 창업가에게 기회가 주어진다.
- **간결성**(Simplicity) : 제한된 시간에 너무 많은 정보량을 전달하려는 욕심은 금물이다. 핵심적인 내용만을 간결하게 정리하여 전달한다. 초점을 흐린 자화자찬의 미사여구나 형용사, 부사 등의 사용을 자제한다.

(2) 간편사업계획서(프레젠테이션용 포함)

시제품의 개선작업이 상당히 진척되었거나 완성품의 개발이 가까워지면 시장진입을 위한 준비를 할 시점에 도달한다. 이 시기에 준비해야할 사업계획서가 간편사업계획서다.

시장진입을 앞두고 창업당시 조달하였던 자금이 거의 고갈되면서 필요한 자금이 연속적으로 유입되지 않는다면 소위 "죽음의 계곡(Death Valley)"이라는 위기를 맞을 수 있다.

이 단계에서 벤처캐피털 또는 그 외의 곳으로부터 자금조달을 받아야 하며 이를 위해서 제안서나 사업계획서를 제출하고 발표도 해야 한다. 이미 시장에 진입한 계속기업들이 수립하는 상세 사업계획서의 수준은 아니지만 사업의 핵심을 요약한 사업계획서를 작성해야 한다. 이때 필요한 것이 간편사업계획서이다.

벤처캐피털 등의 외부 이해관계자들도 방대한 분량의 복잡한 사업계획서를 원하지 않는다. 간결하면서도 핵심을 요약한 사업계획서이면 충분하고 의사결정을 위하여 추가로 필요한 정보가 있으면 제출이나 설명을 요구할 것이다.

간편사업계획서는 Elevator Pitching을 연장하여 비즈니스모델을 추가한 것이라고 볼 수 있다. 비즈니스모델은 시장에 출시할 제품, 서비스(What), 표적고객그룹(Who) 그리고 고객에게 알리고 구매하게 만드는 전달방식(How)의 세 가지 요소이다.

간편사업계획서는 비즈니스모델의 각 요소들을 설명하고 비즈니스모델이 사업시스템으로서 어떻게 운영될 것인지에 대한 계획이다. 간결하면서도 필요한 핵심을 충족시켜야 하기 때문에 수준높은 전문성이 필요하다.

일반적으로 간편사업계획서에 포함하는 내용은 다음과 같다.

① 창업자 및 팀소개
② 보유기술 및 개발된 제품/서비스
③ 시장기회(표적 고객그룹)
④ 시장진입전략
⑤ 추정손익계산서
⑥ 문제점 및 요청사항

보통 주어지는 발표시간이 10분 정도임을 고려하여 가장 중요하고 강조되어야 할 부분에 시간을 가장 많이 할애한다.

① 창업자 및 팀 소개

창업자 및 팀원의 소개는 전문성과 경험을 중심으로 간단히 소개한다. 사업과의 연관성이 입증되어야 하며 계획하는 사업과의 관련성이 없는 화려한 경력의 소개는 오히려 감점요인으로 작용할 수 있다.

② 보유기술 및 제품/서비스

제품개발에 응용된 기술의 차별성과 그것에 기초하여 개발된 제품 또는 서비스에 대한 간결한 설명을 한다. 개발된 제품 또는 서비스가 고객에게 어떤 혜택을 주는지? 왜 고객이 기존의 거래처를 바꾸어서 우리의 제품이나 서비스를 구매할 수밖에 없는지? 이러한 질문에 대한 해답이 필요하다.

③ 시장기회

개발된 제품이나 서비스를 구매할 표적고객그룹은 누구인지 설명한다. 스타트업의 표적고객은 매우 좁게 정의되어야 하고 초점이 없는 넓은 고객그룹을 표적으로 삼는것은 비현실적이다. 이미 시장에 진출하여 경험을 쌓은 기업들을 대상으로 스타트업이 경쟁할 수 없기 때문에 좁디좁은 틈새시장이어야 한다.

표적시장을 중심으로 최소한 향후 3년 동안 사업이 얼마나 성장할 수 있는지?에 대하여 시장기회와 상장전망을 그 근거와 더불어서 제시한다.

④ 시장진입전략

시장진입전략은 비즈니스모델의 구성요소 중에서 전달방식인 How에 대한 것이다. 시장에 진출하는 제품이나 서비스의 존재와 특별함을 어떻게 표적고객들에게 알릴것인지의 문제와 구매를 원하는 고객에게 판매에 이르게 하는 방안이 무엇인가에 대한 것이다.

자금이 부족한 스타트업이 시장에 진입하면서 자신의 제품이나 서비스를 시장에 알리는 방식은 창의적이며 독창적이어야 한다. 아무리 뛰어난 제품이나 서비스일지라도 그것을 표적고객에게 알리지 못한다면 시장진입에 실패할 것이다.

⑤ 추정손익

손익계산서는 사업의 결과로 초래되는 재무적인 성적표이다. 스타트업에 투자하는 벤처캐피털 리스트 등 외부이해관계자들은 결국 사업활동의 결과로서 얻어지는 재무적인 성과에 따라 의사결정을 한다.

아무리 빼어난 비즈니스모델일지라도 지속가능한 현금흐름을 창출할 수 없다면 그 스타트업과 관계를 맺지 않는다. 추정손익은 일반적으로 3년 정도를 예측하여 제시하면 좋을 것이다. 아직 사업의 초기이기 때문에 먼 미래의 기간을 예측하는 것은 어려울뿐더러 별로 실익이 없기 때문이다.

추정손익의 예측에는 매출액, 매출원가 그리고 일반관리비 등의 주요항목의 예상액이 포함된다. 각 추정예상액의 근거를 제시한다. 일반관리비항목은 큰 경비항목을 중심으로 하며 항목을 너무 세부적으로 나눌 필요는 없다.

⑥ 문제점 및 요청사항

사업을 실행하는데 있어서 예상되는 주요문제와 비즈니스 이슈는 무엇인지? 그리고 그러한 문제들을 어떻게 해결하고 극복할 것인지? 이에 대한 설명이 필요하다.

스타트업의 사업화과정은 많은 불확실성과 위험을 안고 있으며 예상되는 주요 문제점을 파악하고 관리대책을 수립했다면 투자자 등 외부이해관계자의 신뢰를 얻는다. 모든 것이 계획대로 잘 진행될 것이라는 낙관적인 전망은 신뢰의 상실로 이어지기 십상이다.

투자자 등 외부이해관계자에게 요청할 사항이 무엇인지 제시하며 추가적으로 필요한 자금의 규모와 사용용처는 어디인지? 등의 요청사항을 명확히 한다.

(3) 상세사업계획서(Full Version Business Plan)

스타트업이 성장기를 향하는 시점에는 시설투자나 제품개선을 위한 자금수요가 대폭 증가하며 이때 필요한 자금이 부족하다면 큰 위기를 맞을 수 있다.

사업확장단계에서 필요한 현금유입이 조달되지 못하면 소위 제2의 "죽음의 계곡(Death Valley)"이라는 위기를 맞이할 수 있다. 반면에 그동안 스타트업에 대한 투자에 보수적인 입장을 취하여온 벤처캐피털 리스트들은 성장기를 맞는 전망있는 스타트업에 관심을 가진다.

우리나라 대부분의 벤처캐피털 리스트들은 창업초기의 스타트업에 투자하기 보다는 창업 후 성장기나 확장단계에 있는 기업에 투자하는 경향이 농후하다. 시장에 진입하여 확장단계에 이르면 기업에 대한 현금흐름 전망이나 투자수익률에 대한 예상이 가능하기 때문이다.

벤처캐피털 리스트들이 투자결정을 고려할때는 프레젠테이션과는 별도로 상세한 정보가 포함된 사업계획서를 요청한다. 이를 대비하여 상세한 실행사업계회서(Full Version Business Plan)를 작성하고 제공할 준비가 되어 있어야 한다.

스타트업의 전망에 매력을 느낀 벤처캐피털리스터들은 투자의사결정에 상당히 적극적이며 상호 간의 기밀준수협정에 서명하고 상세사업계획서를 비롯한 사업정보를 요구한다. 상세사업계획서는 기업회계기준 등 일정한 원칙에 의한 내용과 형식을 존중하여 작성되어야 한다.

상세사업계획서는 비즈니스모델을 사업화하려는 실행계획서이다. 상세사업계획서가 간편사업계획서와 다른 점은 비즈니스모델의 세 가지 구성요소 중에서 특히 전달방식(How)인 마케팅전략을 포함한 사업전략이 구체적으로 수립된 것이다. 그리고 추정손익계산서, 추정재무상태표 그리고 추정현금흐름표 등을 재무계획도 준비한다.

상세사업계획서의 일반적인 기본적인 구조는 다음과 같다.

① 사업개요(Executive Summary)	② 회사소개
③ 제품/서비스	④ 사업목표
⑤ 시장환경(경쟁분석)	⑥ 사업전략(마케팅전략)
⑦ 매출계획	⑧ 추정재무제표

CHAPTER

02

사업계획서의 유용성

01 기업경영과 사업계획

기업경영은 계획과 실행 그리고 피드백이라는 세 가지의 주요활동이 순환되는 과정이다. 이러한 순환과정을 효율적으로 관리하는 것이 경영이며 사업계획은 경영의 출발점이다. 특히 창업기업에 있어서는 사업계획수립은 사업진행을 위한 이정표다.

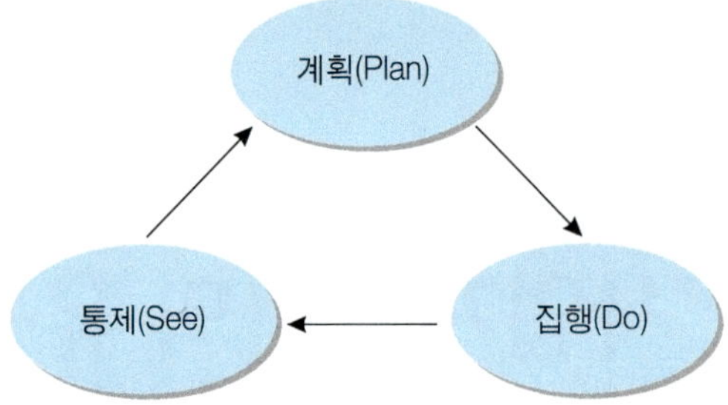

이미 시장에 진입하여 지속적인 영업활동이 진행중인 계속기업들에게 있어서는 계획과 실행 그리고 실행과정에서 경험한 학습효과를 다시 피드백하는 통제의 요소가 매우 중요하다.

그러나 스타트업들은 경영순환과정의 초기단계에 있기 때문에 비즈니스모델의 구축과 이를 사업화하는 과정인 계획(Plan)이 가장 중요하다. 물론 사업이 확장단계에 진입하면 수립된 계획의 집행과 피드백도 중요시 된다.

사업계획서는 왜 필요한가?

- 스타트업에 있어서 사업계획서는 외부로부터 투자를 유치하기 위해서 필수적으로 요청되는 정보이다. 그외 정부의 정책자금지원을 요청이나 스타트업 데모행사에 참여하기 위해서도 Elevator Pitching 용 사업계획이 필요하다.
- 스타트업이 사업화를 진행하면서 지속가능한 사업을 진행하는 시점부터 사업계획서는 사업의 성공가능성을 검증하기 위한 프로세스이며 사업실행을 위한 가이드라인이 된다.
- 소중한 인적, 물적자원이 투입되는 사업이 실패한다면 개인적, 사회적인 손실은 막대하다.

- 사업계획서 작성을 위한 준비와 검증 프로세스를 거치면 부족한 부분과 위험가능성 요인들을 찾아내고 미리 대비하여 실패의 가능성을 줄일 수 있다. 사업계획서의 일차적인 목적은 사전에 위험요인을 제거하거나 관리계획을 수립하여 사업의 성공가능성을 높이고 실패확률을 줄이는데 있다.
- 경영자에게 사업계획서는 기업경영의 가이드라인이며 실행지침서이다. 사업계획서에서 재무계획은 재무자원의 조달과 배분에 대한 계획이며 제한된 자원의 효율적인 사용에 대한 예산이다.
- 사업계획서는 사업을 실행한 사후에 업적을 평가하는 기준이 된다. 사업실행의 결과를 평가하고 그로부터 학습한 내용을 경영의 순환과정에 다시 반영하는 것은 CEO의 임무이다. 사업실행의 결과를 사업계획서와 비교, 평가하여 업적평가 등 인사고과 등의 자료로서 활용하는 것은 기업경영의 프로세스이다.
- 건실한 계속기업도 신규투자 등을 위해서는 현금수요가 필요하다. 필요자금을 모두 자기자본으로 조달할 수 있다면 좋겠지만 그렇게 할 수 없는 경우가 대부분이며 기업이 처한 상황에 따라 차이는 있겠지만 대분의 사업은 외부자금의 수혈이 필요하다.
- 외부의 자금조달은 엔젤투자자, 벤처투자가 및 일반투자자 등에 의하여 이루어지며 정부, 공공기관 및 금융기관 등의 자금조달처도 있다. 이들 기관들에게 제안을 위해서는 사업계획서가 기본적인 기업정보이며 이들에게 제출한 사업계획서는 충분히 매력적이며 신뢰를 주어야 한다.

02 사업계획서의 역할

스타트업에 있어서 사업계획서의 유용성은 투자유치 등을 위한 외부이해관계자와의 소통수단이다.

이와 못지않게 사업계획서는 사업의 실행을 위하여 CEO 등 내부이해관계자에게 필수적인 경영지침서로서 사업계획서가 기업경영을 위하여 작용하는 내부적인 유용성을 살펴보면 다음과 같다.

① 사업을 통하여 비전을 실천하고자 하는 약속이다.

창업자 또는 기업조직은 사업을 통하여 사회나 인류에게 어떠한 가치를 창출하는 등의 긍정적인 영향을 끼치고자 한다. 부의 창출은 그 비전을 실천하는 결과로서 얻어지는 것이며 부의 창출 그 자체를 목표로 하는 창업은 사회 속에서 더불어 성공하기가 힘들다.

사업계획서에는 창업가나 조직의 이러한 비전이 반영되어 있어야 하며 비전은 또한 사업실행과정에서 의사결정을 하는 중요한 기준이 된다. 매력적인 유혹에 직면하여도 기업의 비전에 맞지 않는다면 과감히 버려야 하고 사업계획서는 CEO나 조직의 이러한 비전을 담은 청사진으로서 의사결정의 기준이 되는 역할을 한다.

② 제한된 자원의 효율적인 배분을 가능하게 한다.

기업은 제한적인 인적, 물적자원을 가진 조직으로서 제한된 자원을 가장 효율적으로 배분하고 사용하는 것은 기업경영의 핵심과제이다.

이렇게 제한된 자원을 효율적으로 배분하고 사용하는 것은 사전계획에 의해서 가능해진다. 자원의 사전배분은 사업계획서의 중요한 부분이며 특히 재무적 자원의 배분계획은 스타트업에게 큰 역할을 한다.

③ 도상에서 실행하는 모의 사업경영이다.

사업계획수립의 과정은 문서에 의한 사업의 도상연습으로서 도상에서 실패하는 사업은 얼마든지 용인될 수 있다. 그러나 소중한 자원이 투입되는 실제상황에서 실패는 큰 상처를 남긴다.

사업계획서 작성프로세스를 거치는 것은 종이 위에서 사업실행을 연습하는 것이며 사업실행을 위하여 부족하다고 판단되는 자원이나 역량을 발견하고 보완대책을 마련하는 것은 사업계획서 작성과정이 제공하는 큰 혜택이다.

④ 기업내부 의사소통의 핵심매체이다.

스타트업이 확장단계에 진입하게 되면 기업의 조직은 확장되고 팀원의 숫자도 증가하여 CEO가 혼자서 관리하던 인적역량도 한계를 가질 수밖에 없다.

기업조직은 구성원들이 소통하고 협업하는 역동적인 유기체로서 동일한 목표를 향하여 활동한다. 사업계획서는 그 수립 프로세스를 통하여 조직구성원들에게 동기를 부여하며 공통된 목표를 향한 열정을 심어준다.

사업계획의 공유는 조직구성원들에게 상호협업의 동인을 제공하고 조직전체의 효율을 극대화 할 수 있는 의사소통의 매개체가 된다. 사업의 실행과정에서 직면하는 도전적인 과제도 비전과 사업계획서에 담겨져 있는 사업목표를 중심으로 해결책을 모색할 수 있는 것이다.

역동적인 기업조직에는 효율적인 의사소통시스템이 작용하고 있으며 사업계획의 수립프로세스와 그 결과를 문서화한 사업계획서는 내부소통을 위하여 매우 유용한 매개체이다.

⑤ 위험요인을 사전에 탐지하며 우선순위의 판단기준을 제공한다.

사업의 실행에는 예상할 수 없는 위험과 불확실성이 숨겨져 있으며 치밀한 도상연습없이 시장에 뛰어들다가 큰 봉변을 당하는 사례는 무수히 많다. 사업계획수립프로세스는 숨겨져 있는 잠재적인 위험요인을 사전에 식별하고 대비책을 수립할 수 있는 기회를 제공한다.

사업실행을 위하여 선택해야할 복수의 옵션이 있다면 어떤 기준에 의하여 결정을 할까? 기업경영은 선택과 우선순위를 수시로 결정하는 의사결정의 연속으로서 경영자는 사업계획서를 기준으로 의사결정의 주요기로에서 결단할 수 있다.

⑥ 평가 및 보상의 기준이다.

조직구성원에 대한 평가와 보상은 기업경영의 중요한 프로세스이며 내부적인 평가시스템에 의하여 공정하게 성과를 평가하고 합당한 보상을 하는 과정은 인사관리제도의 핵심기능이다.

사업계획서상의 주요지표들은 사업실행의 결과를 평가하는 가장 객관적인 기준이 되며 팀별 또는 개인별로 달성해야할 계획에 대응하여 각각의 성과를 비교하면 그 성과를 객관적으로 산출할 수 있다.

⑦ 외부이해관계자와 소통하는 매개체이다.

기업은 사회적인 제도로서 외부이해관계자와 연관을 가진다. 기업은 필요에 의하여 외부이해관계자와 적극적으로 관계설정을 모색하기도 하며 외부에 의하여 관계설정을 요청받기도 한다.

이러한 상호작용에 있어서 사업계획서는 중요한 역할을 한다. 주요 외부이해관계자로는 전략적 제휴희망기업, 엔젤투자가, 벤처캐피털리스터, 금융기관 등이 있으며 기타 정부기관, 환경단체 등 각종 시민단체도 기업경영에 직·간접적으로 영향을 미치는 이해관계자들이다.

전략적인 제휴를 희망하는 기업이나 벤처캐피털 리스트 등의 투자자들은 투자의사결정을 위하여 사업계획서에 기초한 타당성 검토가 필요하다. 이러한 과정에서 사업계획서는 상호 간의 기회를 탐색하고 평가하는데 결정적인 역할을 한다. 매력적인 사업모델과 이를 전문적인 방식으로 문서화한 사업계획서는 사업기회를 혁신할 수 있는 기회의 창이 될 수도 있다.

03 사업계획서의 활용

스타트업 등의 초기창업기업들은 대부분 창업자가 자신이 구상하는 창업사업계획을 수립하고 이를 문서화한다.

그러나 제품이나 서비스가 시장에 진입하는 단계를 넘어서면 조직이 커지면서 창업자 자신이 모든 일을 통제할 수 없게 된다. 특히 시장진출에 따른 고객관리와 외부이해관계자들과의 소통은 CEO의 중요한 업무영역으로 부상된다. 따라서 사업계획도 조직구성원들과의 참여와 조율을 거쳐서 수립되어야 한다.

사업계획을 수립하는 프로세스는 조직을 목표지향적으로 맞추어가는 과정으로서 창업자나 CEO는 사업계획을 수립하는 과정을 통하여 기업의 비전과 목표를 공유하며 동기부여를 한다.

사업계획서에는 기업의 목표, 목표달성을 위한 전략 그리고 그 결과로서 창출되는 성과가 담겨있다. 따라서 사업계획서는 CEO와 조직구성원이 기업경영을 위하여 업무를 실행하는 가이드라인의 역할을 한다.

모든 경영활동과 그 결과가 모두 계획된 것처럼 실행되고 결과가 얻어지는 것은 아니다. 기업이 통제할 수 없는 수많은 변수에 의하여 목표와 방향이 수정되어야 할 경우를 예상해야 한다. 그러나 사업계획서는 의사결정이 딜레마에 부딪칠 때에 선택의 기준을 제시하는 지침서가 된다. 특히 기업이 성장하여 지배구조가 확립된 규모의 기업조직에서는 사업계획서가 매우 중요시 되며 CEO를 포함한 조직의 평가기준이 된다.

사업의 성격이나 업종에 따라서는 내부의 인적역량이 사업의 성패를 좌우할 수 있다. 예컨대 정보기술관련 사업, 게임, 연예, 오락, 사업서비스 등 소프트웨어적인 사업에서는 인적자원의 능력이 사업의 성공을 위하여 필수적이다. 만약 이러한 사업모델을 상업화하기 위한 뛰어난 사업계획이 있다면 이를 활용하여 필요한 인적자원을 획득할 수 있다.

사업계획서가 사업실행의 지침과 성과평가의 기준을 제공하는 등 내부적으로 매우 유용한 역할을 하는 것은 경영의 일반적인 과정이다.

사업계획서는 기업외부와의 소통에 유용한 역할을 하며 스타트업에 있어서 사업계획서는 외부투자자와 투자를 위한 교섭이나 협상에 필수불가결한 매개체이다.

기업의 자금조달은 대부분 외부의 투자 또는 금융기관 등으로부터의 융자로 이루어진다. 외부투자자들은 엔젤투자자, 벤처투자자, 사모펀드, 크라우드 소싱, 개인투자가가 있으며 이들 외부투자가들이 투자의사결정을 위하여 가장 먼저 요청하는 것이 사업계획서이다. 자금을 대여하는 금융기관 등의 자금대부업자들도 사업계획서를 기초로 각종지표를 산출하며 내부적으로 적용되는 기준과 비교한다.

M&A는 스타트업 창업자나 투자자가 선택하는 중요한 출구전략으로서 인수나 합병을 원하는 상대는 시너지나 미래의 가치를 기대하고 인수합병을 추진한다. M&A의 의사결정 프로세스에는 가치평가가 있으며 가치평가에 사용되는 정보 가운데는 기업이 제출한 사업계획서가 포함된다. 현재 및 미래가치를 인정받기 위해서 기업은 형식적이 아닌 객관적이면서 잠재가치를 진솔하게 보여주는 사업계획서를 제시해야 한다.

경우에 따라서는 외부거래처와의 공급이나 조달계약이 사업의 중요한 부분을 차지하며 이러한 경우 상대방은 사업의 신뢰성이나 사업의 지속가능성을 검증하는 과정을 거친다. 복수의 검증수단이 있지만 사업계획서가 사업의 안정성을 평가받는데 있어서 소중한 정보원이 된다.

CHAPTER

03

사업계획서의 외부이용자와 중시관점

01 사업계획서의 외부이용자

안정된 시장기반을 갖춘 계속기업이 매년 수립하는 사업계획은 경영순환과정의 일부이며 장기적인 목표를 달성하기 위한 이정표(Mile Stone)이다.

공개기업의 경우는 기관투자자들을 비롯한 주요 주주들에 대한 약속이기도 하다. 이런 기업들에게 사업계획서는 주로 사업목표를 추구하는 실행의 가이드라인으로서 내부관리 목적으로 유용하게 이용된다.

그러나 창업기업들에게 사업계획서는 내부관리목적보다는 투자가 등 외부이해관계와의 협상을 위하여 유용하게 이용된다. 물론 계속기업들도 새로운 프로젝트를 계획하거나 시설확장을 위하여 외부로부터의 투자나 자금지원이 필요할 경우는 외부이해관계자와의 협상을 위하여 사업계획서가 중요한 역할을 한다.

내부관리용으로 필요하든 외부이해관계자와의 교섭용으로 사용하든 사업계획서의 내용은 기본적으로 동일하다. 그러나 사업계획서의 이용자가 누구이냐에 따라 그들의 의사결정에 필요한 정보와 중시사항이 다르기 때문에 이를 고려하여 사업계획서를 편집해야 한다. 같은 사업계획서일지라도 그들과의 협상에서 유리한 결과를 도출하기 위하여 전달하고자하는 핵심메시지를 강조하여 원래의 사업계획서를 편집해야 한다.

기업이 성장하고 기업의 활동이 사회적으로 미치는 영향력이 증대되면 기업은 이미 사회적인 제도로서 인정받고 또 그것에 맞는 사회적인 규범을 존중해야 한다.

스타트업 때는 간과하고 지나갔지만 기업이 성장함에 따라 시회나 시민단체 등 외부의 관심과 모니터링을 받을 수밖에 없으며 기업에 도움을 주었던 투자자나 금융기관 등의 외부이해관계자 외에도 기업활동의 정당성을 감시하는 외부이해관계자와의 소통도 필요하다.

기업경영에 영향을 줄 수 있는 주요 외부이해관계자들은 다음과 같다.

① 투자자(엔젤투자자, 벤처투자가)

② 자금대부자(금융기관)

③ 공급자(원재료 및 부품)

④ 계약자(외주가공, 프로젝트수행)

⑤ 전략적 제휴(인수, 합병)
⑥ 보험회사
⑦ 고객(주요 핵심고객)
⑧ 압력단체(환경단체 등 NGO)
⑨ 정부기관

02 이용자별 중시관점

스타트업에 투자하는 투자자들은 모험투자가로서 투자의 실패가능성을 최소화하며 최고의 보상을 기대한다. 이들은 자신들의 주주에게 최상의 보상을 주어야하기 때문에 투자하고자하는 기업의 선택에 치밀한 접근을 한다.

우리나라의 벤처캐피털 리스트가 투자하는 대상기업들의 대부분이 창업 후 3년이 경과한 기업들로서 이것은 벤처캐피털 리스트 등의 투자가들이 위험회피를 투자의사결정을 위한 결정적인 요소로 고려하는 증거다. 투자자들은 무수히 많은 투자요청을 받는다. 따라서 창업기업이 벤처투자가들의 관심과 흥미를 끌만한 제안을 하지 못한다면 투자유치의 문턱을 넘을 수가 없다.

투자가들이 투자를 결정하기 위한 최고 관심사는 투자에 대한 보상의 크기, 회수방법 그리고 회수시기이다. 경우에 따라서는 경영참여를 목적으로 투자하는 투자도 있다.

투자자들에게 제안서와 더불어 제공하는 사업계획서에는 간결하게 요약한 한 페이지 정도의 사업개요(Executive Summary)와 함께 사업계획서의 핵심을 요약한 내용을 몇 페이지 이내로 제공한다. 한 페이지 정도에 요약한 사업개요는 매우 중요하며 투자자의 흥미와 관심을 최대한으로 이끌 수 있는 방식으로 사업의 핵심을 요약하여 제공한다. 사업개요에서 투자자의 흥미를 충분히 끌지 못한다면 투자가능성은 낮다고 볼 수 있다.

금융기관 등 자금을 대출하는 기관들이 고려하는 가장 중요한 요소는 원금과 이자를 돌려받을 수 있는 지불능력이며 지불능력을 검증하기 위하여 기업의 현금흐름과 수익성의 추세를 면밀하게 분석한다. 이들 기관들이 관심을 가지는 주요정보는 사업계획서에 포함된 담보자산의 유무, 유동성, 현금흐름 그리고 상환능력이다.

실무적으로 투자자나 금융기관 등으로부터 자금조달에 실패하는 공통적인 원인은 다음과 같다.

① CEO 등 경영진에 대한 신뢰의 부족
② 사업의 지속가능성 불확실성
③ 비현실적인 가정에 기초한 사업계획
④ 사업전략의 비현실설
⑤ 현금흐름의 비현실성
⑥ CEO 등 팀원의 열정에 대한 회의

주요 이해관계자들이 그들의 의사결정에 중요시 하는 관점을 정리하면 다음과 같다.

주요 이용자	주요 목표	주요 관심사항
경영자 등 기업의 내부 이용자	목표달성	경영지침, 달성목표에 대한 보상
벤처투자가	회수(Exit)	투자수익률, 경영진의 역량, 출구전략
엔젤투자가	미래가치	경영자의 신뢰성, 투자수익률, 출구전략
M&A 등 전략적 사업 파트너	시너지 확보, 기술역량확대, 상호보완	기술수준, 제품력, 유통망, 고객, 특허
금융기관 등 채권자	회수 안전성	담보능력, 재무 안전성, 현금흐름
정부 및 공공기관	고용창출, 세수증대, 환경개선	고용증대 및 유지, 지속 가능성
시민사회단체	사회적 책임, 인권, 다양성, 친환경 경영	환경관련 투자, 장애인고용, 사회적 책임 활동투자, 공정무역, 윤리경영

CHAPTER

04

사업계획수립에 필요한 질문

01 기본적인 질문

사업은 성공을 전제로 착수하지만 현실적으로 처음 시작하는 사업의 실패확률은 매우 높은 것은 사실이며 미국의 실리콘벨리의 창업가들도 평균 3회 정도의 실패를 경험한다.

사업실패의 원인은 많겠지만 그 중에서도 사전 준비부족이 가장 큰 원인으로 지적되어 왔다. 철저한 준비없이 막연한 기대감이나 근거없는 자신감으로 착수한 사업은 십중팔구 실패로 이어질 수밖에 없다.

그러면 어떻게 실패의 가능성을 줄일 수 있을까?

사업계획의 착수과정에서 자신에게 스스로 기본적인 질문을 하면서 솔직한 대답을 구하는 절차가 중요하다. 이러한 기본적인 질문에 대하여 명쾌한 해답을 구할 수 없다면 다시 원점으로 돌아가서 새로운 사업아이템을 구하는 길이 옳다.

이러한 기본적인 질문은 인간으로서 자신에 대한 냉철한 질문에서 출발해야 한다. 인간으로서 스스로에 대한 질문과 해답이 구하여진 후에 사업에 대한 질문으로 옮기는 것이 좋다.

(1) 인간으로서 창업자 자신에 대한 질문

① 나는 왜 창업을 하려고 하는가?
② 계획하는 사업이 나의 가치관과 부합되는가?
③ 사업은 나의 비전달성에 긍정적인 영향을 줄까?
④ 계획하는 사업이 나의 미래에 어떠한 영향을 줄까?
⑤ 계획하는 사업이 나의 가족이나 가까운 친지에게 미칠 영향은 무엇일까?
⑥ 나는 사업을 하면서 어떤 사람으로 기억되기를 원하는가?
⑦ 사업을 하면서 예상되는 최악의 시나리오는 무엇인가?

(2) 사업가로서 자기자신에 대한 질문사항

① 최종 제품 또는 서비스는 무엇인가?
② 나의 제품 또는 서비스가 고객에게 제공하는 혜택은 무엇인가?
③ 주요 경쟁자와 비교한 나의 제품 또는 서비스의 주요 차별성은 무엇인가?
④ 고객들이 경쟁자보다 나의 제품이나 서비스를 선택할 이유는 무엇일까?
⑤ 사업 아이디어를 상업화하는데 필요한 시간과 비용은 얼마나 걸릴까?
⑥ 나는 사업을 위하여 필요하다면 나 자신을 변화시킬 수 있을까?
⑦ 나의 사업방식은 경쟁자와 비교하여 어떻게 다를까?
⑧ 나는 이익이 창출될 때 까지 기다릴 수 있는 인내력이 있을까?
⑨ 만약 사업이 실패할 경우 내가 선택할 수 있는 출구전략은 무엇인가?
⑩ 내가 보유한 기술이나 축적한 경험은 사업과 유관한가?

(3) 시장에 관한 질문

① 내 앞에 주어진 시장기회는 무엇인가?
② 나는 잠재적 고객그룹이 누구인지 알고 있나?
③ 잠재적 고객들에게 채워지지 않는 욕구나 필요한 혜택은 무엇인가?
④ 나의 표적시장은 분명히 정의되었나?
⑤ 제품이나 서비스의 가격정책에 대한 아이디어는?
⑥ 표적고객의 확보와 유지를 위한 방안이 있나?
⑦ 표적시장의 크기는 얼마나 큰가?
⑧ 표적시장의 추세는 어떠한가?

(4) 자원에 관한 질문

① 나의 기술이나 능력으로 채워지지 않는 부분을 알고 있는가?
② 나의 부족한 능력을 채워줄 수 있는 사람을 채용할 수 있나?
③ 사업의 착수 및 실행에 필요한 자금규모를 알고 있나?
④ 사업에 착수할 자금은 충분한가?

⑤ 사업의 실행에 부족한 자금의 규모는 얼마나 될까?
⑥ 부족한 자금을 조달할 수 있는 방안은 무엇인가?

(5) 기타 사업장 설치와 관련된 질문

① 사업장을 설치할 장소는 어디인가?
② 사업과 관련된 세금의 종류는?
③ 사업과 관련된 보험의 종류 및 부담금의 규모는?
④ 기업의 형태는 개인사업체인가? 동업인가? 법인체인가?

상기 기본적인 질문들을 요약하면 세 가지의 큰 질문으로 정리된다.

1. Who am I? (창업가의 정체성과 비전)
2. Where to go? (사업목표)
3. How to get there? (사업전략)

이러한 질문들에 대한 해답을 구하는 과정에서 창업자가 무엇이 부족한지를 파악할 수 있다. 특히 사회적 경험이 부족한 창업자는 자신의 기술을 과신하고 창업을 시도하는 경향이 농후하며 기술을 과신하여 개발한 제품이 기능적으로 아무리 우수하여도 시장에서 받아들이지 않는다면 창업은 실패로 이어진다. 소중한 지원과 시간이 투입되는 사업의 실패는 창업자뿐만이 아니라 사회적으로도 큰 손실이다.

세 가지의 기본적인 질문은 사업계획서의 기본골격을 형성하며, 모든 질문에 대하여 해답을 구하였다면 이제 그 결과를 일정한 기준에 의하여 정리하면 사업계획서가 문서로서 모양이 갖추어진다.

02 설득력 있는 제안

세 가지의 기본적인 질문에 대하여 해답을 구하고 부족한 부문을 보완한다면 외부이해관계자들에게 제시할 수 있는 사업계획서가 준비된다. 외부이해관계자별로 그들이 가장 중요시하는 양질의 정보를 사업계획서에 반영하여 목적에 따라 편집하여 사용할 수 있다.

사업에 관련된 모든 질문에 대하여 해답을 구한 후에 완성된 사업계획서가 설득력을 갖추기 위한 조건을 정리하면 다음과 같다.

① 제품이나 서비스가 고객에게 제공하는 혜택에 집중한다.

고객은 제품이나 서비스의 구매로 얻어지는 가치를 중심으로 구매의사결정을 한다. 객관적인 시장조사나 모의실험 등을 통하여 기업이 제공하는 차별적인 혜택이 입증되면 높은 평가를 기대할 수 있다.

② 문제의 해결이나 혜택이 필요한 표적고객그룹이 누구인지를 명확히 정의한다.

스타트업들의 표적시장은 매우 좁게 정의된 니치(Niche) 고객그룹이다. 사업에 대한 정보가 부족한 외부이해관계자들은 기업의 제공하는 정보 가운데서 고객에게 주어지는 특별함과 기업이 표적으로 삼은 고객이 누구인지? 고객그룹의 크기는 어떠한지? 등에 대하여 큰 관심을 가진다.

스타트업이 시장에 성공적으로 진입하고 계속적인 성장세를 이어간다면 미래에 펼쳐질 잠재적인 모습을 장기적인 전망을 하여 장기사업계획서와 같이 제시할 수 있다. 성공한 글로벌기업들도 출발은 스타트업에서 시작하였지만 핵심역량을 중심으로 사업의 범위를 계속 확대한 결과이다.

③ 핵심인력에 대한 설명이 필요하다.

규모를 갖춘 장치산업과는 달리 벤처기업은 소수의 핵심인력에 의하여 사업의 성패가 좌우된다. 사업과의 관련성이 부족한 화려한 학력이나 경력보다는 사업의 성격에 부합되는 경험과 전문성을 갖춘 사람이어야 한다. 만약 부족한 핵심인력이 있다면 그 갭을 인정하고 어떻게 보완할 것인지가 설명되어야 한다.

④ 사업에는 예기치 못한 불확실성이 항시 존재한다.

스타트업들은 경험부족으로 많은 위험과 불확실성에 노출되고 불확실성과 위험을 예상하고 그 영향을 평가하여 극복할 수 있는 방안이 사업계획서에 포함되어야 한다. 위험을 과소평가하고 위험에 대한 예상과 대책이 수립되어 있지 않은 사업계획서의 신뢰도는 그만큼 낮아진다.

⑤ 협상하는 상대방을 철저히 이해하고 그들의 주요 관심사를 중심으로 사업계획서를 편집한다.

거절할 수 없는 제안이 되어 상대방의 비전달성에 크게 일조할 수 있는지를 사전에 평가한다.

⑥ 간결하면서 이해하기 쉬운 방식으로 제안서를 편집한다. 기술적인 전문용어는 이해하기 쉬운 용어로 해석하여 사용자 위주의 문서로 만든다.

⑦ 피드백과 요청을 통하여 상대방에게 자신의 적극성과 열정을 보여준다.

CHAPTER

05

사업계획서의 구조설계

01 CEO의 기본질문

02 상세질문

03 사업계획서의 구조 및 목차

논문이나 프로젝트 보고서 등에는 항상 일관성 있는 형식, 구조 및 목차가 있는 것을 알 수 있다. 사업계획서도 마찬가지로 일정한 형식과 구조에 맞추어서 설계되어야 한다.

건축물의 설계도가 사용목적을 불문하고 일정한 기본에 맞추어서 기초설계가 이루어지듯 사업계획서도 기본적인 규칙을 존중하여 형식과 구조를 갖추어야 한다. 그리고 사업계획서를 사용할 목적과 사업계획서를 이용하는 사람, 그리고 업종과 규모 등에 따라 사업계획서의 형식과 구조가 수정된다.

사용목적이나 규모가 다를지라도 기본구조나 공통적인 공법이 존재하듯이 사업계획서에도 공통적으로 존중해야할 기본적인 구조가 있다. 따라서 본 장에서는 대부분의 사업계획서 작성에서 적용할 수 있는 공통적인 구조에 대하여 설명하고자 한다.

사업계획서는 사업 아이디어와 제품 또는 서비스가 완성되어 비즈니스모델이 설계되는 단계까지와(제1단계) 사업을 실행하는 단계의(제2단계) 두 가지 단계로 구분할 수 있다.

다음은 모든 사업에 공통적으로 적용할 수 있는 가장 기본적인 사업계획서의 구조이다.

목차의 항목	제1단계	제2단계
1. 사업개요(Executive Summary)		
2. 경영진, 조직		
3. 제품/서비스		
4. 환경분석(시장, 경쟁)		
5. 사업목표		
6. 사업전략(영업 및 마케팅계획)		
7. 기회 및 위험분석		
8. 추정재무제표, 자금수지계획		

위의 구조는 사용목적, 업종 및 사업의 규모에 관계없는 기본적인 사업계획서의 구조이나 상황에 맞게 새로운 항목을 추가하거나 생략할 수 있다.

사업계획서를 구성하는 각 항목을 살펴보면 일정한 논리적인 흐름이 보인다. 그것은 다음에 설명하는 사업과 관련한 근본적인 질문에 대한 해답을 정리하면서 도출되었음을 알 수 있다.

01 CEO의 기본질문

창의적인 아이디어나 새로운 발견들이 어떠한 의문에 대한 호기심에서 태어나듯 사업화를 추진하는 스타트업의 창업자들도 사업에 대하여 가지는 무수한 질문들을 정리하고 그들 질문에 대하여 해답을 찾아야 한다.

모든 일이 순조롭게 전개될 것이라는 근거없는 낙관적인 전망이나 상황에 따라서 행동하는 태도는 모든 일을 실패에 이르게 한다. 사업과 관련된 적절한 질문을 모두 생각해낸다는 사실자체도 큰 수확이며 그들 질문에 대하여 만족스러운 해답을 구했다면 사업을 진행할 준비가 되었다고 볼 수 있다. 사업계획서는 이러한 질문들에 대한 해답을 논리적인 순서에 따라 정리한 것이다.

그러면 사업과 관련하여 어떠한 질문들이 있을까?

가장 기본적인 질문으로 다음의 세 가지가 있으며 기본질문을 보충하는 두 가지의 추가질문(3 + 2)이 있다.

① Who am I?
② Where to go?
③ How to get there?

(1) Who am I?

이 질문은 창업자 스스로에게 하는 질문이다. 왜 계획하는 사업을 하는지? 계획하는 사업이 창업자의 정체성 및 가치관에 부합되는지? 창업자가 가진 전문성과 경험이 계획하는 사업에 얼마나 유리하게 작용할 것인지? 등의 질문에 대답해야할 것이다. 사업에 동참하는 팀원들의 배경과 전문성은 무엇이며 그것들이 사업에 어떠한 시너지를 가져올 것인지?에 대한 질문과 해답도 필요하다.

자신에 대한 질문과 더불어서 사업을 위하여 개발하는 제품 또는 서비스에 대한 질문이 필요하다. 창업자가 개발하는 제품 또는 서비스가 고객의 어떤 문제를 해결할 수 있는지? 경쟁사들보다 우수한 차별적인 혜택은 무엇인지? 왜 고객이 나의 제품 또는 서비스를 구매할 수밖에 없는지 등의 질문에 대한 해답이 필요하다.

(2) Where to go?

이 질문은 사업의 목표에 대한 질문으로서 스타트업이나 계속기업을 막론하고 계획하는 사업에는 목표가 있다.

스타트업은 사업 아이디어에서 출발하여 연구개발, 시제품생산, 완성품제작, 비즈니스모델설계 그리고 시장진출이라는 단계를 거치게 된다. 스타트업은 이러한 단계를 중심으로 비교적 단기간의 목표를 세우며 계속기업들은 장·단기계획을 수립하는 경영순환과정을 가진다.

사업목표는 동기부여의 출발점이며 사업실행의 중간평가나 최종결과를 평가하는 기준이다. 목표에 미달한다면 원인을 찾아내고 문제점을 보완할 수 있으며 목표를 초과한다면 새로운 도전적인 목표를 세워 스스로 동기부여를 할 수 있다.

사업목표는 사업전략을 수립하는 기준이 되며 사업목표를 어떻게 달성할 것이냐?에 대한 방법론이 전략이기 때문에 도전적이며 달성 가능한 목표를 정하는 것은 매우 중요하다. 사업목표가 빠진 사업계획서를 자주 발견할 수 있는데 이는 바람직 하지 않다. 비교적 사업이 진행된 스타트업에 투자하려는 벤처캐피털 리스트들은 스타트업의 사업목표가 무엇인지 매우 궁금하다. 사업제안서나 사업계획서에는 사업목표가 반드시 포함되어야 한다.

(3) How to get there?

이 질문은 사업목표를 달성하기 위하여 어떠한 수단들을 준비할 것인가? 즉 사업전략에 관한 질문이다.

스타트업의 사업전략은 비교적 단순하다. 성장단계에 이르기까지 목표는 대부분 완성품제작, 비즈니스모델의 설계 등을 중심으로 주로 내부적으로 해결하는 과제가 대부분이다. 그러나 스타트업도 시장에 진출한 준비가 되는 순간부터 효과적인 전략을 수립해야 한다.

계속기업은 기업의 내부 및 외부로부터 주목을 받으며 목표달성여부를 가지고 CEO를 비롯한 경영진을 평가한다.

마케팅전략이 사업전략의 중심이 되는 경우가 많다. 특히 B2C사업이라면 소비자나 고객에게 구매를 유도하기 위한 시장진출전략(Go To Market)이 사업전략의 핵심이다.

스타트업의 경우 연구개발을 끝내고 시제품이나 완성품을 만들고 출구(Exit)하려는 목표를 가질수도 있다. 이와 같은 스타트업들은 출구를 위한 M&A전략을 수립해야 한다.

기본질문	사업계획서 항목	내 용
1. Who am I?	· 회사소개 · 인적역량 · 제품/서비스	· CEO를 비롯한 인적역량 · 제품/서비스의 차별성 · 핵심역량
2. Where to go?	· 사업목표	· 정량적 목표(매출목표 등) · 정성적 목표
3. How to get there?	· 마케팅전략 · 경쟁전략 · 기타 사업전략	· 마케팅 믹스전략 · 신제품 개발전략

위의 세 가지 기본질문을 보충하며 최종결과가 어떻게 보일지에 관한 추가적인 질문 두 가지는 다음과 같다.

④ Where do I stand?
⑤ So what do I get?

(4) Where do I stand?

이 질문은 사업을 실행하는 주변환경에 관한 질문이다. 사업전략을 수립하기 위해서는 경제, 사회, 정치, 문화, 경쟁 등 사업에 영향을 미칠 수 있는 여러 가지 환경요인들을 평가하고 분석해야 한다.

How to get there?의 질문에 답하기 위해서는 사업에 직·간접적으로 영향을 미치는 요인들을 미리 추출하고 분석해야 한다. 특히 기술 및 사회적 변화의 속도가 빠르게 진행되며 경쟁이 치열해지는 현실에서 올바른 환경분석은 적절한 전략수립의 기초가 된다.

(5) So what do I get?

마지막 질문은 사업을 수행한 결과로서 얻어지는 과실이나 보상이 무엇인지에 대한 질문으로서 이 질문에 대한 해답은 마치 시험을 치른 후의 성적표와 같다.

특히 벤처캐피털 리스트 등 외부이해관계자들의 투자의사결정에 가장 큰 영향을 미치는 요인은 수익성과 현금흐름 등 재무적인 지표로서 이 질문에 대한 해답은 재무적인 지표로서 제공된다. 매출액추이, 영업이익전망, 현금흐름전망 등 수익성과 안전성 및 활동성에 대한 지표들이 해답의 중심이 된다.

기본적인 질문 세 가지와 추가적인 2개의 질문을 포함하면 다음과 같이 사업계획서의 구조가 형성된다.

기본질문	추가질문	사업계획서 항목	내 용
1. Who am I?		·회사소개 ·인적역량 ·제품/서비스	·CEO 및 주요 핵심인력 ·제품/서비스의 차별성 ·핵심역량
2. Where to go?		·사업목표	·정량적 목표 ·정성적 목표
3. How to get there?		·마케팅전략 ·경쟁전략 ·기타 사업전략	·마케팅 믹스전략 ·신제품개발전략
	4. Where do I stand?	·환경분석 ·경쟁분석	·SWOT 분석 ·경쟁전략
	5. So what do I get?	·추정 재무제표	·추정손익계산서 ·추정현금흐름표 ·각종 재무지표

사업계획서의 공통적인 구조는 위와 같이 5가지의 질문들에 대한 해답을 정리한 것이다. 이와 같은 큰 질문에 대한 해답을 구하기 위해서는 각 큰 질문에서 파생되는 작은 질문들을 생각해 내어야 한다.

업종이나 규모 그리고 사용목적에 관계없이 모든 사업계획서는 위와 같이 5가지의 기본적인 질문에 대한 해답이 제시해야 한다. 이 5가지의 질문 가운데서 어느 하나라도 빠진것이 있다면 완전한 사업계획서(Full Version Business Plan)라고 볼 수 없다. 문서화된 사업계획서는 이와 같은 5가지의 큰 질문에서 도출한 해답을 기본적인 틀을 갖추어서 정리하여 편집한 것이다.

스타트업이나 창업한지 얼마되지않는 아직 소규모의 사업이라면 완전한 사업계획서(Full Version Business Plan)까지 작성할 필요는 없다. 사업의 핵심만을 요약한 간편사업계획서나 피칭용 요약사업계획서로서 충분할 것이다. 그러나 스타트업이 성장 및 확장기로 진입할 단계에 이르면 형식과 틀을 갖춘 전문성이 깃들인 사업계획서가 요청된다.

계속기업에서 작성하는 완전한 사업계획서의 구조와 목차는 다음과 같다.

기본질문 1. Who am I? 에 대한 해답

① 회사소개
② 비전
③ 제품 및 서비스
④ 시설규모
⑤ 핵심역량

기본질문 2. Where to go? 에 대한 해답

2. 사업목표
① Milestone별 주요목표
② 매출액 목표
③ 시장점유율 목표
④ 영업이익목표

기본질문 3. How to get there?에 대한 해답

4. 사업전략
① 마케팅전략
② 실행계획
③운영전략(Operational Plan)
④ 경쟁전략

추가질문 1. Where do I stand? 에 대한 해답

3. 환경분석
① 거시환경(경제 ,정치, 사회 등)
② 산업환경
③ 경쟁환경

추가질문 2. So what do I get? 에 대한 해답

5. 추정재무제표
① 손익계산서
② 재무상태표
③ 현금흐름표
④ 자금수지계획 등

이와 같은 사업계획서의 형식과 내용을 갖추기 위해서는 5가지의 질문들에서 파생되는 상세한 질문들을 찾아내고 그 작은 질문들에 대하여 만족스런 해답을 찾아야 한다. 각각의 큰 질문들을 작은 질문으로 분해하는 과정이 필요하다.

보다 구체적으로 나누어진 작은 질문들에 대하여 해답을 구하는 프로세스가 바로 사업계획을 수립하는 과정이다. 따라서 질적 수준이 높은 사업계획서를 작성하기 위해서는 얼마나 사업에 적합한 작은 질문들을 만들어내며 어떻게 정확한 해답을 제시하는가에 달려있다고 볼 수 있다.

사업계획서는 이들 작은 질문들에 대한 해답을 논리적인 방식으로 편집하여 요약한 문서이다.

02 상세질문

5가지의 질문들에 대하여 해답을 구하는 과정은 마치 사업을 도상에서 진행하는 모의연습과 같다. 팀 구성원들과 토론과정을 거치면서 사업의 목표를 달성하기 위한 실행전략을 수립하는 긴 여정과도 같은 것이다. 큰 질문들에 대한 만족스런 해답을 찾으려면 각각의 큰 질문들에 숨어있는 작은 질문들을 찾아내어 그 작은 질문들에 대한 해답을 구해야한다.

큰 질문을 의미있는 작은 질문들로 분해하는 과정은 매우 중요하다. 문제를 잘못 정의하면 원하는 해답을 구할 수 없듯이 사업의 상황에 맞는 작은 질문들로 분해하여 해답을 구해야 한다. 5가지의 큰 질문들은 모든 사업에서 적용될 수 있는 공통적인 질문이지만 작은 질문들은 업종, 규모 및 사업화 방식 등 각기 사업이 처한 상황에 따라 달라질 수 있다. 따라서 자신의 상황에 적합한 질문들을 구성하고 해답을 탐구해야 한다. 의미있는 작은 질문들을 찾기 위해서는 브레인스토밍이나 워커숍 등의 기회를 가지거나 경우에 따라서는 외부 컨설턴트의 도움을 받기도 한다.

사업계획의 수립과정은 조직의 내부에 큰 혜택을 준다. 구성원들이 공통의 목표를 이해하고 동기를 부여받는 계기가 될 수 있다. 특히 스타트업의 연구개발의 진척속도나 사업화의 진행이 예상보다 늦어질 경우에는 이러한 사업계획수립기회를 통하여 비전과 공통의 목표를 새롭게 공유할 수 있다.

사업계획수립과정은 또한 미처 예상치 못한 부문과 위험요인을 사정에 파악할 기회를 주며 도상에서 사업의 실행연습을 하는 과정은 실패의 요인을 사전에 파악할 수 있게 한다.

> "Planning is everything. The plan is nothing"
> (계획을 수립하는 과정이 전부이며 계획 그 자체는 아무 것도 아니다)
> - General Dwight D. Eisenhower -

각기 5개의 큰 질문들에서 파생되는 작은 질문들은 다음과 같다.

(1) Who am I?에 관련된 작은 질문

이 질문은 기업이 보유하고 있는 인적자원, 제품 또는 서비스의 차별성, 고객에게 제공하는 차별적인 혜택이 무엇인지 알고자 하는 질문이다. 그리고 창업자의 비전과 사업을 통하여 추구하는 목표와의 비전과의 연관성에 대해서도 묻는 질문이다.

창업자나 CEO는 사업을 하는 동안 필요한 자원의 부족에 직면하게 마련이다. 사업의 실행에 필요한 자원에는 한계가 있을 수밖에 없기 때문에 부족한 보완할 수 있는 방안을 마련해야 한다.

Who am I?에 관한 작은 질문들은 이러한 인적자원과 자본재를 비롯한 물적자원 그리고 사업의 콘텐츠에 해당하는 제품 또는 서비스 그리고 자신이 보유한 핵심역량 등에 대한 것들이다.

① 창업가, CEO 등 인적자원에 대한 질문

- 기업의 비전은 무엇인가?
- CEO나 주요 팀 구성원이 보유하고 있는 전문성과 강점은 무엇인가?
- 주요 팀 구성원의 전문성과 강점이 사업에 어떠한 시너지를 줄 것인가?
- 팀원들의 열정과 각오가 뒷받침되어 있는가?
- 달성하고자 하는 공통의 비전과 목표를 공유하고 있는가?
- 부족한 역량은 무엇이며 이것을 어떻게 보완할 것인가?

② 제품 또는 서비스에 대한 질문

- 제품 또는 서비스의 최종사용자는 누구인가?
- 채워주는 고객의 니즈(Needs)는 무엇인가?
- 제품이나 서비스가 제공하는 고객가치는 무엇인가?

- 현재의 기술개발상태는 어느 단계인가?
- 제품이나 서비스를 완성하기 위하여 외부와의 협업이 필요한가?
- 유사한 제품을 공급하는 경쟁자가 있는가?
- 유사한 제품이 현재 타인에 의하여 개발되고 있는가?
- 제품이나 서비스의 개발이 법적인 요건을 충족하는가?
- 제품이 개발단계는 어디쯤인가?
- 특허나 면허 등 독점적인 권리가 있는가?
- 제품이나 서비스를 확장할 계획이 있는가?
- 품질보증이나 사후 서비스의 내용은 무엇인가?
- 유사제품이나 경쟁제품과 비교하여 장점과 단점은 무엇인가?
- 기대하는 시장점유율은?

③ 설비 및 핵심역량에 관한질문

- 현재 보유하고 있는 시설이나 장비가 충분한가?
- 보충해야할 시설이나 장비는 무엇인가?
- 신규시설투자에 필요한 자금규모는 얼마이며 어떻게 충당할 것인가?
- 공장부지는 임대할 것인가? 임대후보지는 어느 곳에 정할 것인가?
- 생산설비나 장비를 운용할 기술직 직원들은 확보했는가?
- 원자재 및 부품공급처는 결정되어 있는가?
- 원재료 등의 조달여건은 유리한가?
- 물류체계에 대한 가치사슬분석을 해 보았는가?
- 생산이나 기술영역의 필요한 인적자원은 어떻게 확보할 것인가?
- 경쟁자보다 뛰어난 핵심역량은 무엇인가?

(2) Where to go?에 관련된 작은 질문

이 질문은 창업가 또는 기업의 비전에 관한 질문과 사업의 목표에 관련된 질문이다. 사업계획은 목표 중심적(Goal-oriented)으로 수립되어야 하며 도전적인 목표를 설정하고 그 목표를 어떻게 달성할 것인지에 전략과 실행계획에 대한 해답이 주어져야 한다.

비전이나 미션은 기업의 존재이유이며 기업은 비전을 달성하기 위하여 장기목표를 수립한다. 그리고 장기목표는 중기목표와 단기목표에 의하여 뒷받침된다. 가치관이나 철학은 일을 하는 방식에 투영되는 마음가짐으로서 사업계획의 수립에서 실천까지 기업의 모든 활동과정을 관통하는 정신이다.

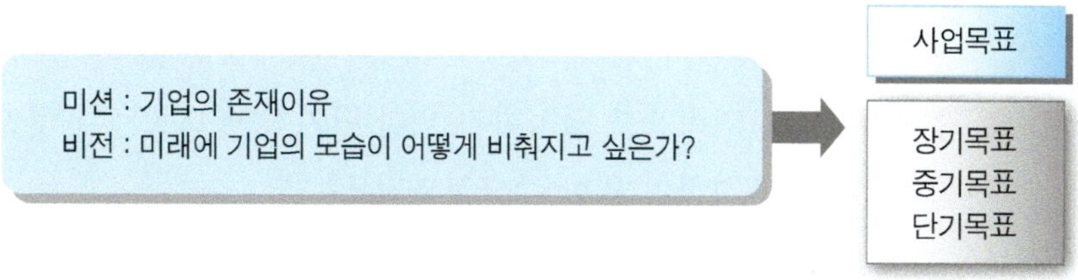

시장에 안정적인 위치를 구축하고 지속가능한 성장을 추구하는 기업들은 대부분 기업의 비전을 조직의 내외에 공표하고 조직성원들과 공유한다. 나아가서 협력회사들과도 자신들의 비전을 공유하고자 한다.

조직이 비전을 내부에서 이해하고 공유하는 것은 매우 중요하며 사업목표는 이러한 비전을 달성하기 위한 이정표이기도 하다. 따라서 사업목표는 조직의 비전과 같은 방향으로 정렬되어야 한다. 만약 하위목표들이 비전달성에 도움이 될 수 없다거나 실행과정들이 조직의 철학에 맞지 않는다면 새로운 목표를 수립해야 할 것이다.

단기적으로는 괄목할만한 경영성과를 이루었음에도 불구하고 오래 지속하지 못하고 윤리적인 문제 등으로 명멸한 기업들은 수 없이 많다. 이들 기업들은 비전이 없거나 비전이 있어도 목표나 행동방식이 비전과 다른 방향으로 추구되었기 때문이다.

존경받는 장수기업들의 공통점은 기업의 비전선언문(Vision Statement)을 신봉하고 이를 실천하려 노력한다. 사업목표는 조직의 비전을 달성하기 위한 징검다리역할을 할 수 있도록 설정되며 장기목표와 중기목표, 그리고 단기목표는 상호균형을 맞추고 조화될 수 있도록 수립되고 실행 및 통제되어야 한다.

따라서 사업을 통하여 궁극적으로 추구하는 비전과 이를 달성하기 위한 중간과정인 사업목표를 설정하기 위한 작은 질문들을 만들어 내고 이에 대한 해답을 구하는 과정이 필요하다.

사업목표의 설정에 있어서 흔히 범하는 오류는 재무적인 목표만을 사업목표로 인식하는 경우이다. 재무적 목표도 물론 중요하지만 보다 더 중요한 것은 사업의 지속가능성과 관련된 비재무적인 목표이다. 재무적인 목표는 이러한 비재무적인 목표의 실행에 따른 결과이며 기업의 비전과 사업의 유기적인 성장을 희생하면서 초과 달성한 재무적 목표는 사업의 오히려 기업의 생명을 위협할 수 있다.

Where to go?에 관련된 작은 질문들은 다음과 같다.

① 우리의 비전 및 장기적인 목표는 무엇인가?
② 장기목표를 달성하기 위한 기간적 이정표가 있는가? 주요 이정표마다 성취해야할 큰 목표는 무엇인가?
③ 중기목표와 중기목표를 달성하기 위한 단기적인 목표는 무엇인가?
④ 목표달성을 측정하기 위한 주요성과지표는?
⑤ 주요 정성적 목표는 무엇이며 우선순위는 어떻게 정하나?
⑥ 주요 정량적인 목표는 무엇이며 우선순위는 어떻게 정하나?
⑦ 주요 목표들은 기업의 비전과 제대로 정렬되어 있는가?
⑧ 주요 경쟁자들의 전략적 목표를 이해하는가?
⑨ 주요 경쟁자의 단기적 실행목표를 이해하는가?

(3) How to get there?에 관련된 작은 질문들

이 질문은 목표달성을 위하여 어떤 사업전략을 구사할 것인가에 대하여 해답을 구하는 과정이다. 사업목표달성을 위한 작은 질문들을 통하여 전략적 대안들을 선택하고 평가하는 과정을 거쳐 최적의 전략방향의 조합을 결정하고자 한다.

이 질문에 대한 해답은 환경분석(Where do I stand?)의 결과를 참고한다. 토론을 통한 전략적 대안들의 탐색과 평가를 실행하고 최적의 전략방향을 결정할 수 있다. 전략적 대안의 평과에는 정성적인 평가뿐만이 아니라 경제성 분석 또는 재무적 분석기법을 동원할 수 있다.

사업전략의 종류는 기업의 장·단기목표에 따라 매우 다르며 유기적인 성장을 목표하는 기업과 어느 정도 성장후 출구를 모색하는 기업의 사업전략은 전혀 다르다. B2B기업과 B2C기업의 사업전략 또한 매우 다를 수 있으며 기업의 목표와 업종에 따라 가장 적합한 전략을 수립해야 한다.

How to get there?의 질문에 대한 해답을 얻기위한 작은 질문들은 다음과 같다.

① 시장의 확대를 통하여 성장을 추구할 것인가?
② 신제품의 출시를 통하여 성장을 추구할 것인가?
③ 신제품의 출시와 시장의 확대를 동시에 추구할 것인가?

④ M&A를 적극적으로 고려할 것인가?
⑤ 수평적 통합을 고려하는가?
⑥ 수직적 통합을 고려하는가?
⑦ 유통채널의 변경을 할것인가?
⑧ 가격정책의 변경을 할것인가?
⑨ 제품 포트폴리오 구성을 변경할 것인가?
⑩ 광고 및 판매촉진전략을 변경할 것인가?
⑪ 브랜드전략을 변경할 것인가?
⑫ 조직의 리더십에 변화가 필요한가?
⑬ 해외진출이 필요한가?
⑭ 새로운 시설투자가 필요한가?
⑮ 증자가 필요한가? 회사채를 발행할 것인가?
⑯ 벤처캐피털의 투자를 받을 것인가?
⑰ 기술도입을 할것인가?
⑱ 외국기업과 합작투자를 할것인가?

이상 살펴본 바와같이 사업의 전략방향과 관련된 무수한 질문들을 생산하고 이를 통합정리한 후 사업에 적합하고 실현가능성 있는 전략을 수립한다. 사업의 전략이 수립되면 이를 실행하기위한 실행계획을 수립하며 실행계획은 일정표에 주요 이정표(Key Milestone)를 제시하여 관리와 통제의 수단으로 이용한다.

(4) Where do I stand?에 관련된 작은 질문들

이 질문은 기업의 활동에 영향을 미치는 주변환경에 관한 질문으로서 기업활동은 정부의 정책, 경쟁상황, 경기변동, 시장환경, 정치적 지형 등의 요인에 의하여 직접적으로 또는 간접적인 영향을 받을 수밖에 없다.

사업의 목표를 달성하기 위해서는 이러한 사업환경을 분석하고 평가하여 가장 적합한 전략을 수립해야 한다. 이를 위해서 기업이 어떠한 위치에 처해있는지를 정확히 분석하고 이해하는 것이 필수적이다.

환경분석은 사업전략수립을 위한 사전작업에 해당하며 전략수립의 중요한 근거이다.

그림 5-1 기업의 환경

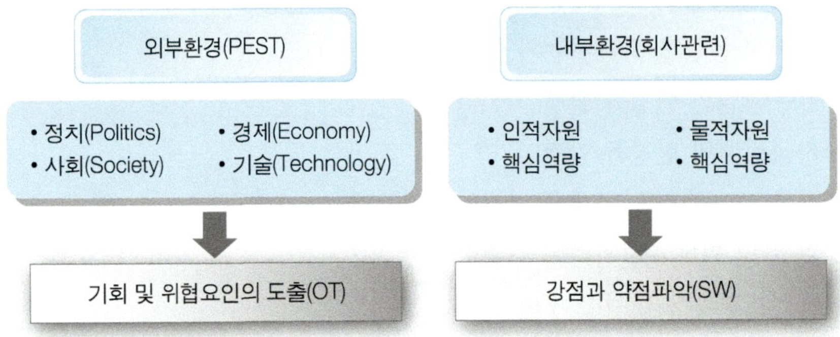

기업의 환경은 정치, 경제 및 사회 등 주로 외부적인 환경을 의미하지만 조직의 역량과 같은 내부적인 환경도 중요하다. 이러한 환경적인 요소들은 사업전략수립과 실행에 큰 영향을 미친다.

"Where do I stand?"라는 질문은 기업이 목표를 달성하기 위한 전략적인 과제들을 도출하는 질문이다. 이 큰 질문에 대한 해답을 구하기 위하여 기업 내·외부의 환경과 관련된 작은 질문들을 생성하고 답을 찾아내는 과정이 필요하다.

① 외부환경과 관련한 작은 질문

ⓐ 글로벌 경제전망이 관련산업에 미치는 영향은 어떠할 것인가?

ⓑ 미국, 중국, 일본 등 우리나라와 경제적으로 밀접한 국가들의 경제전망과 관련산업에 미치는 영향은 어떠할 것인가?

ⓒ 중동정세의 불안으로인한 석유가격 불안정이 관련산업에 미치는 영향은 어떠할 것인가?

ⓓ 남북관계의 불안정이 관련산업에 미치는 영향은 어떠할 것인가?

ⓔ 국제금융위기의 가능성과 그것으로인한 영향은 어떠할 것인가?

ⓕ 국제원자재 가격변동전망과 관련산업에 미치는 영향의 크기는?

ⓖ 원화 강(약)세가 관련산업의 경쟁력에 미치는 영향은?

ⓗ FTA 체결이 관련산업의 경쟁력에 미치는 영향은?

ⓘ 인구의 고령화 추세와 관련산업에 미치는 영향은?

ⓙ 디지털화의 급속한 진전이 관련산업에 미치는 영향은?

ⓚ 한류가 관련산업에 미치는 영향은?
ⓛ 특정지역의 환경규제강화가 관련산업에 미치는 영향은?
ⓜ 특정국가의 정권교체가 관련산업에 미치는 영향은?
ⓝ 국가의 벌률개정이 관련산업에 미치는 영향은?
ⓞ 국가의 규제정책강화가 관련산업에 미치는 영향은?
ⓟ 인구의 분산정책이 관련산업에 미치는 영향은?
ⓠ 정부의 신용정책변경이 소비에 미치는 영향은?
ⓡ 정부의 조세정책변경이 사업에 미치는 영향은?
ⓢ 다문화현상이 관련산업에 미치는 영향은?
ⓣ 정부의 특정산업발전(규제)정책의 추진이 사업에 미치는 영향은?
ⓤ 경쟁기업의 분류와 강점 및 약점은?
ⓥ 잠재적인 경쟁기업과 그들에 대한 평가는?
ⓦ 원재료 수급상황은?
ⓧ 대체재의 존재여부와 평가는?
ⓨ 공급사슬의 구성은 어떻게 되어있나?

② 내부환경(회사)관련 질문

ⓐ 회사의 지배구조는 어떻게 구성하나?
ⓑ 핵심팀원의 경력은 사업에 어떻게 작용할까?
ⓒ 회사의 인적역량의 강점과 약점은 무엇인가?
ⓓ 시장에서 제품의 경쟁력은 어느 정도인가?
ⓔ 신제품을 개발해야하나?
ⓕ 연구개발수준은 어떠한가?
ⓖ 브랜드의 경쟁력은 어느 정도인가?
ⓗ 시설규모는 적정한가?
ⓘ 생산능력은 충분한가?
ⓙ 기술인력의 충원이 필요할 것인가?
ⓚ 신규투자가 필요할 것인가?
ⓛ 보유 유동성의 규모는 얼마인가?
ⓜ 재무구조는 어떻게 예상하나?

ⓝ 우리의 핵심역량은 무엇인가?
ⓞ 주요 거래처는 확정되어 있는가?
ⓟ 사업모델은 분명한가?
ⓠ 수익모델은 분명한가?
ⓡ 원재료 수급상황은 정해져 있는가?
ⓢ 회사 및 주요경쟁기업의 SWOT는 파악하고 있는가?

03 사업계획서의 구조 및 목차

(1) 사업계획서의 구조

기본적으로 사업계획서의 구조는 앞서 살펴본 5가지의 큰 질문을 바탕으로 설계되며 5가지의 질문을 논리적으로 정리하면 사업계획서의 기본틀이 된다. 그러나 사업계획서의 구조는 업종이나 기업의 규모에 다라 적절히 수정되며 모든 상황에 딱 들어맞는 하나의 형식이란 없다.

그러나 건축물을 설계할 때 모든 건물에 통용되는 기본적인 구조나 설계의 기본원리가 존재하듯 사업계획서의 구조도 누구나 기대하는 일정한 형식과 틀의 범주내에서 수정되어 작성되어야 한다.

경기에서 게임의 기본규칙이 있고 이 규칙에 의하여 게임의 진행을 미리 예측하는 것이 가능하듯이 사업계획서의 이용자들도 사업계획서에서 기대하는 형식이 있다. 따라서 어떠한 사업일지라도 기본적으로 존중해야할 틀과 구조를 갖춘 사업계획서를 만들어야 한다.

아무리 뛰어난 비즈니스모델일지라도 사업계획서가 전문성을 갖춘 사람에 의하여 전문적인 방식으로 작성되지 못한다면 상대방으로부터 기대하는 목적을 달성하지 못할 가능성이 높다.

모든 사업계획서는 이제까지 논의한 5가지의 큰 질문을 토대로 기본적인 구조를 설계할 수 있으며 업종과 사업규모 그리고 가치사슬에 따라 적합한 구조를 설계할 수 있다. 사업계획서의 구조가 설계되면 이를 토대로 사업계획서의 목차를 구성한다. 사업계획서

표 5-1 **기본적인 사업계획서의 구조**

5가지의 질문	기본구조
1. Who am I?	1. 회사소개
2. Where to go?	2. 비전 및 목표
3. How to get there?	3. 전략(마케팅계획)
4. Where do I stand?	4. 환경분석
5. So what do I get?	5. 추정재무제표(재무계획)

의 목차는 사업계획서의 구조를 문서화하기 위하여 용어를 바꾼 것이다.

예시한 사업계획서의 구조는 어떤 사업계획서에서도 활용할 수 있는 가장 기본적인 구조이다. 그러나 일반적인 사업계획서는 5가지의 큰 제목을 가진 기본적인 사업계획서의 구조에 사업계획서 이용자의 이해를 돕기 위하여 최소한 사업개요(Executive Summary)와 기회와 위험분석(Opportunities & Risk Analysis)부문이 추가된다.

사업의 규모나 성격에 따라서는 사업계획서의 기본내용에 모두 포함시킬 수 없는 추가적인 정보나 사진, 명세표 등의 부속자료가 첨부되기도 한다. 즉 5가지의 기본적인 부문 외에 사업개요, 기회와 위험분석 그리고 부속자료가 포함되면 완전한 구조를 갖춘 사업계획서(Full Version Business Plan)가 된다.

사업계획서의 구조가 설계되면 각 부문을 중심으로 내용이 채워진다. 각 부문의 내용은 사업계획서의 본론에 대한 부문(제1단계)이 있다. 그리고 추가적으로 사업계획서의 본론이 완성된 후에 본론을 요약한 문서와 본론에 포함되어 있지 않은 위험과 기회요인을 평가하고 대비책을 제시한 추가부문(제2단계)이 있다.

다음은 단계별로 나누어지는 사업계획서의 부문을 표시한 것이다.

사업계획서 부문	제1단계	제2단계
1. 사업개요(Executive Summary)		추가
2. 회사소개	본론	
3. 비전 및 목표	본론	
4. 환경분석	본론	
5. 전략/마케팅계획	본론	

사업계획서 부문	제1단계	제2단계
6. 추정재무제표	본론	
7. 기회 및 위험분석		추가

제 2단계에 완성되는 사업개요와 기회 및 위험분석은 사업계획의 수립이 완성된 후에 만들어지는 것으로서 사업의 내용을 간결하며 의미있는 방식으로 요약설명하며 사업에 잠재적으로 내재되어 있는 기회와 위험을 평가한 부문이다.

다음은 사업의 규모와 업종의 성격에 따라서 사업계획서 구조상의 각 부분에서 선택적으로 사용할 수 있는 내용들을 요약한 표이다.

사업계획서 부문	선택항목
1. 사업개요(Executive Summary)	사업계획서의 핵심내용을 1~2 페이지 이내로 요약한 보고서
2. 회사소개	주요 경영진 약력, 제품 및 서비스, 생산시설현황, 핵심역량
3. 비전 및 목표	미션선언문, 비전, 장기목표, 중기 및 단기목표
4. 환경분석	거시부문분석, 산업분석, 경쟁분석, SWOT분석
5. 사업전략	마케팅전략(계획), 시장전략, 제품전략, 전략적 제휴, 해외시장개척, 재무전략
6. 추정재무제표	기본적으로 재무상태표, 손익계산서, 현금흐름표가 포함되며 선택적으로 제조원가 명세표, 손익분기점분석, 각종 재무지표 등이 있음
7. 기회 및 위험분석	기회활용방안, 위험관리계획 등

(2) 사업계획서의 목차

사업계획서의 목차는 대기업, 중소기업, 제조업, 서비스업 등과 같이 사업의 규모나 업종에 따라 다를 수 있으며 사업계획서의 기본구조를 중심으로 적합하게 설계된다.

사업의 규모나 업종에 따른 사업계획서 목차의 대표적인 샘플은 다음과 같다.

표 5-2 제조기업의 사업계획서 목차사례

목 차	내 용
1. 표지 및 목차	
2. 사업개요(Executive Summary)	1~2 페이지에 요약한 사업계획의 개요
3. 회사의 개요	① 회사소개, ② 회사연혁, ③ 조직도, ④ 주주현황, ⑤ 관계회사, ⑥ 기타 회사관련 주요정보
4. 사업목표	① Vision, ② 사업목표
5. 환경분석	① 거시환경, ② 산업분석, ③ 경쟁분석, ④ SWOT 분석
6. 제품 및 서비스	① 제품개요, ② 제품의 특성, 차별성, ③ 신제품 개발계획
7. 생산 및 운영	① 재조공정, ② 생산계획, ③ 설비투자계획, ④ 기술개발계획
8. 사업전략	① 사업구조변경전략, ② Marketing 전략
9. 자금조달 및 운용계획	① 추정 소요자금, ② 자금조달방안
10. 추정재무제표	① 추정재무상태표, ② 추정손익계산서, ③ 추정현금흐름표, ④ 추정제조원가 명세서, ⑤ 수익성분석
11. 위험 및 기회분석	① 위험, 기회요인의 분류 및 평가, ② 위험대응계획
12. 기타 부속서류	재무타당성분석 등

표 5-3 대기업의 사업계획서 목차사례

목 차	내 용
1. 표지 및 목차	
2. 사업개요(Executive Summary)	4~5 페이지에 요약한 사업계획의 개요
3. 회사의 개요	① 연혁, ② 조직, ③ 제품, ④ 주주구성, ⑤ 관계회사, ⑥ 지적재산권 보유현황
4. 사업목표 및 환경분석	① Mission 및 Vision, ② 사업의 목표, ③ 환경분석, ④ 핵심역량
5. 산업 및 시장	① 산업개요, ② 산업매력도 분석, ③ 시장 및 고객, ④ 사업 및 마케팅전략
6. 제품 및 서비스	① 제품개요, ② 제품의 특성, 차별성, ③ 신제품개발계획, ④ 제품 및 서비스 개선계획
7. 실행계획	① 인적자원관리, ② 생산계획, ③ 시설투자계획, ④ 판매계획
8. 재무계획	① 추정재무상태표, ② 추정손익계산서, ③ 추정현금흐름표, ④ 자금수지표, ⑤ 자금조달계획
9. 위험대비계획	위험 및 기회요인 분석 및 대응계획
10. 추진일정표	기간별 주요일정표
11. 부속자료	사진, 도면, 건설현장 등 필요한 자료
문서관리번호	사업의 보안을 유지하기 이하여 문서번호를 관리한다.

표 5-4 중소기업의 사업계획서 목차사례

목 차	내 용
1. 사업 및 회사 현황	사업소개
2. 사업모델	수익창출의 기반, 흐름
3. 중장기 사업화전략	주요 사업전략
4. 시장분석 및 목표시장	시장, 고객
5. 기술개발 및 생산계획	기술의 차별성
6. 판매 및 마케팅계획	매출계획, 마케팅 계획
7. 조직 및 인력계획	조직도, 인적역량
8. 소요자금 및 조달계획	자금수요 내역, 조달계획
9. 추정재무제표	추정재무상태표, 추정손익계산서, 현금흐름표, 잉여금처분계획표
10. 서업추진 일정계획	진행도표(분기별, 반기별, 년도별)
11. 기타 첨부서류	특허, 인증서, 계약서 등

CHAPTER

06

사업계획서의 문서화

01 사업개요(Executive Summary)

사업계획서의 첫 페이지를 장식하는 사업개요는 사업의 핵심내용을 가장 간결하고 직선적으로 요약한 문서이다. 사업과 관계없는 사람이 읽어도 사업의 맥락을 판단할 수 있을 정도의 강력한 문서로서 사업계획서의 각 부문을 단순히 요약한 것이 아니다.

취업을 위하여 제출하는 이력서는 상대방의 관심과 흥미를 끌기에 충분히 매력적으로 기술되어야 하며 탐정소설의 서문은 독자의 호기심을 유발시켜 끝까지 소설을 탐독할 수 밖에 없도록 해야 한다. 사업개요도 마찬가지로 투자나 사업기회를 탐색하는 이해관계자의 흥미와 호기심을 강렬하게 자극하는 방식으로 작성되어야 한다. 물론 진실과 객관적인 근거에 의하여 작성되어야 한다.

Executive Summary는 사업계획서의 단순요약문이 아니며 오히려 사업계획서를 구성하는 독립적인 부문이다. 일상이 바쁜 외부투자자 등 의사결정자들은 사업개요를 읽어 본 후 흥미를 느끼면 추가정보를 요청할 수 있다. 그러나 아무리 매력적인 사업계획서라도 첫 페이지에 나오는 요약문서가 흥미를 끌지 못한다면 지나칠 가능성이 높다.

Executive Summary는 1~2 페이지 이내로 요약하여 작성하는 것이 좋다. 사업규모, 업종 그리고 사용목적에 따라 문서의 분량이 다를 수 있겠지만 사업의 핵심부분을 간결하게 요약한다.

Executive Summary에는 전문적인 용어의 사용을 피하고 누구라도 이해할 수 있는 쉬운 용어로 기술되어야 한다. 사업의 내용을 전혀 모르는 외부인이 읽어도 사업의 내용을 이해한다면 제대로 작성된 문서로 볼 수 있다.

Executive Summary는 사업의 총책임자인 CEO가 직접 작성하는 것이 좋다. 왜냐하면 사업의 핵심내용을 가장 잘 이해하고 상대방의 관점에서 사업계획서의 가장 중요한 부문을 요약할 수 있기 때문이다.

Executive Summary는 사업계획서가 완성된 후에 작성되는 것이 보통이나 사업계획의 수립전에 초안을 미리 작성하고 사업계획서가 완성된 후에 초안을 수정하여 완성할 수 있다. 창업자나 CEO는 사업을 계획하면서 사업실행 후에 기대되는 결과를 어느 정도 예상하며 예상보다 훨씬 미흡한 결과라면 그 사업을 근본적으로 재고해야 하기 때문이다.

Executive Summary의 초안을 미리 만드는 것은 많은 장점이 있다. 창업자나 CEO가

미리작성한 사업개요의 초안은 사업계획서의 가이드라인이 될 수 있으며 수립과정에서 핵심을 놓치지 않도록 도움을 줄 수 있다.

Executive Summary에는 어떤 내용을 포함해야할 것인가?

Executive Summary는 사업의 실체적인 내용중에서 가장 중요하고 핵심적인 부분을 요약하여 독자의 흥미와 호기심을 최대로 끌 수 있어야 한다. 상대방이 문서를 읽어보고 과연 투자나 전략적인 의사결정을 할 수 있을까? 이에 대한 질문을 반복하면서 문서를 작성해야 한다.

다음의 항목들은 사업의 핵심에 관련된 질문들이다. 기업의 사업화단계, 업종, 사업규모, 사업계획서의 이용목적 등을 고려하여 가장 적합한 항목을 선택할 수 있다.

① 사업 아이디어의 특별함은 무엇인가?
② 표적고객은 누구인가?
③ 고객에게 제공하는 차별적인 가치는 무엇인가?
④ 시장의 규모는 얼마나 크며 그 중에서 얼마만큼 차지할 수 있나?
⑤ 경쟁환경과 경쟁전략은?
⑥ 필요한 투자규모는?
⑦ 장기목표는?
⑨ 수익성 전망은?
⑨ 사업의 주요 이정표는?
⑩ 유통채널은?
⑪ 전략적 파트너는 누구인가?
⑫ 잠재적인 기회와 위험요인은 무엇인가?
⑬ 특허권 등과 같은 전속적인 특별한 권리가 있는가?
⑭ 필요한 생산시설은 충분한가?
⑮ 인적역량은 충분한가?
⑯ 사업의 핵심전략은 무엇인가?

벤처캐피털 리스트나 전략적 제휴를 고려하는 상대방은 비즈니스모델의 매력도와 투자에 대한 보상에 대하여 가장 큰 관심을 가진다. 다음의 항목들은 이들이 공통적으로 흥미를 가지는 영역들이다.

① 사업모델(수익모델)
② 제품이나 서비스의 특별함
③ 고객에게 하는 가치제안
④ 표적시장의 크기
⑤ 보유기술의 적합성
⑥ 조직 및 팀의 사업과의 적합성
⑦ 필요한 투자(자금)규모 및 용도
⑧ 사업의 경제성
⑨ 투자에 대한 보상의 크기

02 회사개요(Company Introduction)

사업개요(Executive Summary)를 제외하고 사업계획서의 첫 부문은 기업의 소개로부터 시작되며 기업의 연혁과 경영진을 비롯한 팀에 대한 소개를 한다. 그리고 팀이 보유한 핵심역량과 창업자나 CEO의 비전을 보여주어 기업에 대한 이해를 돕는다.

회사개요는 사업계획수립을 위한 5가지의 질문 가운데서 제일 첫 번째의 질문에 대한 해답에서 얻어진다.

5개의 질문	해당 부문
1. Who am I?	회사개요(연혁, 비전. 조직, 경영진) 운영, 핵심역량, 재품/서비스
2. Where to go?	
3. How to get there?	
4. Where do I stand?	
5. So what do I get?	

기업에 대한 소개는 외부이해관계자에게 회사에 대한 기본정보를 알리기 위해서 만들어지며 기업의 연혁과 조직 그리고 기업이 추구하는 핵심가치를 알리는 것이 중요하다.

벤처캐피털리스 등의 투자가들은 투자하려는 기업의 수익성도 중요하지만 사회적 명성이나 평판도 고려한다. M&A를 고려하는 상대방은 합병 후에 취할 수 있는 시너지효과를 최우선시 하기 때문에 기업의 핵심역량을 중요하게 평가한다.

기업의 연혁은 회사설립 전후부터 현재까지에 이루어진 성과나 중요한 사건들을 간결하게 요약하며 일반적으로 다음과 같은 항목들이 포함된다.

① 사업 아이디어의 배경
② 현재까지 이룩한 주요성과 및 성공의 궤적
③ 주요 문제점과 극복한 방안
④ 핵심팀원의 전문성 및 경험
⑤ CEO등 경영진의 주요경력
⑥ 기술 및 핵심역량
⑦ 창업자 또는 CEO의 비전, 미션

비전은 미래의 시점에 보이고 싶어하는 기업의 모습이다. 비전에는 창업주나 기업이 추구하는 철학이나 가치관이 담겨 있으므로 투자나 전략적 제휴 등 장기적인 관계를 맺기 원하는 상대방에겐 중요한 정보이다. 비전은 또한 조직원들이 공유하면서 가치관이나 철학을 같은 방향으로 유도하는 지침이기도 하다.

비전은 비전선언문(Vision Statement)으로 표방되며 사회적으로 존경받는 국내 및 주요 글로벌기업들은 훌륭한 비전을 가지고 있다. 비전 또는 미션선언문의 사례를 소개하면 다음과 같다.

- 월마트 : "일반인들에게 부자들과 마찬가지로 똑 같은 물건들을 구매 할 수 있는 기회를 제공한다."
- 디즈니 : "가족과 어린이의 꿈을 실현시킨다."
- CJ : "건강, 즐거움, 편리를 강조하는 글로벌 생활 문화기업"
- GS 칼텍스 : "Value No.1 Energy & Chemical Partner"(에너지 및 화학영역에서 세계 최고수준의 가치를 창출하는 회사)
- SKT : "100 & 100"(다가올 2020년에 기업가치 100조 돌파로 세계 100대 기업도약을 목표한다)

핵심가치는 조직의 구성원이 사업을 수행하는 전 과정에서 행동의 기준으로 삼는 가치기준이다. 중대한 의사결정의 기로에서 상호 모순되는 두 가지 이상의 선택 가능한 옵션이 있다면 바로 핵심가치를 기준으로 결정을 한다.

주요 대기업들은 다음과 같은 핵심가치를 가지고 있다.

- 삼성전자 : "People(사람), Excellence(우수성), Change(변화), Integrity(청렴), Co-prosperity(공영)"
- GE : "Curious(호기심), Passionate(열정), Resourceful(대처능력), Accountable(책임감), Teamwork(팀워크), Committed(소명의식), Open(공개), Energizing(활력)"
- 한국전력 : "미래지향(Future), 도전정신(Innovation), 고객존중(Respect), 사회책임(Social Responsibility), 소통화합(Together)"

스타트업이나 창업기업은 CEO를 포함한 팀의 경험, 전문성, 경력 및 배경이 매우 중요하다. 창업초기의 기업은 아직 외부에 자랑할 수 있는 성과가 없기 때문에 창업기업이 보유하고 있는 인적자원이 가장 믿을 수 있는 자산이다.

실리콘벨리의 벤처캐피털 리스트들은 투자의사결정에서 사업 아이디어보다는 CEO를 비롯한 창업팀의 역량을 더욱 중시하는 경향이 있다. 따라서 팀이 보유한 뛰어난 인적역량과 조직을 명료하게 기술하는 것이 중요하다. 만약 현재의 조직이나 인적 구성원이 충분하지 못하다면 능력의 갭(Capability Gap)과 보충계획을 기술한다.

조직도는 기업의 규모, 업종, 그리고 기치사슬에 방식에 따라 다르지만 창업기업의 일반적인 조직도는 다음과 같다.

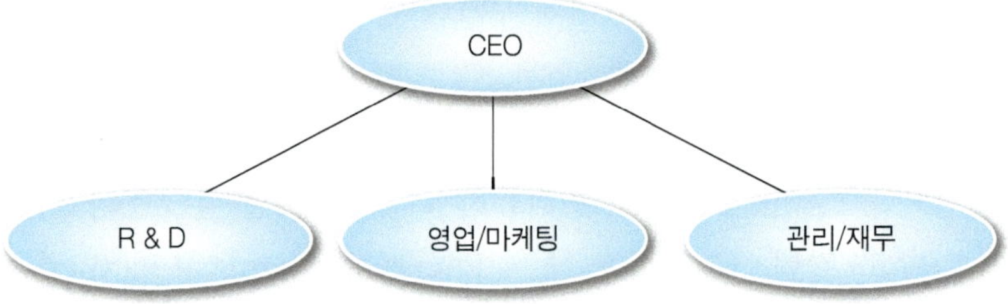

외부이해관계자들은 인적자원과 더불어 조직이 보유하고 있는 핵심역량을 매우 중요시한다. 특히 인수합병을 탐색하는 기업들은 피인수기업이 보유하고 있는 인재와 조직이 축적한 역량을 높이 평가한다.

핵심역량은 경쟁자와의 분명한 차별화를 시킬 수 있는 요소로서 경쟁분석을 통하여 파악한 핵심역량은 주요 경쟁자와 비교하여 SWOT분석을 하는 기초가 된다.

그러면 핵심역량에는 어떤 내용이 포함될까?

일반적으로 독자적인 기술, 독점적인 자원, 뛰어난 생산성, 배타적인 공급계약 등과 같은 하드웨어적인 요소들이 핵심역량의 중심이었다.

그러나 인터넷기업의 출현과 오픈 이노베이션에 의한 가치사슬의 구성이 혁신적으로 바뀌는 사례가 속출하면서 핵심역량의 내용도 근본적으로 바뀌게 되었다. 가치사슬의 혁신적인 변화로 인하여 네트워킹능력, 디자인능력, 조직문화, 경험, 기술개발능력 등 소프트웨어적인 요소들이 핵심역량인으로 부상하였다.

공개혁신(Open Innovation), 아웃소싱(Outsourcing) 그리고 네트워킹(Networking) 등 제3자와의 협업으로 가치를 창출하는 방식의 확산으로 핵심역량의 내용이 새롭게 정의된다.

하드웨어 외에 새롭게 인식된 핵심역량의 사례는 다음과 같다.

핵심역량의 종류	내 용	사 례
기 술	신기술, 특허, 정보	LG액정 디스플레이 기술, Sony의 축소기술
조직문화	혁신문화, 창의성, 마케팅 중심적 사고	3M의 연구문화, P&G 마케팅능력, IBM사업모델 혁신, Apple 혁신문화
인적역량	경험, 지식, 인성	삼성전자, BCG
가치사슬체계	원가구조, 네트워킹역량, 장기계약 등	Fast Fashion, Apple, Nike

03 생산 및 운영(Production and Operation)

개발이 완성된 제품을 어떻게 생산할 것인가? 전통적으로 자신이 연구개발한 제품은 생산설비를 갖춘 자체공장에서 생산되는것이 일반적이었다. 그러나 오늘날의 생산은 OEM 및 ODM 등 외주생산이 급격히 늘어났다.

스타트업과 같은 소기업은 물론이고 Apple Inc.와 같은 글로벌기업들도 외주생산이 일상화되었다. 따라서 생산방식을 어떻게 할 것인가는 매우 중요한 의사결정이다.

(1) To Buy or To Make?

이 문제는 기업의 가치사슬을 어떻게 구성하는 것인지에 대한 옵션으로서 사업시스템

(Business System)을 구축하는 매우 중요한 문제이다. 생산을 외주에 맡길것인지 아니면 자체설비를 갖추고 생산할 것인지의 결정은 사업계획의 근본과 관련이 있으며 사업계획 전반에 큰 영향을 미친다.

자본예산과 같이 자금의 조달 및 운영에 영향을 미치는 항목은 투자유치와 같은 외부 이해관계자와의 관련성을 갖는다. 외주에 의하여 제품을 생산한다면 운영계획은 외주생산업체관리를 중심으로 수립되나 자체제조시설을 갖추고 생산한다면 공장운영계획, 구매조달계획, 원가관리 등 체계적인 운영계획이 설계되어야 한다.

운영계획을 수립하기 위하여 필요한 질문은 다음과 같다.

① 현재 출시할 제품과 장래에 필요한 제품은 무엇인가?
② 사업개시 제품을 외주생산할 것인가?
③ 자체생산을 위한 공장입지선택의 기준은 무엇인가?
④ 자체생산에 필요한 시설 및 기계장치는 무엇인가?
⑤ 생산인력(기술자, 관리자 및 일반 노무자)의 확보는 가능한가?
⑥ 충분한 노동력을 확보할 수 있는 입지조건인가?
⑦ 환경 및 세금 등 법적인 규제나 제약요건은 없는가?
⑧ 투입 및 출고물류관리를 위한 교통여건은 편리한가?
⑨ 원재료의 공급자들과의 관계를 유리하게 갖출 수 있는가?
⑩ 생산제품의 출고를 위한 물적유통비용은 적절한가?

이상의 질문들을 고려한 생산 및 운영계획에 포함되는 영역은 다음과 같다.

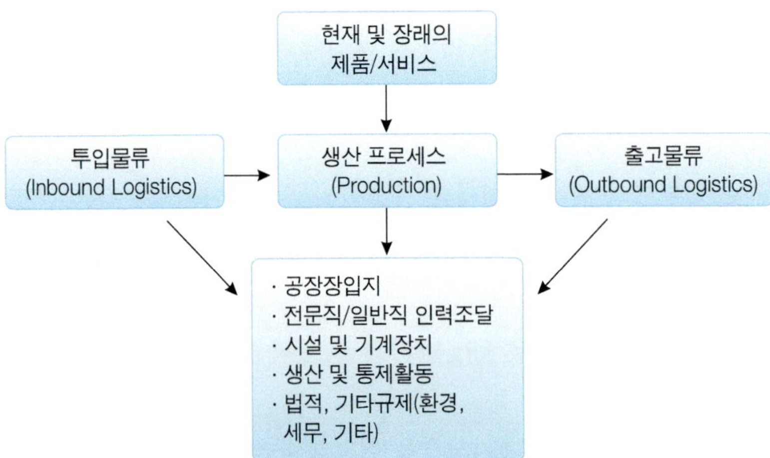

(2) 자체생산을 위한 계획

자체제조시설에서 제품을 생산한다면 원재료와 부품의 조달과정, 재공품 또는 중간제품으로의 변환과정 그리고 생산된 제품의 출고물류에 관련된 운영계획이 필요하다.

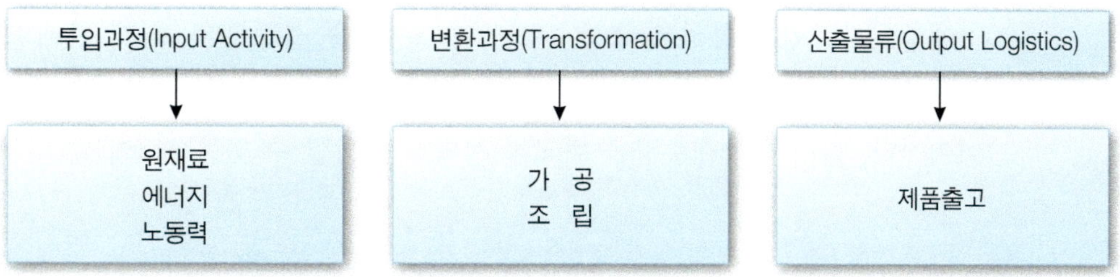

생산 및 운영에 관한 계획은 생산시스템의 체계에 기초하여 설비자산의 투자, 원재료의 조달, 중간제품의 관리 및 출고물류에 관련된 흐름이 일관성이 있어야 하며 각 단계마다 상호 간에 모순되는 부문이 없는지 충분히 검증해야 한다.

자체제조시설에 의한 제품생산방식은 OEM방식에 의한 생산 등 제3자로부터 외주에 의하여 제품을 조달하는 방식에 비하여 자본예산과 인력 및 운영에서 큰 차이가 난다. 생산시설과 기계장치를 포함한 하드웨어적인 요소와 그것을 운영하고 관리하는 기술 등의 소프트웨어적인 기술과 능력이 요청된다.

다음은 생산계획을 수립하는데 있어서 요청되는 각 요소별 고려사항이다.

	생산에 필요한 요소	각 요소별 고려요인
1	시설 및 입지	설비, 용수, 교통접근성, 노동력확보, 환경, 세금
2	기계장치/장비	필요한 장비, 설치시기, 리스 또는 구매
3	제조 프로세스	생산계획, 제조원가, 계약제조, 원재료공급, 공급자 및 관계, 계약조건
4	법규 및 규제	각종 인허가, 환경 및 위생기준, 지역사회의 수용성
5	확장계획 및 예산	생산계획에 따른 증설 필요성
6	제조원가 및 자본예산	년도별 제조원가계산표, 자본예산(규모와 조달계획)

(3) 생산 및 원가관리

생산수량에 대한 계획은 사업계획기간 동안의 품목별 예상매출수량을 기초로 수립되며 기간별 생산수량은 기초재고수량과 기말에 항상 보유해야 하는 안전재고수량을 감안하여 계획된다.

매출예상량의 정확성은 생산수량과 재고수준을 결정한다. 실제 판매량보다 초과생산을 하였다면 자원이 낭비되고 생산량이 매출수량에 미치지 못한다면 매출기회의 상실로 이어진다. 따라서 판매수량을 비교적 정확히 예상할 수 있는 시스템을 갖추어야 한다.

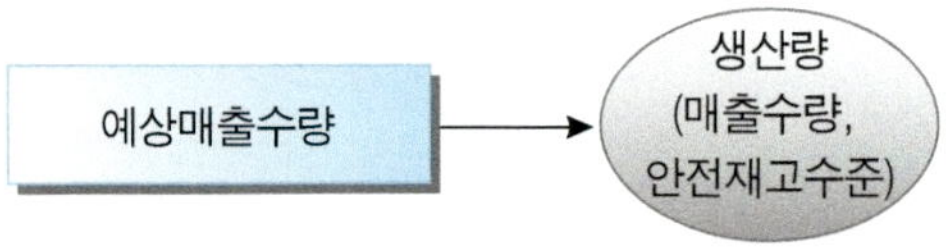

다음은 가장 기본적인 생산요구수량 테이블이다.

	1~4 월	5~8 월	9~12 월
A. 기초재고수량	500	600	800
B. 예상매출수량	4,000	6,000	7,500
C. 기말 안전재고수량	600	800	1,000
D. 필요한 생산수량	4,100	6,200	7,700
E. 작업일수			

생산에 투입되는 주비용은 원료비, 노무비 그리고 에너지 관련비용 등 제조관련 기타 경비가 있다. 기간에 발생한 모든 경비를 회계원칙에 따라 일정한 배부기준을 적용하여 집계하면 제조원가가 계산된다.

제조원가는 손익계산에 직접적인 영향을 미치기 때문에 제품을 자체생산하는 기업에게 원가관리는 매우 중요시되는 과제다. 추정제조원가명세는 제조업의 사업계획서에 부속자료로서 첨부되는 정보로서 제조원가보고서에는 생산, 운영 및 물류의 효율성을 판단하는 중요한 정보들이 포함되어 있다.

표 6-1 약식 제조원가보고서 샘플 (단위: 백만 원)

	201A	201B	201C
I. 재료비	20,100	29,300	36,200
II. 노무비	1,300	2,400	2,900
III. 제조경비	8,600	12,300	14,900
IV. 당기총제조비용	30,000	44,000	54,000
V. 기초재공품재고액	800	1,900	3,000
VI. 기말재공품재고액	1,900	3,000	4,000
VII. 당기제품제조원가(IV+V−VI)	28,900	42,900	53,000

(4) 설비투자계획

공장의 신설이나 증설 또는 신규로 기계장치 등을 도입을 위한 투자는 자본예산으로 편성되어 사업계획서에 포함된다. 특히 계속기업에 있어서는 노후시설의 교체나 생산성 개선을 위한 새로운 장비의 도입이 필요하다.

영업활동으로부터 충분한 현금유입이 이루어지지 않으면 외부로부터의 투자 등이 이루어져야 한다. 신규자금수요는 자본예산에 포함되어 사업계획서가 외부목적으로 사용될 수 있는 상황에 대비해야 한다.

표 6-2 설비투자계획(자본예산)

	201A	201B	201C
토지 및 구축물			
기계장치			
차량 및 운반구			
기 타			
합 계			

04 제품 및 서비스(Product/Service)

제품과 서비스는 사업의 콘텐츠이며 사업을 수행하는 핵심요소이다. 제품과 서비스는 고객에게 제공하는 가치나 특별한 혜택이 포장된 것이나 마찬가지다.

따라서 제품이나 서비스를 사업계획서에 소개함에 있어서 제품의 사양이나 기능 등을 단순히 설명하는 것은 매우 불충분하다. 사업계획서 외부이용자들의 관심은 제품이나 서비스의 사양이나 기능보다는 왜 시장에서 팔릴것인가에 대하여 집중되어 있다.

제품이나 서비스가 고객에게 제공하는 혜택에 집중하여 다음의 질문에 대한 해답을 구해서 제품과 서비스에 대한 설명을 한다.

① 제품(서비스)의 최종소비자는 누구이며 그들의 특징은?
② 왜 우리의 제품(서비스)을 구매하나?
③ 경쟁사의 제품(서비스)에 대한 평가는?
④ 경쟁사 제품과 비교하여 우리 제품(서비스)의 차별성과 부족한 점은 무엇인가?
⑤ 우리 제품이 제공하는 부가서비스(유지보수, 보증기간 등)는 무엇인가?
⑥ 제품(서비스) 카테고리와 가격대는 어떻게 형성되어있나?
⑦ 가격민감도에 대한 예상은?
⑧ 보유한 특허나 기술 등은 무엇이며 장래에 추가적으로 필요한 기술은 무엇인가?
⑨ 제품(서비스)의 확장이 필요한가? 향후 제품(서비스)의 개발계획은?
⑩ 제품(서비스)의 개발을 위하여 제3자와의 협업이 필요할 것인가?
⑪ 제품(서비스)에 관련된 법적이슈는 없는가?
⑫ 제품(서비스)의 시장에서의 점유율의 예상은?

제품의 사양과 물리적인 속성은 주로 다음의 항목들을 중심으로 설명한다.

① 제품과 서비스의 종류 및 외형적 특성
② 제품개발과 관련된 특허, 독점적 권리 등
③ 기술적 특이성
④ 법적, 문화적 예민성

⑤ 신제품개발단계
⑥ 사후 서비스
⑦ 제품별 수명주기
⑧ 제품포트폴리오

제품과 서비스에 대한 사양이 설명되었다면 기업이 제품이나 서비스를 통하여 고객에게 제공하는 제안(Consumer Offering)이 무엇인지 분명히 기술되어야 한다. 고객이 원하는 것은 제품이나 서비스 그 자체보다도 그것을 통하여 얻을 수 있는 문제해결이기 때문이다.

경쟁자와 차별되게 제공하는 추가적인 혜택이나 고객의 문제를 해결해 주는것은 고객가치(Customer Value)로서 고객가치의 구체적인 주요내용은 다음과 같다.

① 비용절감
② 시간단축
③ 편의성의 제고
④ 새로운 경험의 제공
⑤ 새로운 라이프 스타일
⑥ 감성적 만족
⑦ 건강 및 안전
⑧ 가치관의 공유(사회적 책임, 환경보호, 동물보호 등)

주요 고객가치를 창출하는 산업별 사례는 다음과 같다.

업 종	제품 또는 서비스	차별적인 고객가치
산업재	기계설비	시간단축, 생산성 향상, 안전성 향상
	화물운송차량	연비효율성, 안전성향상, 타기능 추가
	반도체	메모리 집적도, 저가격
	철강제품	강도, 재료비
	항공기엔진	연비 효율성, 안전성, 가격
소비재	패션제품	감성적 만족
	개인용 전자기기	편의성, 라이프스타일, 추가기능
	전기밥솥	시간단축, 편의성, 디자인

업 종	제품 또는 서비스	차별적인 고객가치
유통업	대형마트	편의성, 비용절감
	백화점, 쇼핑몰	감성적 만족, 라이프스타일, 편의성
서비스업	외식업	경험, 라이프 스타일

05 사업목표(Business Goal)

사업계획수립을 위한 두 번째의 큰 질문인 "Where do you go?"에 대한 해답이다. 오직 돈을 버는것이 사업의 목표가 되어서는 안 된다. 특히 대외적으로 표방하는 사업목표가 오직 이익목표에 집중되어 있다면 그 사업과 연관을 가지려는 외부이해관계자의 공감을 얻을 수 없다.

사업목표는 창업자 또는 기업의 비전과 밀접히 연관되어야 하며 비전과 동떨어진 사업목표는 단기적인 목표밖에 될 수밖에 없다. 기업은 사회라는 테두리 안에서 활동하며 사회와 영향을 주고받는 사회적 기관에 속한다.

기업이 지속가능한 성장을 위해서는 그 활동이 사회적으로 가치를 창출하고 긍정적인 영향을 주어야 한다. 사업목표도 이러한 맥락에서 설정되어야 한다.

5개의 질문	해당 부문
1. Who am I?	
2. Where to go?	비전 및 사업목표
3. How to get there?	
4. Where do I stand?	
5. So what do I get?	

그러면 사업의 목표는 이익을 창출하는 것과 무관할까? 재무적인 목표도 매우 중요하며 현금흐름이 지속적으로 유입되지 않는다면 기업의 지속가능한 성장은 계속될 수 없다. 이익목표를 비롯한 재무적인 목표는 비전달성을 추구하는 결과로서 나타나는 것이다.

고리대금을 수단으로 부를 축적하는 사채업자의 지속가능성과 사회적인 제도안에서 정상적인 영업을 하는 금융기업의 지속가능성을 비교하면 비전과 사업목표의 연관성이 어떻게 작용하는지를 잘 보여준다.

비전을 중심으로 사업목표가 설정되고 사업목표를 달성하기위한 실행목표가 수립된다. 사업목표는 경영전략수립의 출발점이며 사업목표와 사업실행의 결과를 비교하여 성과평가가 이루어고 경영순환시스템에 피드백된다.

비전은 미래의 시점에서 보이고 싶어하는 기업의 모습이며 목표는 이러한 비전을 중심으로 설정되어야 한다.

다음은 사업목표를 수립하기 위기 위하여 비전과의 관계를 설정하는데 사용되는 테이블이다.

	현재의 위치(201A년)	미래의 모습(201Z년)
사회적 위상(평판)		
사업의 영역		
시장에서의 위치		

위와 같이 비전을 중심으로 사업목표를 설정하기 위해서는 일정한 원칙을 따라야 한다. 예를 들어 모호하거나 구체성이 결여된 사업목표 등은 조직에게 목표달성에 대한 동기부여나 절박감을 줄 수 없다.

사업목표는 명확히 정의되어야 하며 애매모호한 목표는 실행을 어렵게 하며 자의적인 해석을 유도하여 실행과 통제를 어렵게 한다.

일반적으로 사업목표수립을 위하여 SMART원칙이 적용된다. 이는 Specific, Measurable, Attainable, Realistic 그리고 Time-bound라는 5가지의 원칙을 의미한다.

		목표수립의 원칙		내 용
1	S	Specific	구체성	목표의 내용, 책임소재, 달성 시점 등
2	M	Measurable	측정 가능성	수치화된 표현
3	A	Attainable	달성 가능성	달성의 결과치의 예상
4	R	Relevant	관련성	실현 가능성, 사업과 관련성
5	T	Time-based	기간적 구분성	기간별로 구분된

① Specific(구체성)

사업목표는 구체적이어야 하며 추상적인 목표는 실행과 통제를 어렵게 한다. 목표가 구체적이지 못하면 조직구성원의 이해관계에 따라 각기 다르게 해석되기도하고 상호 공유되기도 힘들다.

다음의 W로 시작하는 물음에 명확히 답해야 한다.

- Who? : 책임소재
- What? : 구체적인 목표
- Where? : 책임부서
- When? : 시간적 목표구분
- Which? : 구체적 책임항목
- Why? : 목표가 되는 이유

② Measurable(측정가능성)

사업목표는 측정이 가능한 방식으로 설정되어야 하며 측정이 가능하면 진척도가 목표에 비교되어 객관적인 평가가 이루어진다. 계량화된 목표는 사업실행과정의 어느 시점에서도 진척사항이 측정되어 관리와 통제를 용이하게 할 수 있다.

③ Attainable(달성가능성)

스타트업이 도전적인 목표를 가지는 것은 당연한 것이다. 열정적인 기업가정신으로 무장된 창업가가 자신의 역량에 벅찬 목표(Stretching Goals)를 추구하며 이를 달성하는 경우도 많다. 그러나 역량과 자원을 무시하고 과도하게 높은 목표를 세워 팀원의 공감을 얻지 못해서는 안 된다. 지나치게 비현실적인 목표는 외부이해관계자의 신뢰를 얻지 못하여 관계설정에 실패할 수도 있다.

④ Relevant(현실성, 관련성)

사업목표는 현실적이며 사업의 성격과 관련성이 있어야 한다. 사업목표는 기업의 비전, 보유자원, 핵심역량 등과 관련성을 가지며 현실적이어야 하며 사업의 근본과 관련성이 떨어지는 목표는 집중력의 상실을 초래할 수 있다.

⑤ Time-bound(기간적 구분가능성)

사업목표는 월별, 분기별, 반기별 등의 기간단위로 구분되는 것이 진척도의 관리와 통제에 도움이 된다. 사업실행의 진척도가 떨어진다면 조직에 긴장감을 불어넣고 긴급성과 책임성을 부각하여 목표달성이 가능하도록 한다. 중기 및 장기사업계획이라면 년도별 또는 2,3년 단위별로 목표를 구분할 수도 있다.

사업목표는 이와 같은 SMART원칙에 따라서 다음과 같은 순서로 수립된다.

① 주목표를 실행목표들로 세분한다.
② 실행목표들을 계량화한다.
③ 실행목표달성을 위한 로드맵을 작성하고 실행계획을 수립한다.
④ 각 실행목표의 책임자를 임명한다.
⑤ 사업목표를 공표하고 조직구성원들과 공유한다.

사업은 목표를 초과달성할 수도 있고 미달할 수도 있으며 어떠한 상황이든 사업실행과정에서 겪은 경험을 피드백하는 것이 중요하다. 실패했던 부분에서 교훈을 얻고 잘 되었던 부분은 더욱 강화하여 조직의 역량을 키워가는 경영시스템을 갖추도록 한다.

그러면 사업목표는 구체적으로 어떤 내용으로 표시될 것인가?

기간적인 구분에 따른 사업목표는 장기목표, 중기목표 그리고 단기목표로 나눌 수 있다. 스타트업에 있어서는 단기계획에 집중하여 1~2년 이내에 달성해야할 목표를 구체적으로 설정해야 한다.

그러나 스타트업이 성장기나 확장기를 맞고있다면 중기목표 및 장기목표를 설정하여 추가로 필요한 투자유치 가능성에 대비한다. 장기 및 중기목표는 기업의 비전에 투영하는 기회를 가져야 한다. 일반적으로 기업의 장기목표는 전략적 목표와 일치하며 기업의 비전, 전략적 목표 그리고 장기목표가 일관성이 있는지 검토가 이루어져야 한다.

스타트업에 있어서 단기목표는 보통 설립 후 일 년 이내에 이루고자 하는 목표를 의미하며 제품개발, 비즈니스모델구축 그리고 시장진입을 위한 과정에 관련된 이정표이다. 시장진입 후의 목표는 매출액 및 수익예상 등 재무적 지표로 구체화된다.

사업목표는 성격에 따라서 계량화하기 어려운 정성적인 목표와 계량화된 정량적인 목표로 구분하는 방식도 있다. 사업의 성격 및 사업의 진행단계 등을 고려하여 정량적 목표, 정성적 목표, 전략적 목표, 장기목표, 중기목표 및 단기목표 등 상황에 맞게 설정한다.

전통적으로 사업목표는 매출수량, 매출액, 영업이익 및 시장점유율 등 재무적인 지표들로 수립되었으며 현재도 여전히 이들 재무적인 지표들이 기업의 목표들로 사용된다. 그러나 국가적으로나 사회적으로 기업의 지속가능성이 주요 관심사로 등장하면서 기업의 목표도 비재무적인 방향으로 제시되기 시작했다.

재무적 지표는 기업의 유기적인 성장을 도모하는 전략적 목표를 달성한 결과이다. 따라서 사업의 유기적인 성장을 도모하는 고객목표, 시장목표, 신제품개발 그리고 기술개발 등과 같은 전략적인 지표들이 주요목표로서 채택된다. 이러한 전략적 목표를 설정하고 이들 목표를 추구하는 결과로서 얻어지는 매출액, 영업이익, 시장점유율, 현금흐름 등의 재무적인 지표들을 표시하는 것이 적절한 순서이다.

(1) 전략적 목표

전략적 목표는 기업의 비전 달성과 관계를 가지며 장기간에 걸쳐서 달성하고자 하는 경영목표이며 기업의 지속가능성과 유기적인 성장을 추구한다. 사업의 추진상황, 스타트업, 계속기업, 업종, 규모 등 기업의 상황에 따라 다르지만 대체로 다음과 같은 주제가 전략적 목표가 된다.

- 고객목표
- 신제품개발목표
- 시장목표
- 생산성향상목표
- 신기술개발목표
- 인적역량제고목표
- 사회적 책임목표

① 고객목표

피터 드럭크(Peter Drucker)는 기업의 목표가 고객창출이라 하였다. 고객이 바로 기업의 존재 이유이며 고객이 기업활동의 중심에 있어야 된다는 사고이다. 따라서 고객목표가 기업의 최우선적인 전략목표가 되는 것은 당연하며 모든 전략의 출발을 고객으로부터 시작하여 고객에 대한 명확한 목표를 설정하는 것이다.

기업이 목표하는 표적고객그룹은 최대한 좁게 정의되어야 한다. 특히 새로운 고객을 창출해야하는 스타트업 등 창업기업들은 너무 좁아서 기존의 다른 기업들이 외면하는 고객그룹을 표적으로 삼아야 한다. 목표고객그룹은 욕구의 동질성에 따라 정교하게 정의된 특정 기망고객그룹이다. 최대한 좁게 정의된 표적고객그룹을 목표로 그들이 절실하게 원하는 특별한 혜택을 제시하는 것이(Customer Proposition) 출발점이다.

고객목표는 현재의 고객을 대상으로 고객점유율을 확대하는 것과 잠재적인 신규고객그룹을 새롭게 편입시켜 고객범위를 확대하는 방안이 있다. 보통 고객목표는 다른 주요경영목표들과 상호연계되며 표적고객그룹의 확대는 제품포트폴리오와 매출목표의 변동과 밀접히 연계된다.

고객목표로 채택되는 지표들은 다음과 같다.

- 고객점유율제고
- 고객범위확장
- 시장점유율제고
- 매출액(수량)증가

② 신제품개발목표

제품라인이 충분하지 못하면 신제품개발 등을 통하여 제품포트폴리오를 재편성해야 한다. 스타트업은 창업초기에 단순한 제품구성으로 사업을 시작하지만 시장에 성공적으로 진출하면 새로운 제품을 추가하여 성장을 도모한다. 신제품개발은 기업의 전략목표를 달성하기 위하여 매우 중요한 실행목표이다.

③ 시장목표

사업은 시장에서 거래를 통하여 이루어지며 현재에 서비스하는 시장에서 서비스방식을 변경할 것인지와 시장의 범위를 변경할 것인지에 대한 것이다. 새로운 시장진출을 모색할 것인지는 중요한 전략적 선택이다. 시장전략은 기존의 시장을 심화시키거나 기존시장이 충분하지 못하여 새로운 시장으로의 진출을 목표하는 것이다.

④ 생산성향상 목표

소품종 대량생산을 하는 사업이나 가격경쟁력이 주요경쟁수단인 산업재 생산기업은 생산성 향상이 매우 중요한 전략적 과제이다. 예를 들어 반도체와 같은 중간부품들은 가격경쟁이 치열하여 생산의 효율성에 의하여 경쟁력이 좌우된다. 이렇게 가격경쟁력이 사업의 지속가능성에 결정적인 영향을 미치는 사업에서는 생산성향상이 중요한 전략적인 목표이다.

생산성향상의 목표달성을 위한 주요요소들은 다음과 같다.

- 설비투자
- M&A
- 교육훈련
- 신기술도입
- 연구인력충원
- 가치사슬변경

생산성향상을 위한 설비투자에는 대규모의 자본적 지출이 수반되며 예상되는 지출금액은 재무계획에 반영되었는지 확인해야 한다.

⑤ 신기술개발목표

신제품개발이나 생산성향상을 위해서는 혁신적인 기술이 필요하며 외부에서 비용을 지불하고 기술을 취득할 수도 있으나 내부적인 연구개발노력에 의하여 스스로 기술을 개발하는 것이 바람직하다.

기술의 개발에는 장시간이 소요되기 때문에 기술개발인력을 확보해야하고 상당한 규모의 비용예산도 필요하다. 이러한 인력의 확보와 기술개발의 이정표를 기간별로 수립한다. 즉 기술개발에 소요되는 인적, 물적자원의 확보 및 지출계획과 함께 개발목표가 구체적으로 설정되어야 한다.

⑥ 인적역량향상 목표

인적자원의 역량은 기업의 전략적 목표를 달성하는데 있어서 매우 중요한 역할을 한다. 사업의 성격에 따라서는 조직이 보유하고 있는 인적자원의 역량이 사업의 성공을 위하여 가장 중요한 요인이 된다. 빼어난 비즈니스모델을 보유하였음에도 불구하고 전문성을 갖춘 인력의 부족으로 사업화가 지연되거나 중도에서 실패하는 사례는 인적역량의 중요성을 말한다. 따라서 기업의 전략적 목표를 달성하기 위하여 인적역량의 수준향상을 주요목표로 설정해야 한다.

특이하거나 배타적인 비즈니스모델을 가진 기업에게 필요한 물적자원의 조달은 그렇게 어렵지 않다. 그러나 필요한 인적자원의 역량은 단 시간에 제고시킬 수 없으며 전문성과 경험 그리고 내재화된 조직문화를 갖춘 인적자원은 사업의 전략적 목표달성을 위해서 필수적이다.

일반적으로 인적역량을 제고를 위하여 다음의 요소들이 고려된다.

- 교육훈련
- 전문기술인력의 충원
- R&D 투자
- 복지수준개선
- 인사관리제도개선(인센티브, 보상체계 등)

⑦ 사회적 책임목표

기업이 사회에 미치는 영향이 커지고 기업의 활동에 대한 시민단체의 모니터링 강도가 계속 강화되고 있는 추세다. 이러한 분위기에서 기업은 사회적 제도의 일부가 되어 사회적 책임을 이행해야 하며 지속가능한 성장을 위해서는 사회속에서 긍정적인 영향을 주고 받아야 한다.

기업의 사회적 책임목표는 기업시민(Corporate Citizenship)으로서 대외적으로 표방하는 외부적인 목표이다. 환경단체 및 비정부기구(NGO) 등을 포함한 외부이해관계자들의 감시가 심화되고 각종 환경기준이 국제적으로 강화되는 현실에서 기업의 사회적 책임에 대한 목표는 매우 중요시 되며 지속가능한 성장을 위한 전략적인 목표가 되었다.

사회적 책임목표와 관련성 있는 주제들은 다음과 같다.

- 오폐수의 수질개선
- 장애인 고용비율
- 사회적 기업에 대한 투자
- 친환경소재 부품구매비율
- 공정무역
- 기부 및 사회공헌활동

(2) 재무적 목표

기업의 재무적 목표는 전략적 목표들을 실행한 결과가 재무적인 지표로서 나타나는 결과라고 볼 수 있다. 전략적 목표달성의 결과로서 예상되는 재무적인 결과를 요약하여 의미있는 방식으로 표시한 것이 재무적 목표이다.

재무적 목표는 전략적 목표를 실행한 결과로 나오는 성적표와 같은 것으로 벤처캐피털리스트 등의 투자자나 외부이해관계자에게는 매우 중요한 정보이다. 우리나라의 벤처캐피털 리스트 투자의 대부분이 창업 후 3년이 지난 스타트업에 집중되는 것을 볼때 재무적 지표는 투자의사결정에 큰 영향을 미칠 수 있다.

재무적 정보들을 요약, 정리하면 추정재무제표가 만들어지고 추정재무제표를 기초로 주요 핵심재무지표들이 산출된다.

재무적 목표에 주로 사용되는 주요지표는 다음과 같다.

- 매출목표(수량, 금액, 성장률 등)
- 시장점유율(변동추이)
- 영업이익(추이, 성장률 등)
- 안전성지표(유동성, 부채비율, 자기자본비율 등)
- 활동성지표(각종 회전율)
- 수익성지표(매출액 이익률, 자본이익률, 총자산이익률 등)
- 재무지표(내부수익률, 투자회수기간 등)
- 주주보상목표(배당, 주가상승목표)

06 환경분석(Environment Analysis)

환경분석은 사업전략인 How to get there?에 대한 해답을 구하기 위하여 사전에 파악해야할 보조적인 질문이다. 사업의 전략을 수립하기 위해서는 기업이 처한 여러 가지 환경에 대한 충분한 이해가 선행되어야 한다.

스타트업은 소규모로 시작하는 기업이지만 성공적으로 시장에 진출하여 성장기와 확장기로 이행된다면 이제 사회적인 제도로서 인정받으며 동시에 합당한 의무도 성실히 이행할 책임도 있다.

사회적인 제도로서 기업은 주변의 여러 가지 환경의 영향을 받는다. 정치, 경제, 사회, 과학기술의 발전 등 기업의 업종, 성격 그리고 규모에 따라 다르겠지만 이러한 영향을 받으면서 가장 적합한 전략수립이 요청된다.

5개의 질문	해당 부문
1. Who am I?	
2. Where to go?	
3. How to get there?	
4. Where do I stand?	환경분석
5. So what do I get?	

환경분석은 "Where do I stand?"의 질문에서 파생될 수 있는 작은 질문들을 생산하고 그에 대한 해답을 체계적으로 정리하여 의미있는 결과를 정리하는 과정이다.

사업전략수립은 기업에 영향을 미치는 외부의 상황을 이해하고 외부의 상황이 기업활동에 미치는 주요요인들을 추출하는 것이 출발점이다. 수립한 목표와 이를 달성하고자 하는 올바른 전략의 선택은 사업의 성패를 좌우한다.

기업의 환경은 내부적 환경과 외부적 환경으로 구분되며 외부적 환경은 거시환경, 산업환경 및 경쟁상황을 포함한다. 내부환경은 기업이 보유하고 있는 자원, 역량 및 조직문화에 대한 것이며 외부환경은 기업의 경영활동에 직접적이거나 간접적으로 영향을 주는 정치, 경제, 사회 및 과학기술 등의 영역에 관한 것이다.

그림 6-1 **환경요인**

내부환경관련 요인

- 조직문화
- 핵심역량
- 경험
- 자원(인적, 물적)
- 기업가정신

외부환경관련 요인

- 사회적 책임(Social)에 대한 압력
- 기술혁신(Technological)추세
- 거시경제(Economic)전망
- 환경(Ecological)규제
- 정치, 법적규제(Political)의 강도(STEEP)

기업에 영향을 미치는 요인은 업종, 사업의 특성, 기업의 규모, 기업의 성장단계 등 기업이 처한 고유의 상황에 따라 각기 다르다. 오늘날 빠르게 진행되는 글로벌화 현상과 점점 높아지는 환경 및 사회적 책임에 대한 기대와 요구는 기업이 감당해야할 환경의 범주를 크게 넓히고 있다.

환경분석의 범위는 기업이 위치한 고유한 상황에 따라 다르지만 일반적으로 사업계획 수립에서 다루어지는 4개의 환경영역은 다음과 같다.

① 내부역량
② 거시경제
③ 산업계 동향
④ 경쟁상황

(1) 내부역량분석

기업이 보유하고 있는 역량의 강점(Strength)과 약점(Weakness)을 파악하기 위하여 기업의 인적, 물적자원, 핵심역량, 보유기술, 특허 및 조직문화 등을 객관적인 관점에서 평가한다. 조직내부의 역량분석을 통하여 경쟁기업과 비교한 경쟁우위요소들을 파악하며 동시에 약점을 파악하여 이를 보완할 수 있는 대책수립을 가능하게 한다.

(2) 거시전망

국내 및 국제적인 정치, 경제, 문화, 사회적인 현상과 전망을 분석하여 사업에 미칠 수 있는 영향의 정도를 평가하고 분석한다. 거시전망의 평가는 국가나 연구소 등 전문기관의 보고서나 정보를 활용할 수 있으며 평가를 통하여 거시환경요소들이 관련산업 및 사업에 미칠 기회와 위협요인을 파악한다.

일반적으로 거시환경분석에 사용되는 요소들은 인구동태적인 변화추이, GDP 성장률, 환율변동, 국제석유가격변동, 국제원자재가격변동, 이자율변동, 수출입동향 등으로서 이들 요소들에 대한 분석을 한다. 이 항목들 중에서도 사업에 중요한 영향을 미칠 수 있는 요소들을 심층적인 분석으로 기회와 위협요인을 파악한다.

일반적으로 거시경제의 동향은 모든 사업에 간접적인 영향을 미치는 것으로 생각된다. 그러나 업종에 따라서는 거시경제의 지표변화에 직접적인 영향을 받을 수 있다. 예를 들어 국내보다는 해외거래에 주력하는 사업은 환율의 변동에 매우 민감한 영향을 받는다. 제품생산에 필요한 부품을 외국에서 조달해야한다면 환율의 변동에 따라 수익성에 직접적인 영향을 미친다.

1990년대 후반 우리나라를 포함한 아시아 국가들은 외환위기에서 파생된 국가경제위기로 인하여 민간부분의 사업이 엄청난 피해를 입었다. 외환부족으로 인하여 환율이 요동치면서 국제거래에 주력하던 기업들은 물론 내수기반의 기업들도 그 파급효과로 대변혁을 경험하였다.

국제적으로 특정국가나 지역에서 정세가 불안해질때 석유가격을 비롯한 원자재의 가격이 급변하여 사업의 수익성에 심대한 타격을 받는 현상은 거시경제동향이 사업계획수립에 고려해야 할 요소임을 잘 보여준다.

주요 거시경제요인들이 사업에 미치는 일반적인 영향을 다음과 같다.

거시경제요인	사업계획에 고려할 영역	영향을 많이 받는 업종
환율변동	원자재, 수입상품원가, 수출채산성	부품수입을 하는 IT기업, 포도주 등 소비재제품수입업, 외화부채 보유기업 등
국제석유가격변동	에너지 가격, 원료비	정유업, 석유화학제품 제조업, 철강업, 국제운송업 등
국제정치, 경제상황변동	매출예상, 원자재가격, 수입가격, 사업기회	건설업, 중간재 수출산업, OEM 제조업, 플랜트 수출사업 등
이자율변동	금융비용증감	차입금 의존도 높은 기업, IPO를 계획하는 벤처기업, 건설업 등
물가상승	원재료가격, 인건비, 제품가격	B2C사업, 서비스업, B2B사업
국민소득증감	매출예상	소비재산업, 여행업, 기타 서비스업

거시경제지표의 변동으로 인하여 사업의 수익성이 민감하게 영향을 받을 수 있는 사업이라면 지표의 변동에 따른 민감도분석을 하여 그 관리계획을 사업계획서에 반영해야 한다.

(3) 산업분석

기업의 업종이 속하는 산업에 대한 동향과 전망을 분석하여 전략수립에 반영하고자 하는 과정이 산업분석이다. 산업이 성장추세인지 아니면 하향추세인지 그리고 경제, 사회적 측면에서 유리한 국면에 있는지 등에 대한 평가를 하는 과정이다.

산업분석은 일반적으로 글로벌동향, 정부의 정책방향, 기술발전의 추이 등의 요인이 포함된다. 이들 요인에 대한 정보의 수집과 분석을 통하여 기업이 소속하는 산업의 미래를 전망하고 이들 영향이 사업에 어떻게 작용할지 평가한다.

일반적으로 산업동향평가에 고려되는 요소들은 다음과 같다.

- 정부의 정책방향(지원정책 또는 규제정책)
- 법률의 개정 가능성
- 산업내부의 카르텔 정도
- 업체들 사이의 상호제휴
- 진입장벽
- 신기술발전
- 가치사슬체계의 변화
- 환경적·사회적 책임에 대한 사회적 압력

사업계획의 수립에 영향을 미친 실제의 사례는 다음과 같다.

① 일천 CC 이하의 소형승용차에 대한 특별소비세 비과세 및 부가가치세법 매입세액 공제. 소형자동차에 대하여 특별소비세를 일시적으로 유예한 정부의 정책을 반영한 자동차산업
② 관세법과 주세법의 개정을 고려한 주류제조 및 수입업
③ 공정거래법의 영향을 받는 산업으로서 공정거래법 강화로 인한 영향
④ 인공지능기술의 응용이 가능해진 산업
⑤ OEM 또는 ODM의 방식으로 제조업을 대체할 수 있는 옵션의 고려
⑥ 오염물질의 배출기준을 강화한 자동차산업
⑦ 기업의 사회적 책임에 대한 모니터링이 강화되는 사회적 압력
⑧ 창업기업을 지원하는 정부정책에 편승하는 스타트업의 창업

산업분석을 통한 주요평가항목의 사례는 다음과 같다.

산 업	주요 항목
I/T 산업	기술개발동향, 산업계의 상호제휴, 정부의 중소기업지원정책, 폐기물처리 관련 국·내외의 규제정책
사회서비스업(사업, 회계, 법률, 교육관련 컨설팅 등)	FTA 협정, 산업계의 상호제휴, 중소기업 및 자영업 지원정책, 법률개정(세무, 이민, 회계감사, 서비스 시간 등), 전문인력 수급상황 및 인건비 동향
주류산업	FTA협정, 관세법/주세법 개정, 원료 원산지표시, 유통정책, 광고, 판촉규제정책, 업체 사이의 가격 카르텔, NGO의 활동강도
외식산업	소비트렌드, 원재료 가격추이, 주방전문 인력수급상황, 부동산 임대가격동향, 가치사슬 변화추이, 진입장벽
사회적 기업	정부의 인센티브 정책, 금융지원제도, 영리기업과의 제휴 가능성, 사회적 수용 분위기, 조세지원, 전문인력 수급상황, 복지정책

(4) 경쟁분석

스타트업이나 계속기업을 막론하고 경쟁상황은 사업실행에 있어서 언제나 주어지는 환경이다. 업종이나 상황에 따라서 경쟁의 강도가 다를 수 있으나 사업전략수립에는 경쟁분석이 언제나 따르며 외견상으로 경쟁자가 잘 보이지 않거나 경쟁강도가 매우 약하게 보이는 경우도 있다.

그러나 사업이 진행됨에 따라 새로운 경쟁자가 부상하고 경쟁강도가 심해지는 것이 기업경영의 일반적인 현상이다. 현재는 직접적인 경쟁자는 아니지만 시간이 지남에 따라 기존의 대체재가 잠재적으로 큰 경쟁상대가 될 수 있다.

경쟁이 꼭 부정적인 것은 아니며 치열한 경쟁환경에서 제품의 혁신과 가치사슬의 개선을 통하여 기업의 경쟁력강화를 계속 추구하는 것이 경영의 주요과제이다. 기업은 고객점유율을 두고 경쟁자와 다툴 수밖에 없으므로 경쟁상대방을 정확하게 분석하고 그 결과에 따라 강점과 약점을 파악한다.

경쟁환경의 분석은 직·간접의 경쟁자가 누구인지를 명확히 이해하는 경쟁자의 정의에서부터 출발해야 하며 경쟁자가 정의되면 경쟁의 강도, 경쟁자별 특성, 동업종으로 진입 및 출구의 용이성 등의 요인을 중심으로 분석 및 평가를 한다. 동 업종의 주요제품이나 서비스를 대체할 가능성이 있는 대체재나 서비스도 포함하여야 한다. 경쟁자의 범위를 너무 좁게 보는 실수를 피해야 하며 전혀 예기치 않았던 곳에서 경쟁상황이 나타날 수 있다.

음식서비스업을 위한 상권분석을 하면서 자신과 동일하거나 유사한 메뉴를 제공하는 음식점들만을 경쟁자로 인식하는 사례가 자주 발견된다. 자신의 메뉴와 서비스의 수준이 나름대로 차별화를 이루었지만 실패하는 이유는 경쟁자의 범위를 너무 좁게 본 결과이다.

경쟁자를 정의함에 있어서 사업의 아이템이 첫 번째의 고려요소로서. 동일하거나 매우 유사한 제품이나 서비스의 공급자를 명백한 경쟁자로 인식한다. 그러나 이것만으로 충분하지 않다.

경쟁자를 좁게 정의하는 과오를 피하기 위해서는 업종기준보다는 표적고객이나 소비자를 기준으로 경쟁을 이해하는 편이 좋다.

고(故) Steve Jobs가 애플의 경쟁자는 나이키라고 대답한 일화는 그가 경쟁을 소비자 위주로 정의한 대표적인 사례이다. 애플의 제품과 나이키의 제품들은 직접적으로는 경쟁하는 관계에 있지 않다. 그러나 양사 제품을 사용하는 소비자들의 프로파일은 매우 유사하기 때문에 나이키제품과 애플의 많은 제품들은 소비자의 제한된 구매력을 사이에 두고 상호 경쟁하는 관계에 있다고 보는 것이다.

그러나 경쟁의 범위를 너무 넓게보면 자원의 낭비를 초래할 가능성이 있으며 효과적인 마케팅활동을 수행할 수 없다. 그렇다고 경쟁의 범위를 너무 좁게보는 근시안적인 태도(Marketing Myopia)로 접근한다면 적절한 경쟁전략을 수립할 수 없다. 따라서 통찰력 있는 경쟁자의 정의는 경쟁전략수립을 위하여 매우 중요하다.

경쟁전략은 경쟁자를 명확히 정의하는 것에서 출발하며. 경쟁자에 대한 분석 및 평가를 토대로 상호 간의 강점과 약점을 평가한다. 그리고 미래의 시점에서 기업의 제품이나 서비스를 대체할 가능성이 있는 새로운 제품의 출현 가능성에 대한 예상이 필요하다. 경쟁자에 대한 이해와 통찰을 정확하게 하지 못하여 잘못된 전략을 수립하여 사업을 실패로 이끈 사례는 수없이 많다. 대형서점들의 잇단 폐업과 PC 제조업체들의 사업부진 등의 사례는 경쟁환경의 변화추이를 제대로 평가하지 못한 결과이다.

(5) SWOT분석과 전략적 과제의 도출

SWOT분석은 내부요인인 기업의 강점(Strength)과 약점(Weakness) 그리고 외부요인인 기회(Opportunity)와 위협(Threat)사항들을 파악하고 이들을 토대로 전략적으로 취급해야 할 과제를 도출하는 과정이다. 기업의 내부역량과 거시, 산업 및 경쟁환경의 분석결과를 요약정리 하면 SWOT분석준비가 완료된다.

SWOT분석의 범위를 어디까지 할 것인지에 대하여 의문이 생긴다. SWOT분석은 업종, 규모, 사업의 성격 그리고 사업의 진행단계에 따라 그 범위가 달라지며 업종과 규모에 비하여 지나치게 분석범위를 넓히거나 너무 단순화한다면 환경분석결과의 활용도는 떨어진다.

SWOT분석은 기업과 경쟁상대방을 비교하는 방식으로 이루어지나 기업의 상황에 따라 경쟁이 그렇게 중요하지 않으면 기업을 중심으로 독립적으로 이루어 질 수도 있다. 일반적으로 사업전략수립을 위한 경쟁분석은 기업과 경쟁자를 교차적으로 비교하여 주요 강점과 약점을 파악하는 것이다.

경쟁분석에서 고려하는 요소들의 범위는 우선순위를 정하여 집중적으로 분석하되 너무많은 범위를 포함시키면 집중력의 저하를 초래하고 활용성도 떨어진다.

SWOT분석은 기업의 내부요인인 SW(강점 및 약점: Strength & Weakness)와 외부요인인 OT(기회 및 위협: Opportunity & Threat)에 대한 구성요소를 파악하고 각 구성요소들이 가진 영향력을 평가하는 과정이다. SWOT분석은 객관적인 근거에 의하여 이루어져야 하며 근거가 불충분한 정보나 주관적인 관점에 의하여 평가하면 자신의 강점과 사업기회를 과대평가하고 경쟁자를 과소평가하는 오류를 범할 수 있다.

SWOT 분석의 네 가지 영역은 다음과 같다.

분 야	구성항목
Strength	기업이 보유하고 있는 강점
Weakness	기업에 내재해 있는 약점
Opportunity	기업외부에 존재하는 기회요인
Threat	기업외부로부터의 위협요인

기업이 보유하는 강점과 기업이 내재적으로 안고 있는 약점의 사례는 다음과 같다.

항 목	강점(Strength)	약점(Weakness)
인적자원	우수한 관리능력, 전문성	전문성 부족, 업종과의 관련성 부족
재무자원	풍부한 현금흐름	과다한 채무, 부족한 유동성
생산성	생산 효율성 높음	생산 효율성 낮음
기 술	지속적인 R&D 투자, 축적된 기술	진부한 기술, R&D 투자의 미흡
경 험	경험축적, 관련 사업 경험풍부	전문성 부족, 관련분야 경험부족
기계, 설비	첨단시설 및 기계장비보유	노후화된 시설 및 장비
마케팅, 영업	전문경험 축적, 유통망 장악력	취약한 유통망, 마케팅 경험부족

항 목	강점(Strength)	약점(Weakness)
IT	고도의 자동화, 우수한 인력	자동화 수준 취약, 인력부족
조직문화	활성화된 혁신문화, 수평적 조직	보수적 문화. 수직적 조직
지적재산권	특허권 및 상표권 다수보유	보유 특허권의 만료
제품, 서비스	강력한 Brand Power 보유한 제품 보유	제품력 보통, 명성을 갖춘 브랜드부족

기업의 외부에 존재하는 기회요인과 기업외부로부터의 위협요인의 사례는 다음과 같다.

	기회(Opportunity)	위협(Threat)
시 장	새롭게 부상하는 수요, 급속히 성장하는 시장	성숙단계에 진입하는 시장
거시경제	경제성장, 소비증가율 확대 부동산 경기활성	경제침체, 소비감소, 유동성 경색
경쟁상황	유력 경쟁자의 문제발생, 경쟁력 분산	경쟁자의 신기술 개발 새로운 유력 경쟁자의 출현
법적 규제	공정경쟁으로 유리한 상황 조성	규제강화로 추가비용발생
노동시장	노사관계 안정, 인력수급안정	강성 노조결성, 노사 쟁점부상
재무상황	이자율 하락, 자체 유동성 보유	이자율 상승, 유동성 경색
환율변동	수입 원재료 가격하락 생산원가절감	수출 채산성 악화, 수출 경쟁력 상실
환경관련 규제	환경관련 경쟁력 보유	제품생산원가 상승요인
정부정책	중소기업 보호정책활용	대기업에 불리한 환경조성
세법개정	소비자 가격 인하요인, 생산원가하락요인	가격상승 압박, 수요감소
국제관계(FTA, 조세협정체결, 외교관계 개선)	새로운 수출시장, 관세인하, 이중과세회피	가격 경쟁력 상실

SWOT분석과 평가가 이루어지면 이를 바탕으로 경쟁전략수립을 위한 전략적 과제를 도출한다.

전략적 과제도출을 위하여 일반적으로 사용되는 Matrix는 다음과 같다.

	Strength(강점) (5~10 가지의 강점을 중요도에 따라 선택함)	Weakness(약점) (5~10 가지의 약점을 중요도에 따라 선택함)
Opportunity(기회)	SO 전략	WO전략
외부에서 주어지는 기회요인을 중요도에 따라 몇 가지 선택함	기회포착을 하여 기업의 강점을 활용할 수 있는 과제를 선정함	약점을 보완하며 기회를 활용할 수 있는 과제를 선정함
Threat(위협)	ST전략	WT전략
외부에서 주어지는 위협요인을 중요도에 따라 몇 가지 선택함	위협요인을 제거하며 강점을 활용할 수 있는 과제를 선정함	약점을 보완하면서 위협요인을 제거할 수 있는 과제를 선정함

SWOT 분석기법은 사업전략수립의 도구로서 사용되며 컨설팅 업무보고서 등 광범위하게 활용되고 있다. 그러나 SWOT 분석기법은 유용하지만 많은 함정을 내포하고 있다. 따라서 그 분석기법의 활용에는 전문성과 상당한 주의가 필요하다.

SWOT 분석기법의 주요 이점은 다음과 같다.

① 경쟁상황의 이해를 통한 경쟁우위전략수립에 유용하다.
② 분석을 통한 정보는 의사결정에 큰 도움이 된다.
③ 광범위한 분석결과는 미래상황의 예측에 사용된다.
④ 조직문화의 변화를 시도하는 근거로 사용된다.
⑤ 동기부여와 목표달성을 조직의 동인이 된다.

반면에 SWOT분석은 다음과 같은 한계와 문제점도 가지고 있다.

① 관점에 따라 주관적인 분석과 해석이 나올 수 있다.
② 분석의 결과를 너무 단순하게 인식할 수 있으며 중요한 핵심과제들이 간과될 수 있다.
③ 항상 유동적인 시장상황을 SWOT라는 틀로 분석하기에는 불완전하다.
④ 급변하는 경영환경에서 SWOT분석은 정기적으로 업데이트되어야 한다.
⑤ 너무 단순화한 SWOT분석은 상황판단을 오도할 수 있다.

위와 같이 SWOT분석은 전략수립의 유용한 도구로 사용되지만 이것만을 전략수립의 유일한 근거로 삼는 것은 위험하다. SWOT분석을 활용하면서 기타 주요경영정보를 고려하여 사업전략을 수립하는 것이 바람직하다.

07 사업전략(Business Strategy)

(1) 사업전략의 유용성

사업목표달성을 위해서는 기업의 역량을 고려하여 실행가능한 전략과 실행계획이 뒷받침되어야 한다. 아무리 매력적인 사업목표일지라도 목표를 달성가능하게 해 줄 수 있는 전략이 없거나 실행가능성이 엿보이지 않는다면 그 사업계획은 신뢰를 받을 수 없다. 사업목표를 중심으로 CEO를 포함한 팀의 대표들은 상당한 시간을 같이 공유하면서 조직의 능력을 고려한 최적의 전략을 수립해야 한다.

사업전략수립 프로세스를 통하여 조직이 얻을 수 있는 큰 이점은 기업의 비전과 목표를 공유할 수 있는 기회를 확인할 수 있는 기회를 가지는 것이다. 또한 현재 기업이 보유한 자원으로 필요한 전략을 수립할 수 없다면 부족한 부분이 무엇인지를 발견하고 이를 보완할 수 있는 방안을 미리 모색할 수 있는 점이다.

사업계획수립에 관련된 질문들 가운데서 사업전략수립은 3번째의 질문인 "How to get there?"로서 4번째의 질문인 환경분석(Where do I stand?)의 결과를 토대로 만들어진다.

5개의 질문	해당 부문
1. Who am I?	
2. Where to go?	
3. How to get there?	사업전략
4. Where do I stand?	
5. So what do I get?	

선택가능한 전략의 대안들을 찾아내고 기업의 비전에 배치되지 않으면서 실행가능성이 가장 높은 대안을 선택한다. 사업전략의 유형은 매우 다양하나 사업목표, 업종, 역량, 기업의 규모, 사업의 성격 등을 고려하여 가정 적합한 전략을 선택한다.

일반적으로 사업전략수립에 고려하는 요소는 기업의 제품/서비스, 표적시장 그리고 고객이다. 계속기업에서는 제품전략, 시장전략 및 고객전략 등으로 명명되기도 한다.

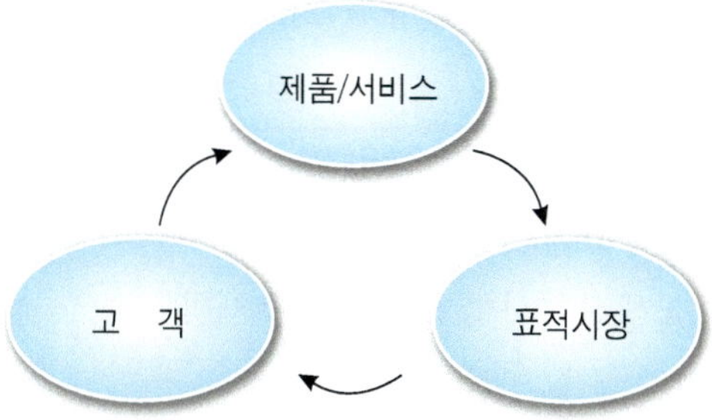

(2) 사업전략에 관련된 질문들

사업전략수립을 위해서는 다음의 질문에 답을 구해야 한다.

① 기업이 지향하는 비전은?
② 사업목표?
③ 제품과 서비스가 고객에게 제공하는 혜택은?
④ 기업의 표적고객그룹은 누구인가?
⑤ 유통방식은?
⑥ 사업에 필요한 주요기술은?
⑦ 보충해야할 자원이나 능력?
⑧ 제3자와 협업이나 M&A가 필요한가?
⑨ 경쟁상의 유리한 점과 부족한 점은?

(3) 사업전략수립 과정을 통하여 얻는 이점

사업계획수립과정 중에서도 전략수립의 과정은 기업이 보유하고 있는 총체적인 자원 및 역량을 평가하는 기회를 제공한다. 기업이 소유하고 있는 자원과 역량으로 목표달성을 할 수 있으면 좋겠지만 기업은 원래 한정된 자원만을 가질 뿐이다.

따라서 외부와의 협업, 외주가공, 전략적 제휴 등의 방식으로 사업을 해야 할 수도 있다. 사업전략수립 프로세스는 그 자체를 통하여 이와 같은 전략적 대안들을 검토할 수 있는 기회를 제공한다. 사업전략수립과정을 통하여 다음과 같은 부수적인 기회를 얻을 수 있다.

① 가업의 미션, 목표를 공유할 기회를 제공한다.
② 기업이 보유한 자원과 능력의 갭을 발견한다.
③ 실행계획수립의 가이드라인제공
④ 보유자원의 효율적인 이용계획제공
⑤ 목표와 실행진척사항의 측정기준제공
⑥ 장기목표달성을 위한 사전교감
⑦ 팀웍의 강화
⑧ 주요이슈에 대한 이해

(4) 사업전략의 수립단계

전략수립은 CEO를 포함한 팀의 리더들이 기업의 비전과 사업목표를 공유하는 것으로 시작한다. 팀의 리더들은 필요한 시간을 확보하여 비전과 목표달성을 위하여 필요한 전략적 대안들을 브레인스토밍(Brainstorming) 등의 방법으로 만들어 낸다.

목표달성을 위하여 해결하거나 관리해야할 주요이슈나 문제가 무엇인지를 도출하고 도출된 주요이슈들이 사업목표달성에 미칠영향을 평가한다. 각 이슈들에 대한 평가를 기초로 우선순위를 결정하면 전략수립의 기초가 된다. 전략적인 이슈와 우선순위가 결정되면 책임부서와 주요 일정표를 논의한다.

주요전략은 실행전략으로 구체화되며 이를 팀원들과 공유하며 평가지표설정에 반영한다. 전략의 실행은 주기적으로 측정하여 관리와 통제가 따르며 만약 계획했던 바와 달리 괴리가 생긴다면 조정이 이루어져야 한다.

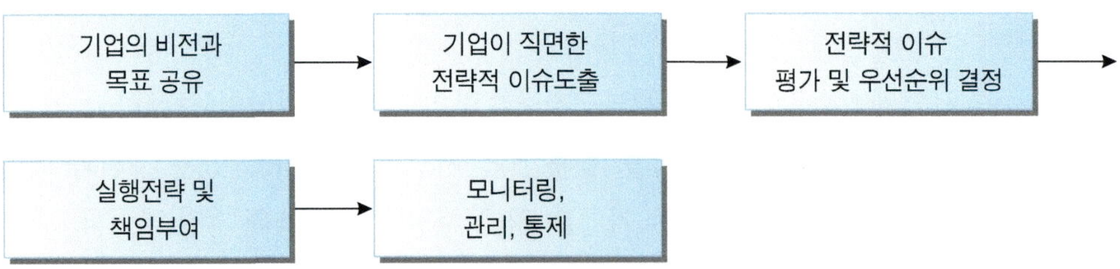

스타트업이나 창업기업 등과 같은 소기업들은 의사결정구조가 단순하여 CEO를 중심으로 일관성 있는 방향으로 사업목표 및 사업전략을 수립할 수 있다. 그러나 기업이 성장하여 조직의 규모가 커지거나 다수의 사업부문을 가지고 있는 계속기업들은 사업부문 및

기능별(영업, 재무, 인사, 생산 등) 사업전략을 수립한다.

기업의 지배구조가 사업부문별로 나누어진 기업에서는 부문별 사업목표나 전략이 기업전체의 목표나 전략과 조화가 이루어지게 하는 조정이 필요하다. 이들 기업에서는 전략수립의 수준은 기업수준, 사업부수준 그리고 기능별 수준으로 이루어진다.

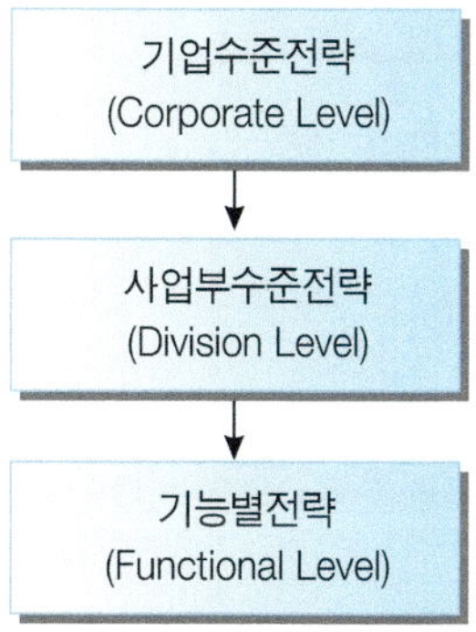

(5) 사업전략의 유형

목표달성을 위하여 어떤 전략을 선택해야 할 것인가? 사업전략의 유형은 매우 다양하다. 스타트업이나 창업기업이 필요한 전략과 시장에 정착한 계속기업이 필요한 전략은 매우 다르다. 사업전략은 기업이 달성하고자 하는 목표와도 밀접한 관련이 있으며 스타트업 등 제품개발과 시장진출이 최대의 목표인 기업과 시장점유율을 높이고자 하는 계속기업의 목표는 다르다. 따라서 이들 기업이 취하는 전략도 달라야 한다.

이처럼 사업전략은 기업의 목표, 업종, 시장환경, 기업이 보유한 자원 등 기업이 처한 상황에 따라 다르기 때문에 어느 기업에나 일률적으로 적용할 수 있는 전략은 없으나 일반적으로 제시할 수 있는 전략의 유형으로 성장전략과 경쟁전략이 있다.

1) 성장전략

시장에 정착한 계속기업이 사업의 지속적인 성장을 통한 지속가능성을 키워가기 위하여 추구하는 전략이다. 기업의 성장전략은 유기적인 성장을 추구하는 내부성장전략과 인수합병 등 외부와의 연계를 통하여 성장을 추구하는 외부성장전략이 있다.

내부성장전략은 기업이 보유하고 있는 자원과 역량을 가지고 신제품개발이나 새로운 시장으로의 진출 등의 방식으로 유기적인 성장(Organic Growth)을 추구하는 전략이다.

그림 6-2 내부성장전략

신제품개발 + 새로운 시장진출

장 점

- 점진적이며 일정한 속도를 유지함
- 통제력유지
- 조직문화유지
- 내부적인 기업가정신 동기유발
- 조직내부의 승진기회 제공

단 점

- 성장의 속도가 느림
- 새로운 자원의 필요성
- 투자에 대한 실패의 경우 회복이 매우 어렵다
- 산업내의 부담가중

반면에 외부성장전략은 인수합병, 합작기업설립, 전략적 제휴 등 제3자와의 관계형성을 통하여 성장을 추구하는 전략이다.

내부성장전략은 사업의 구조나 조직에 파격적인 변화를 통하지 않고 점진적인 방법으로 지속적인 성장을 도모하는 전략이며 외부성장전략은 제3자와의 관계설정을 통하여 사

그림 6-3 외부성장전략

1. 인수합병
2. 사업다각화
3. 전략적 제휴
4. 합작사업
5. Licensing
6. Franchising
7. 수직/수평통합

장 점

- 새로운 시장접근가능
- 새로운 제품 접근가능
- 전문적인 기술확보
- 유명브랜드 접근
- 경쟁의 완화
- 규모의 경제실현
- 리스크 분산

단 점

- 최고경영진의 교체 가능성
- 조직문화의 충돌가능성
- 운영상의 문제 충돌가능성
- 사업의 복잡성 증가
- 조직의 유연성 상실
- 공정거래법상 문제제기 가능성

업의 구조에 변화를 수반할 수 있는 파격적인 방식에 의하여 성장을 추구하는 전략이다.

2) 경쟁전략

기업경영에 있어서 경쟁은 필연적이며 독과점 사업이 아니라면 언제나 치열한 경쟁환경에서 우위적 위치를 확보해야 한다. 스타트업이 차별적인 비즈니스모델을 구축하여 시장에 성공적으로 진출하여 성과를 거두고 있어도 진입장벽이 어렵지 않으면 곧 바로 유사기업이 탄생하기 마련이다.

경쟁전략은 기업이 시장에서의 지위를 확대하거나 자신의 위치를 방어하기 위하여 경쟁기업보다 우위적인 요소들을 확보하기 위한 전략이다. 경쟁우위전략은 유리한 경쟁요인을 구축, 확대하고 내재화를 이루는 것이며 이를 유지하며 항상 새로운 경쟁우위요소를 확보하는 것이다.

경쟁전략의 주요과제는 고객의 확보, 경쟁자의 압력에 대한 방어 그리고 시장에서의 위치를 강화하는데 있다. 경쟁전략의 수립을 위해서는 경쟁하는 방식, 경쟁의 기본, 경쟁의 영역 그리고 경쟁하는 상대방이 누구인가를 명확히 이해하는데서 출발한다. 기업의 진정한 경쟁자가 누구인지를 정의하는 것은 쉽지 않으며 동일한 시장에서 똑같은 업종으로 직접적으로 다투는 사업자들을 경쟁자라고 정의하는 것은 부적절하다.

고(故) 스티브 잡스가 애플의 경쟁자는 나이키라고 정의하였듯이 경쟁자는 비록 동종산업이 아닐지라도 제한된 구매력을 가진 고객이 구매선택을 하는 대상들이라면 경쟁자라고 볼 수 있다. 경쟁전략수립의 대상인 경쟁자는 직접적인 경쟁자를 포함하여 고객, 제공하는 혜택, 구매의사결정기준 등 고객을 중심으로 정의해야 한다.

경쟁자의 강점과 약점 그리고 그들의 사업목표와 전략을 평가한 결과가 경쟁전략의 기초가 된다.

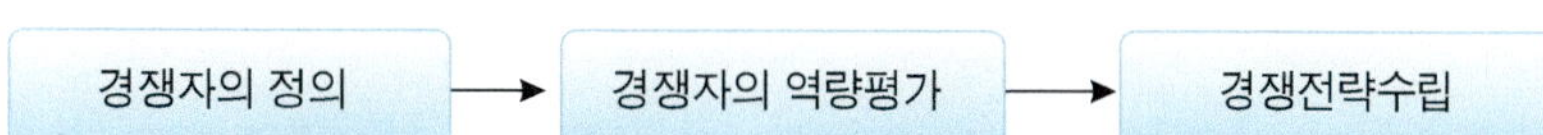

사업전략수립에서 고전적으로 활용되는 경쟁전략으로 Michael Poter의 본원적 경쟁전략(Generic Competitive Strategy)이 있다.

Michael Porter의 본원적 경쟁전략은 원가우위를 통하여 경쟁력을 확보하려는 원가우위전략(Cost Leadership Strategy)과 제품이나 서비스의 차별화를 통하여 경쟁의 주도권을 확보하고자 하는 차별화전략(Differentiation Strategy)이 중심이다. 그리고 어느 특정부문을 선택하여 이를 집중적으로 공략하는 집중화전략(Focus Strategy)을 포함한다.

표 6-3 경쟁전략수립의 고려요소

경쟁우위 요소	전략적 고려요인
· 제품의 차별성	· 신제품개발 · 품질수준 향상 · 고객 서비스 향상
· 우수한 고객관계관리	· 원가절감 실현 · 지리적인 우위점 · 기술적인 전문성
· 빼어난 고객가치제공	· 공급사슬관리 · 브랜드 이미지/ 평판 · 조직문화

유리한 원가구조를 유지하는 것과 제품과 서비스의 차별화를 달성하는 것은 경쟁전략의 핵심이다. 이외에도 비교적 규모가 큰 기업들이 경쟁우위를 확보하기 위하여 채택하는 전략으로는 공급사슬(Supply Chain)을 통합하려는 통합전략(Integration Strategy)이 있으며 동종산업이나 이종산업들과의 인수합병(M&A)을 통하여 경쟁상 우위를 확보하는 전략이 있다.

통합전략과 인수합병을 통한 경쟁전략은 외부성장전략으로서 경쟁전략과 성장전략은 서로 긴밀히 연관이 되어 있다.

경쟁전략의 원조라고 볼 수 있는 Michael Porter의 본원적 경쟁전략모형은 다음과 같다.

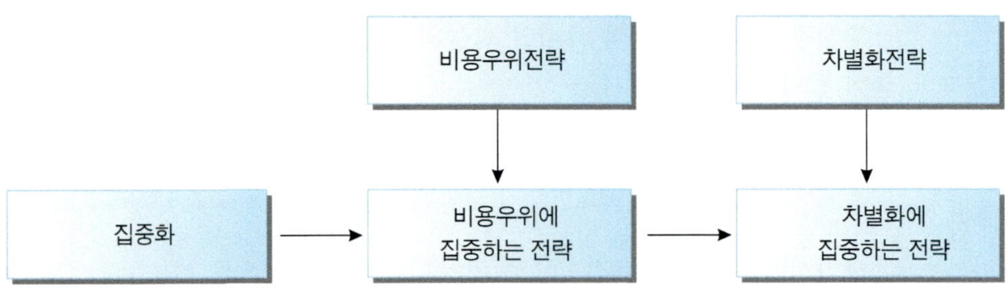

Michael Porter의 본원적 사업전략은 전통적으로 경쟁전략의 수립의 고전으로 활용되었다. 한 때 블루오션전략이 새로운 사업전략으로서 부상하여 Michael Porter의 본원적 경쟁전략과 충돌하는 모습을 보였지만 이 전략은 여전히 사업전략의 고전적인 모델로서 애용되고 있다.

이 전략은 비용우위전략(Cos Leadership Strategy), 차별화전략(Differentiation Strategy) 그리고 집중화전략(Focus Strategy)을 핵심으로 하고 있다.

① 비용우위전략

유리한 비용구조를 구축하여 가격차별화를 이룩하고 이를 통하여 경쟁우위를 확보하는 전략이며 비용우위전략은 가장 고전적인 경쟁전략이다.

경쟁기업 사이에 제품(서비스)의 품질이나 기능의 차별화가 미미하거나 차별화의 정도가 고객에게 중요하지 않을때에 효과를 발휘하는 전략이다. 반도체 등의 부품소재산업이나 일용품 등의 단순 소비재산업에서는 원가의 우위가 매우 유력한 경쟁력의 원천이 된다.

최근 지속가능한 사업기반을 성공적으로 구축하는 저가항공(Low Cost Carrier)산업은 비용우위전략을 구축한 대표적인 사례이다. 저가항공사들은 관리나 운영측면에서 비용감축을 실현하면서 고객들에게 파격적인 비용절감의 혜택을 제공하여 일반항공사들과 차별화에 성공하였다.

각 가치사슬단계별 비용을 절감하는 사례는 다음과 같다.

가치사슬단계	비용절감방법
원재료 조달	직접재배, 수직적 통합, 장기계약
생산라인	단순화, 자동화
기술, 기능	효율성, 경험, 교육
시너지 활용	생산성 제고, 물류시설 통합
판 매	유통망 공유, 유통단계축소

② 차별화전략

고객에게 경쟁사보다 차별적인 혜택을 제공하여 경쟁상 유리한 위치를 차지하려는 전략이다. 소비의 개인화가 심화되고 제품이나 서비스의 기능이나 품질수준이 최고수준으로 거의 동일하게 수렴되어가는 경쟁상황에서 차별화의 요인을 계속적으로 창출하여 경쟁상 유리한 위치를 확보하는 전략이다.

차별화의 요인에는 품질, 기능, 디자인 등의 제품의 외형적인 요인과 편의성, 감성 등 소비자가 얻을 수 있는 가치적인 요소들이 포함된다.

저가항공사들이 비용우위라는 무기로 시장을 잠식하고 있는 반면에 브랜드 가치를 지닌 글로벌 항공사들은 편의성을 높이는 등 서비스 품질의 차별화를 통해 경쟁우위전략을 꾀한다.

차별화의 주요 요소와 내용을 요약하면 다음과 같다.

차별화 요소	차별화 내용
낮은 가격	경쟁사보다 유리한 가격
서비스 시간	시간단축, 서비스시간 재배치
편의성 제고	조작편리, 근거리 서비스, 365일 24시간 서비스
감성적 만족	만족감, 프리미엄 이미지, 고품질, 가치관 공유, 윤리적 공감대
소비자 관여	경험제공, 프로슈머

③ 집중화전략

광범위한 고객그룹을 대상으로 하지않고 특정 표적시장을 중심으로 원가우위나 차별화전략을 집중하는 전략이다.

소비자의 니즈는 점차 까다롭고 세분화되어가는 경향이며 자원과 역량에 한계를 가지고 있는 기업이 광범위한 고객층을 대상으로 비용우위나 차별화전략을 구사하는 것은 효과가 없다.

시장에서 다수의 이질적인 고객그룹보다는 소수의 세분된 표적고객그룹에게 집중하여 경쟁상 우위를 점하는 시도가 집중화전략의 핵심이다. 아주 좁게 정의한 소위 니치 마켓(Niche Market)을 표적시장으로 정하여 최고품질의 제품이나 서비스를 제공하고 최고의 프리미엄 가격정책을 펼치는 것은 전형적인 집중화전략의 사례이다.

지속적인 성과를 창출한 강소기업들은 대부분 기업의 자원과 역량을 잘 정의된 특정 고객그룹에 집중하여 일관성있는 사업전략을 펼치면서 성공하였다.

3) 통합전략(Integration Strategy)

통합전략은 시장에 진출하여 지속적으로 사업을 영위한 계속기업이 어떠한 변화를 구하기 위하여 추구하는 성장전략의 일부이다. 현재의 사업시스템보다는 다른 연관부문과의 통합을 통하여 경쟁상 유리한 위치를 확보하고자 한다. 주로 기업의 가치사슬(Value Chain)이나 공급사슬(Supply Chain)을 통합하여 경쟁상 유리한 상황을 조성하는 전략이다.

그림 6-4 기업의 가치창출과정

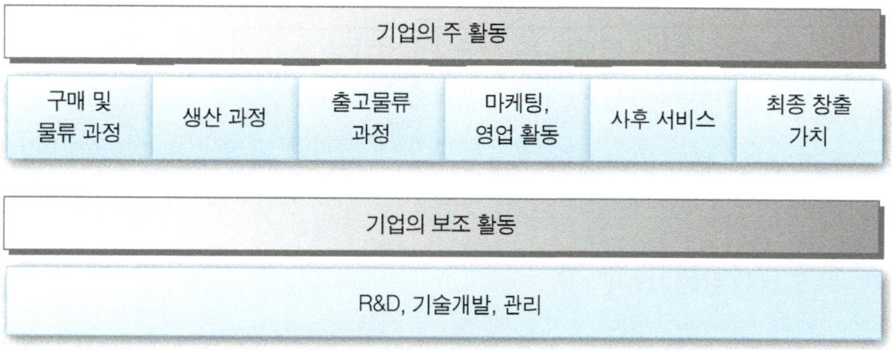

원재료나 부품의 공급선을 통합하여 생산원가의 절감을 실현하는 것이나 유통경로를 통합하여 유통비용을 줄이며 효율적인 유통망을 관리하는 것은 매우 유용한 경쟁전략이다. 가치사슬은 원재료 및 부품의 구매에서부터 출발하여 최종제품이나 서비스를 완성하고 이를 고객에게 제공하기까지의 과정이다.

가치사슬의 각 단계를 분석하고 유리한 연결고리를 구축하는 것은 유용한 경쟁수단이며 이를 위하여 기업은 가치사슬과정을 통합하거나 경우에 따라서는 분리하는 전략을 시도한다.

가치사슬분석의 결과를 경쟁자들의 가치사슬과 비교하여 경쟁상 유리한 가치사슬단계와 불리한 가치사슬단계를 파악하는 것은 경쟁전략 수립의 기초가 된다.

표 6-4 김치제조업의 가치사슬

가치사슬 구성원	구성원의 역할
농 부	배추, 무, 마늘, 고추 등의 재배
야채 유통 상인	야채분류, 묶음, 운송
김치제조기업	고추장 등의 성분 첨가, 포장, 브랜딩, 영업
운송회사	도·소매상 및 고객에게 운송
도매상	소매상에게 운송
식품소매상	음식점, 소비자에게 판매

예시한 가치사슬은 국내에서 김치를 제조하여 판매하는 기업이 가치사슬분석을 통하여 경쟁력확보를 이룬 사례이다.

중국산 김치의 수입으로 가격경쟁력을 상실한 김치제조업체들은 산지에서 계약재배나 물류단계의 통합을 통하여 경쟁력을 높였다.

가치사슬의 통합은 통합하는 방향에 따라 후방통합(Backward Integration), 전방통합(Forward Integration) 그리고 수평통합(Horizontal Integration)이 있다.

① 후방통합

제조업체가 원재료나 부품 등의 공급선을 인수하는 형태와 같이 가치사슬의 이전단계를 통합하는 것이다.

후방통합전략은 원재료 등의 가격이 가치사슬에서 상당한 비중을 차지하거나 원재료 등의 수급사정이 불안할 것으로 예상되는 경우에 안정적인 가치사슬체계를 통제하기 위하여 필요한 전략이다. 시장에서 다수의 경쟁자들이 있으나 원재료 등의 공급조건이 과점상태에 있는 경우에는 적극적으로 고려할 수 있는 선택이다.

농촌에서 농지를 취득하고 직접 채소를 재배하는 김치제조업이나 수산물의 조달을 중간공급자를 통하지 않고 산지에서 직접 구매하여 공급과 가격의 안정을 도모하는 대형유통할인점 등은 후방통합을 통하여 경쟁력을 확보하였다. 후방통합은 시장이 성장기에 있는 업종일 때에 적극적으로 고려할 수 있는 전략이다.

② 전방통합

제품의 판매를 담당하는 도매상, 소매상 등 유통경로의 일부 또는 전부를 통합하는 형태로서 유통경로가 불안정하거나 고비용구조로 고착되어 있어 장기성장전략에 걸림돌로 작용할 가능성이 있을 때 취할 수 있는 전략이다. 시장이 성장하는 추세에 있으며 유통경로의 효율성이 경쟁력에 크게 영향을 미친다면 경쟁력강화를 위하여 선택할 수 있는 전략이다.

그러나 시장의 정체가 예상되고 시장의 장기적인 전망이 밝지않은 상황이라면 전방통합은 신중을 기해야 한다.

③ 수평통합

동일업종이나 유사업종에 속하는 경쟁기업을 인수하여 규모를 확대한 후 시장경쟁력

그림 6-5 통합전략의 형태

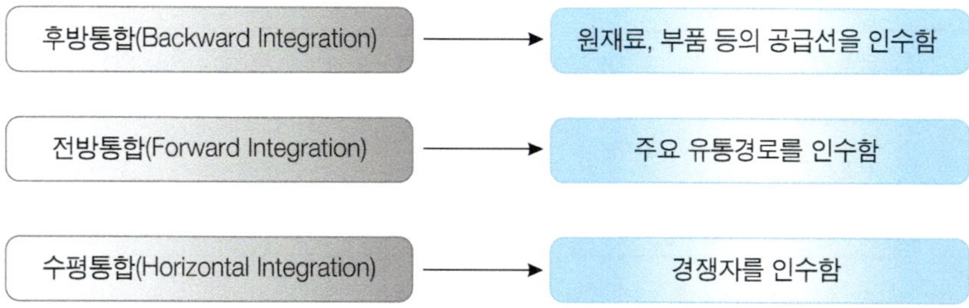

을 강화하고자 하는 전략이다.

산업이 성장추세에 있으며 장기적인 전망이 밝은 경우 규모의 경제를 실현하여 가격경쟁력을 확보할 수 있는 전략이다. 통합하는 사업파트너들이 각자 보유하고 있는 뛰어난 역량을 상호병합하여 유리한 시너지효과를 창출할 수 있다면 유력하게 검토할 수 있는 전략이다.

수평통합은 정부의 규제나 법적인 문제가 개입되는 영역이므로 공정거래법이나 독과점금지법규 등을 사전에 검토해야 한다.

4) 인수합병(M&A)전략

기업의 인수합병은 주로 거대기업들이 풍부한 현금흐름을 이용하여 경쟁, 또는 성장전략의 일환으로 선택하는 전략이다. M&A는 일반적으로 성장을 추구하는 동시에 장기적으로 경쟁력을 확보하기 위한 목적이다.

기업이 자체적으로 보유한 자원으로 지속적인 성장을 추구하는 유기적인 성장(Organic Growth)에 비하여 M&A는 타 기업과의 합병이나 인수 등 외연을 인위적으로 넓히는 방식으로 성장을 추구하며 경쟁력을 높이는 외부성장전략이다. 기업의 비전이나 목표를 달성하기 위하여 획기적인 성장이나 경쟁력확보가 절실할 경우 M&A는 그런 담대한 목표를 달성하기 위하여 취해진다.

① M&A의 목적

M&A의 출발점은 M&A의 목적을 명확히 하고 이를 기업의 목표 및 전략과 부합하는지 확인하는데 있다.

M&A는 일반적으로 다음과 같은 목적으로 추구된다.

목 적	전략의 핵심	사 례
시장영역 확대	피인수 기업의 고객확보	GM의 대우자동차 인수합병
상품 카테고리 추가	주력제품의 명확화, 시너지 보완	하이트맥주의 진로소주 인수
기술수준 확보	연구인력 유지, 기술유출 방지	삼성전자의 핀테크 벤처기업 합병
구조조정	인력조정, 대외 홍보, 손실관리	조선업계의 통합추진
사업다각화	가치평가, 시너지	다음과 카카오의 합병

② M&A의 전략수립절차

M&A는 사업의 근본에 영향을 미치는 매우 중요한 전략적 의사결정으로서 M&A의 결과가 의도한대로 이루어지지 않는다면 사업의 기반이 흔들릴 수도 있다.

성공적인 M&A를 위해서는 M&A의 목표의 명확화, 후보대상기업의 선정, 가치평가, 협상 그리고 인수후의 통합(Post Merger Integration)의 5단계가 있다.

우선 M&A를 통하여 달성하고자한 목표를 분명히 해야하며 그 목표를 조직구성원들과 공유하면서 일관성있는 통합과정을 추진한다. 목표에 맞추어서 통합을 전담하는 조직을 구성하고 기본적인 규칙, 보고라인, 업무분담 그리고 일정계획 등의 준비를 한다.

목표가 확인되면 대상기업을 선택한다. 대상기업은 M&A의 목적에 부응하고 통합으로 인하여 시너지를 극대화 할 수 있는 기업이어야 한다. 기업이 축적하고 있는 내부정보와 산업계 등과의 네트워크를 통한 외부정보를 통하여 후보군들을 탐색할 수 있다.

잠재적인 후보기업들과의 직간접인 교류를 매개로 상호간 기회를 탐색하며 체계적인 분석으로 가능성이 높은 후보들을 평가하여 협상한다.

M&A를 위해서 지불하는 가치는 인수합병으로 인하여 창출되는 시너지와 가치개선노력을 통하여 회수할 수 있는 미래가치를 고려하여 결정한다. 가치평가는 합리적인 평가방식과 절차를 거쳐서 냉정하게 이루어져야 하며 지나치게 높은 평가는 M&A를 실패로 유도하는 원인이 될 수 있다.

M&A로 창출되는 순가치는 다음과 같이 결정된다.

시너지로 인한 가치 + 구조조정으로 인한 미래가치 - 인수 프리미엄

인수합병에 대한 가치평가를 토대로 구체적인 협상에 들어간다. 협상을 위하여 피인수기업이 인수합병에 대하여 가지는 전략적 의도를 파악하는 것이 매우 중요하다. 피인수

기업의 입장에서 인수합병에서 가장 중요한 요인들이 무엇인지 파악하고 우선순위에 따라 각 요인별 협상전략을 수립한다.

피인수기업들은 평가가치 및 인수프리미엄, 합병 후 지배구조, 종업원의 피인수후 승계문제 등을 중요한 협상요인으로 고려한다. 합병후의 통합화과정(PMI)은 M&A의 성패를 좌우하는 요인으로서 M&A의 역사에서 실패한 대부분의 사례는 인수후의 통합과정을 제대로 관리하지 못한 결과였다.

인수기업과 피인수기업이 상호 간의 조직문화차이를 극복하지 못하고 실패로 끝난 사례는 인수후의 통합과정의 어려움을 잘 보여주고 있다. 실무적으로는 인수기업과 피인수기업의 최고경영진을 포함한 통합기구를 설립하고 통합후의 경영목표, 조직개편의 방향 등에 관한 주요의제를 관리한다.

M&A전략수립절차는 다음과 같다.

목표의 명확화 → 후보기업 선정 → 가치평가 → 협 상 → 인수 후 통합

적정한 인수가치의 평가와 인수후의 통합과정을 어떻게 관리하느냐에 따라 M&A의 성패가 좌우되며 대부분의 성공과 실패의 사례가 이 부분에 집중되어 있다.

M&A 실패의 일반적인 원인은 다음과 같다.

- 인수합병으로 기대되는 시너지의 과대평가
- 인수합병에 대한 중압감으로 지나친 가격지불
- 외부 전문가에 지나치게 의존한 의사결정
- 인수과정에서 기술인력의 대거이탈
- 통합과정실패로 인하여 조직내부의 갈등 장기간 지속
- 노동조합과의 마찰
- 공정거래법 등 법적인 문제의 관리실패

(6) 전략수립에 사용되는 전략모형

일반적으로 사업전략수립의 도구로서 유용하게 사용되는 모형은 다음과 같다.

- BCG(Boston Consulting Group)의 Product Portfolio Matrix(PPM 매트릭스)
- Ansoff의 제품/시장 매트릭스(Product/Market Matrix)
- Michael Porter의 5개 시장세력모형(5 Forces Model)

BCG의 PPM은 제품이나 사업부문을 네 가지 영역으로 구분하여 기업의 지속가능한 성장을 위하여 제품이나 사업부문의 포트폴리오를 어떻게 배치할 것인가를 결정하기 위하여 사용되는 모형이다.

Ansoff의 제품, 시장(PM)모형은 기업이 성장전략을 수립하는데 있어서 제품과 시장을 어떠한 방식으로 조합할 것인가의 방향설정에 관한 모형이다.

Michael Porter의 5가지 시장세력모형은 자신이 소속된 업종이 속하는 산업의 매력도를 분석평가하여 새로운 산업 및 시장영역의 탐색에 활용되는 모형이다.

이 세 가지 사업전략모형은 사업계획수립에서 일반적으로 유용하게 사용되며 충분한 이해를 한다면 실무적으로 큰 도움이 된다.

사업전략모형

① BCG의 PPM Matrix

② Ansoff 의 Product/Market Matrix

③ Michael Porte's 5 Forces Model

1) BCG의 사업/제품포트폴리오 매트릭스(PPM)

사업전략수립에서 가장 빈번하게 사용되는 모형 중의 하나가 BCG가 개발한 PPM Matrix이다.

현재의 사업부문이나 제품구성(Business/ Product Portfolio)이 사업에 어떻게 기여하는지를 전략적인 관점에서 평가하여 이들을 4등분된 매트릭스 영역위에 표시하여 사업전략을 수립하는 기초로 한다.

각기의 사업포트폴리오 영역을 평가하고 이에 기초하여 기업의 자원배분전략을 수립

그림 6-6 PPM전략의 흐름도

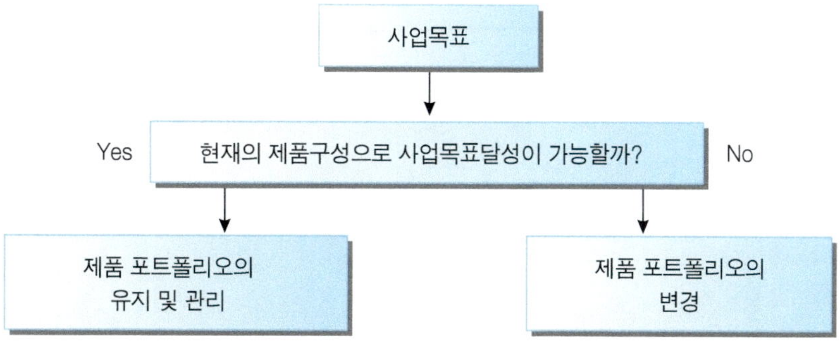

한다. 기업의 장기적인 목표달성을 위하여 제품(사업)포트폴리오를 어떻게 구성할 것인가의 전략적 의사결정에 대한 해답을 구한다.

오늘날 제품이나 브랜드의 수명주기(Product Life Cycle)는 점점 짧아지며 소비자의 취향도 개인화되는 경향이다. 이러한 고객욕구에 맞추기 위한 새로운 제품개발의 사이클은 짧아지고 있다.

BCG의 PPM모형은 사업부문 또는 제품포트폴리오를 다음과 같은 네 가지 영역으로 구분한다.

제품(사업)영역	전략적 선택
Star	기업이 속하는 산업의 성장률이 높으며 기업의 상대적 시장점유율이 높은 사업부문
Cash Cow	기업이 속하는 산업의 성장률은 높지 않으나 기업의 상대적인시장점유율이 우위에 있는 사업부문
Question Mark(?) 또는 Problem Child	기업이 속하는 산업의 성장률 전망은 좋으나 기업이 시장에서 차지하고 있는 위치가 미약한 사업부문
Dog	기업이 속하는 산업의 성장 가능성도 낮으며 기업의 시장위치도 매우 미약한 사업부문

상기의 영역별로 구분된 사업부문이나 제품포트폴리오는 매트릭스 위에 다음과 같이 표시된다.

제품(사업)포트폴리오를 분류 및 평가하여 매트릭스상의 각 부문에 배치하기 위해서는 몇 개의 단계를 거친다.

그림 6-7 BCG 사업/제품 Portfolio Matrix

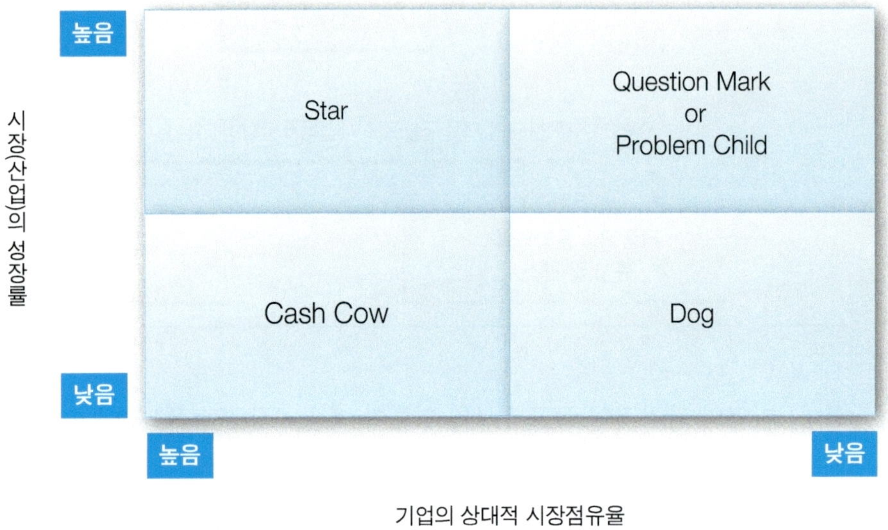

① 기업이 속한 산업의 성장전망을 평가한다.

경쟁사를 포함하여 기업이 소속된 산업의 전반적인 매력도를 평가한다. 일반적으로 산업의 매력도를 평가하기 위해서는 성장잠재력, 수익성, 산업의 대체가능성 등 여러 요소들이 있으나 BCG 매트릭스에서는 산업의 잠재적인 성장률을 사용한다.

② 기업보유하고 있는 제품이 시장에서 차지하는 위치를 평가한다.

시장에서의 위치를 평가하는 요소로서는 시장점유율, 독점성, 기술적 특이성, 수익성, 성장잠재력 등 다양한 요소들이 있으나 본 모형은 자신을 제외하고 시장점유율이 가장 높은 경쟁자와 비교한 상대적 시장점유율을 시장에서의 위치를 평가하는 요소로 사용한다.

③ 제품(사업부문)간의 시너지를 검토한다.

사업포트폴리오 지도에 배치한 각기 제품(사업부문)들이 상호 간에 미치는 파급효과의 범위와 정도를 평가한다. 복수의 사업이나 제품들은 타 제품이나 사업부문에 시너지효과나 기타의 영향을 주고받기 마련이다. 각 제품이나 사업부문들의 상호 파급효과가 사업 전체에 공헌하는 정도와 현금창출능력을 평가한다.

④ 포트폴리오 구성의 위험요소를 분석, 평가한다.

현재의 제품(사업부문) 포트폴리오에서 잠재적으로 존재하는 위험요인들을 규명하고 그 위험요인들이 장기적으로 사업전체에 미칠 파급효과를 평가한다.

⑤ 사업의 지속적인 성장을 위한 제품(사업부문)의 상호관계를 구성한다.

상기 네 가지 요소들에 대한 분석, 평가를 기초로 사업(제품)부문간 최고의 시너지를 얻을 수 있는 각 영역의 포트폴리오 관계를 구성한다.

Matrix위에 위치하는 4개 영역에 속하는 사업(제품)부문과 각기 영역에서 선택할 수 있는 사업전략은 다음과 같다.

ⓐ Star영역

이 영역에 속하는 제품포트폴리오는 기업의 시장점유율이 경쟁회사에 비해서 매우 높고 산업의 성장잠재력 역시 매우 높은 사업부문이다. 이부문은 기업의 장기적인 목표달성을 위한 핵심적인 전략사업부문이다.

이 부문의 사업에서는 당장 현금흐름의 창출이 크지는 않지만 지속적인 투자가 진행되면서 미래 주요현금흐름의 원천이 된다. 이 부문에 속하는 사업부문이 성숙단계에 이르면 미래에 현금창출의 원천이 될 수 있는 Cash Cow의 역할을 담당한다.

ⓑ Cash Cow영역

이미 상당한 시장지배력을 구축한 사업부문으로서 현재 지속적으로 현금을 창출하면서 Star영역 등의 사업부문에 기여하는 사업부문이다.

이 부문의 사업(제품)이 속하는 산업은 이미 제품생명주기상 성숙단계에 진입하여 이미 성장이 정체되었거나 가까운 장래에 곧 정체가 예상되는 사업(제품)부문이다.

이 영역에서 창출된 현금흐름은 다른 유망사업부문을 지원하는 투자재원으로서의 역할을 한다.

ⓒ Question Mark(?)

문제아(Problem Child)라고 불리며 이 사업부문의 산업은 성장전망은 매우 높으나 기업이 현재시장에서 차지하고 있는 위치가 미약하다. 기업의 입장에서 볼때 성장을 위한 투자를 지속할 것인지 아니면 시장에서 철수시킬 것인지 판단이 서지않는 사업(제품)부문이다.

이 부문의 사업은 시간을 두고 당분간 관망하면서 미래가 유망하다고 판단되면 투자를 지속하여 미래의 "Star"영역으로 진입시킬 것이며 잠재적인 성장의 가능성이 없다고 판단되면 퇴출을 결행해야할 사업부문이다.

ⓓ Dog

이 사업부문이 속하는 산업의 성장전망이 매우 낮고 기업이 시장에서 차지하고 있는 위치나 경쟁력 또한 매우 취약하다. 이 부문은 당분간 현금창출능력이 있을지라도 조만간 퇴출을 결정해야 할 영역이다.

BCG Matrix를 활용한 사례 1

다음은 국내의 종합주류기업이 주류제품군을 BCG Matrix를 이용하여 사업전략으로 활용한 사례이다.

	높은 점유율	낮은 점유율
높은 성장률	(Star) Wine 수입맥주	(?) 몰트 위스키
낮은 성장률	(Cash Cow) 맥주, 소주	(Dog) 약주

BCG매트릭스를 활용은 기업이 가지고 있는 제품부문을 단순화하여 이해하기 쉽게 표시한다는 장점이 있다.

그러나 다음과 같은 한계점이 있다.

ⓐ 상대적 시장점유율은 자기의 기업외에 최대의 시장점유율을 가진 경쟁자와 비교한다. 그러나 시장을 다수의 업체들이 평준화된 규모로 나누어 가지는 상황에서는 상대적 시장점유율 사용의 유용성이 떨어진다.

예를 들어 와인사업은 제품의 특성상 최고급제품, 고급제품, 중급제품 그리고 보통제품 등 시장의 분할이 매우 복잡하며 또한 다수의 기업들이 시장에서 경쟁하고 있다. 이러한 시장구조에서는 상대적 시장점유율을 산정하는 것은 의미가 반감된다.

ⓑ 특정산업의 성장전망을 평가하는 것은 매우 주관적인 과제다.

산업의 성장은 거시적인 경제전망과 밀접한 관계가 있는 것이다. 그러나 최근 시장에서 발견되는 현상은 고급 소비재의 경우 경제전망과 정반대되는 방향으로 전개되는 등 특정산업의 성장전망을 거시경제전망과 연결하는 것이 어렵다.

특히 소득의 양극화가 지속되는 경제, 사회적인 환경 아래서 소비구조나 소비성향에 방향성이 없다면 특정산업의 전망을 객관적으로 평가할 수 있는 방법이 모호하다 .

BCG Matrix를 활용한 사례 2

다음은 창고업 등 물류기업에 공급하는 팔레트(Pallet)를 제조, 판매하는 기업이 BCG Matrix를 활용하여 사업전략수립에 활용한 사례다.

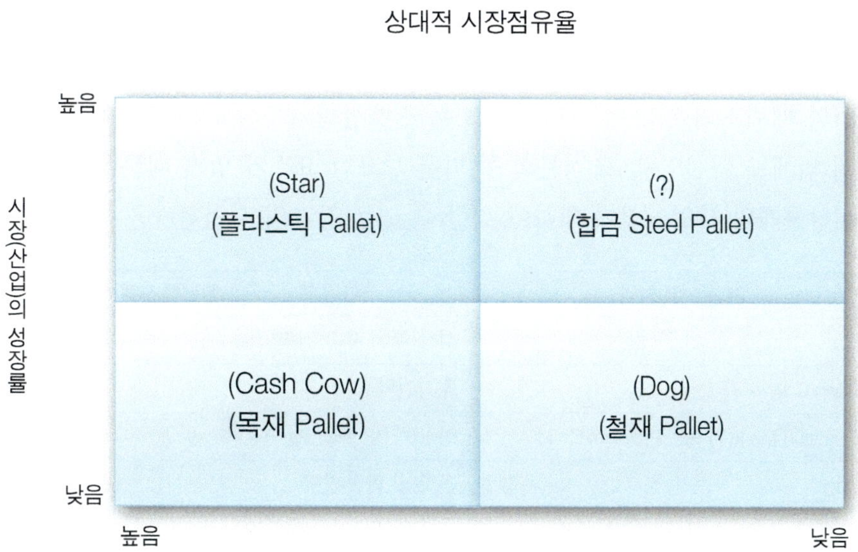

이 기업은 목재 팔레트가 주력제품이었으나 목재제품의 원가상승과 친환경제품으로 전환해야 하는 사회적인 압력으로 새로운 대체품을 찾아야할 전략적 과제를 안고 있었다.

합금스틸 제품의 비중을 서서히 늘리고 있으나 다른 소재의 제품에 비하여 경제성이 낮아 원가를 낮추기 위한 방안을 모색하여 왔다. 플라스틱제품은 성장성이 높고 시장에서 인기도 있으나 장기적으로는 지속가능성의 문제가 있어 철제제품을 보완적으로만 판매하고 있다.

이와 같은 상황에서 단기적으로는 목재 팔레트에서 창출되는 현금흐름으로 플라스틱 팔레트제품의 시장점유율 향상을 지원할 것이나 장기적으로는 합금스틸제품의 경제성을 확보하여 Star영역으로 이동시키는 것이 전략적 과제다.

이 기업의 사례에서 보듯이 BCG의 사업포트폴리오 Matrix는 기업의 상대적 시장점유율과 산업의 성장전망만을 고려하며 기타의 다른 중요한 요소들을 감안하지 못하는 결함을 가지고 있다. 기업의 시장에서의 위치를 평가하는 요소들에는 시장점유율 외에도 기술력, 인적역량, 보유자원, 기업문화 등 다른 중요한 요인들이 있으며 산업의 매력도를 평가하는 요인에도 산업의 시장성장률 외에도 시장구조의 변화, 새로운 시장수요의 생성 등과 같은 중요한 요인들이 있다.

그러나 퇴출은 성급하게 결행하기보다는 전체 사업포트폴리오와의 균형을 고려하여 그 시기를 결정해야 한다.

BCG의 PPM Matrix의 장점은 사용이 매우 간편하고 이해하기 쉬운 점이다. 그러나 매트릭스의 각 영역에 소속되는 사업부문을 평가하는 기준(파라미터)으로서 산업의 성장 전망과 시장에서 차지하는 기업의 위치라는 두 가지의 요소만을 고려하는 한계가 있다. 사업의 매력도의 평가에 고려할 요소는 전체산업의 전망과 기업이 차지하는 시장에서의 지위 외에도 핵심역량, 조직문화 등 다른 중요한 요소가 있기 때문이다.

이상 4개의 사업역역에 대하여 취할 수 있는 각각의 사업전략은 다음과 같다.

제품(사업)영역	전략적 선택
Star	성장(투자지속)전략
Cash Cow	유지전략
Question Mark(?) 또는 Problem Child	성장(투자) 또는 철수전략
Dog	수확 및 퇴출전략

2) 제품, 시장모형(Product/Market Matrix)

기업의 성장이 제품과 시장을 통하여 이루어지는 것에 바탕을 두고 사업전략모형을 제시한 것이 제품/시장모형이다.

기업이 성장을 추구하는 것은 새로운 시장에 진입하거나 현재의 시장에서 새로운 제품을 추가하면서 이루어진다. 때로는 새로운 시장의 진입과 신제품의 출시를 동시에 추구하면서 성장전략을 펼친다. 이렇게 시장과 제품을 중심으로 펼치는 사업의 성장전략모형이 Ansoff의 제품 및 시장 확장그리드(Product & Market Expansion Grid)모형이다.

유기적 성장을 추구하거나 혁신적인 성장전략을 도모하는 기업들의 성장모형은 공통적으로 제품과 시장을 확대하거나 심화시키는 방식으로 이루어진다. 성장전략의 추구를 위하여 M&A 등의 전략적 제휴를 통한 방안도 있지만 제품과 시장은 기업의 유기적인 성장을 위하여 가장 기본적인 방편이다.

제품과 시장을 중심으로 한 Ansoff의 성장전략모형은 다음과 같다.

① 시장심화전략(Market Penetration Strategy)

새로운 시장진입이나 새로운 제품의 추가없이 기존의 시장을 중심으로 현재의 제품과

그림 6-8 **제품과 시장의 확장모형**

	기존의 제품	신제품
기존 시장	시장심화전략	신제품개발전략
신시장	신시장 개척전략	다각화전략

서비스 수준을 심화하는 전략이다. 예를 들어 매장의 수를 늘리거나 매장의 환경개선, 서비스 수준향상, 기존 제품의 개선 등의 방법으로 기존 고객과의 관계를 더욱 심화하는 방식이다.

시장심화전략은 시장의 성장여력이 아직 충분히 있거나 판매가 증가됨에 따라 규모의 경제를 실현할 수 있을 경우에 효력을 발휘할 수 있다.

② 신시장 개척전략(New Market Development Strategy)

새로운 시장으로 진입하여 현재의 제품포트폴리오로서 성장을 추구하는 전략이다. 내수중심의 기업이 새로운 제품의 추가없이 새로운 고객층으로 판로를 확장하는 것과 수출로 해외시장을 개척하는 것은 전형적인 신시장 개척전략이다.

화장품회사 등 소비재산업 기업들이 한류바람을 타고 그 동안 주목하지 않았던 해외의 신흥개발 도상국으로 눈을 돌리는 것은 신시장 개척전략이다.

③ 신제품개발전략(New Product Development Strategy)

기존 시장에 신제품을 추가적으로 공급하여 성장을 추구하는 전략이다. 기존 고객에 대한 깊은 이해를 바탕으로 새로운 제품을 추가하여 성장을 추구하는 일반적인 성장전략이다.

아웃도어 제품을 공급하는 기업이 동일 소비자를 표적으로 의류, 신발, 하이킹 장비 등을 순차적으로 개발하여 성장을 이룬것은 신제품개발전략의 전형적인 사례이다.

④ 다각화전략(Diversification Strategy)

사업의 성장전략 패러다임을 바꾸어서 새로운 시장과 새로운 제품을 동시에 추구하는 사업전략이다. 최근에 급격히 성장한 인터넷 기업들은 신시장개척과 신제품의 출시를 통하여 사업다각화전략을 꾸준히 추구하였다.

짧은 기간에 급속히 성장한 이들 기업들은 새로운 시장을 개척하고 신제품을 개발하면서 동시에 M&A 등을 통하여 시장이나 제품을 늘리는 사업다각화전략을 구사하였다.

사업다각화는 짧은 기간에 고성장을 추구하기 위한 유망한 전략이지만 기업문화에 부합하지않는 무분별한 제품, 브랜드 및 시장영역의 확대는 지속가능한 성장전략에 큰 위험요인으로 작용할 수 있다.

3) Michael Porter의 시장세력모형(Five Forces Model)

사업이 소속되는 산업의 매력도를 평가하기 위하여 개발된 모형으로 마이클 포터 교수가 체계화한 산업구조분석이 있다.

Michael Porter가 이 전략을 그의 저서 "경쟁전략(Competitive Strategy)"에서 발표한 후 이 전략모형은 광범위하게 경영전략수립모형으로 채택되어 사용되기 시작했다.

그가 제시한 모형은 시장에서 산업의 매력도에 영향을 미치는 주요세력을 5개로(Five Forces) 정의하고 산업과 이들 세력들과의 역학관계를 분석 및 평가하여 그 산업의 매력도를 이해하고자 한다. 그가 제시한 모형은 같은 산업부문에서 경쟁하는 경쟁기업 간의 경쟁력평가 및 전략수립에 유용하게 활용된다.

산업구조 분석모형은 산업의 수익성에 영향을 미치는 산업구조, 환경 및 트렌드를 분석하기 위한 기초를 제공하여 기업이 소속한 산업이나 사업부문의 현재 및 잠재적인 매력도를 평가하는 도구로 사용된다. 산업구조 분석모형은 경쟁전략수립 및 사업부 수준의 전략을 수립 등 매우 다양한 목적으로서 사용되는 유용한 모형이다.

Michael Porter는 산업의 수익성이나 매력에 영향을 주는 요소로서 ⓐ 신규진입자의 위협, ⓑ 공급자의 교섭력, ⓒ 구매자의 교섭력, ⓓ 대체품의 압력, ⓔ 기존 기업들 사이의 경쟁이라고 보았다.

① 신규진입자의 위협(Threat of New Entrants)

어느 특정산업의 수익성이나 전망이 높아보이면 이 분야에 진입의 기회를 엿보는 기업들이 늘어나게 마련이다.

그림 6-9 Michael Porter's 산업구조분석모형

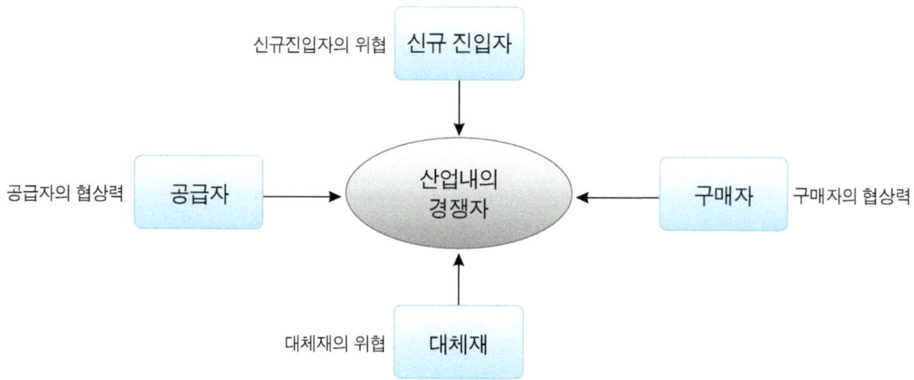

블루오션을 개척한 사업일지라도 진입장벽이 낮다면 새로운 진입자로 인하여 이 산업도 곧 레드오션(Red Ocean)이 된다. 그러나 수익성이 높고 장래가 아무리 유망해도 누구나 그 산업에 진출할 수는 없다. 기존 기업들이 시장을 방어하기 위하여 겹겹이 진입장벽(Entry Barrier)을 설치할 것이기 때문이다.

시장진입을 위하여 소요되는 막대한 자본, 법적규제, 규모의 경제로 축적한 원가우위성, 교체비용, 선점된 유통채널, 기존 기업들의 예상되는 보복 등은 대표적인 진입장벽이다. 이러한 주요 진입장벽요소들을 현재 및 잠재적인 위협의 관점에서 평가하여 산업의 매력도가 평가된다.

② 기존 기업 간의 경쟁(Rivalry Among Existing Competitors)

현재 시장에서 직접적으로 겨루는 경쟁기업 상호 간의 경쟁강도를 평가한다. 경쟁강도가 느슨한 업종은 매력이 있을 것이며 경쟁이 치열하다면 잠재적인 수익성 등 미래의 산업전망은 좋지 않을 것이다.

기존 경쟁기업들 사이의 경쟁강도를 평가하는 요인들은 산업의 성장성, 투자한 고정비용, 과잉설비의 존재유무, 제품의 차별화 정도, 교체비용, 철수장벽(Exit Barrier) 등이 있다. 투자한 고정비용이 높거나 업계에 과잉설비가 존재한다면 그러한 매몰비용(Sunk Cost)을 회수하기 위하여 경쟁상황은 매우 치열하게 전개될 것이다.

경쟁기업들 사이에 제품이나 서비스의 차별화가 의미있게 이루어져 있다면 경쟁의 강도는 낮을 것이나 만약 차별화의 정도가 미미하다면 경쟁은 한층 치열할 것이다. 타 산업

분야로 전환하는데 소요되는 비용(교체비용)이 높을수록 현재의 시장에서 싸워야 하기 때문에 힘든 경쟁은 계속될 수밖에 없다.

현재의 업종에서 완전히 철수하거나 부분적으로 특정사업부를 철수하는데 경제적, 정치적, 사회적 그리고 감정적인 장벽이 존재한다면 현 시장에서 살아남기 위하여 치열한 경쟁전략을 지속할 수밖에 없다.

③ 공급자의 교섭력(Bargaining Power of Suppliers)

원재료나 부품, 노동력 등의 공급자의 협상력이 기업과 비교하여 얼마나 강한지를 평가한다. 공급자가 가지고 있는 교섭력의 요인으로는 공급량, 집중도, 품질의 차별화, 교체비용, 전방통합능력 등이 있다.

다수의 공급자가 존재하고 물량확보가 용이하다거나 품질의 차별화가 미미하다면 공급자의 교섭력은 매우 낮아 기업에게 유리할 것이다.

원재료, 부품, 노동력 등을 다른 공급자로 교체하는데 소요되는 비용, 시간, 기술 및 법적인 문제 등의 교체비용이 크다면 공급자의 협상력은 구매자인 기업에 비하여 높을 것이기 때문에 산업계 입장에서는 불리한 상황이다.

만약에 공급자가 자신의 공급 노하우와 경험을 무기로 인수합병 등을 포함하여 제조업 등의 산업에 진출할 능력을 갖춘 경우는 매우 위협적인 위치에서 협상력을 갖추었다고 볼 수 있다.

④ 구매자의 교섭력(Bargaining Power of Buyers)

일반적으로 구매자들은 가격조정과 품질향상을 요구하면서 산업계에 경쟁을 유도하고 결과적으로 경쟁기업들의 수익성에 불리한 영향을 미친다.

구매자들이 교섭력을 행사함에는 가격의 민감성 정도와 각 산업계 종사자들에 대한 상대적인 교섭능력이 있다. 구매자의 협상력을 평가하는 요소들로는 구매비중, 교체비용, 차별화, 구매자가 가진 정보, 가격민감성, 구매자의 후방통합능력 등이 포함된다.

구매자가 특정기업으로부터 대규모의 물량을 공급받고 동시에 다른 곳으로 공급선을 교체하는 교체비용이 적다면 구매자의 교섭력은 기업에 비하여 훨씬 높을 것이며 그 반대의 경우에는 구매자의 교섭력이 낮을 것이다.

구매자가 가진 정보의 수준과 양이 많다면 교섭력에서 우위를 가질 것이며 가격의 민감도는 구매자와 산업계 모두에게 상황에 따라 교섭력의 우위를 결정하는 중요한 요소가

Michael Porter’s Five Forces Model을 활용한 사례

다음은 대학생을 대상으로 한 어학 및 취업교육을 주 사업으로 하는 벤처기업이 사업의 매력도를 평가한 사례이다.

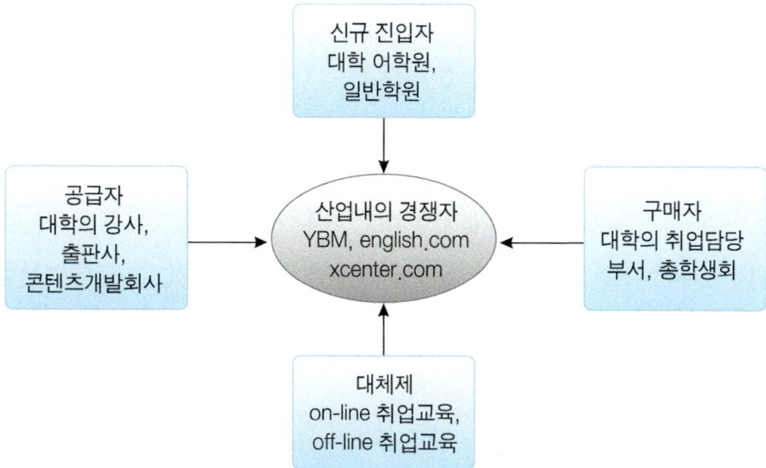

산업내의 세력	분석 및 평가
산업내의 경쟁강도	성장성은 높으나 고정비용이 상승하고 철수장벽 높아 경쟁이 치열해짐
공급자와의 교섭력	우수한 강사의 확보가 어렵고 수준 높은 콘텐츠 개발사와의 업무제휴가 용이치 않음
구매자와의 교섭력	교육서비스의 차별화가 있음. 구매자의 가격 교섭력이 높음 학교와의 교섭력은 중간정도
신규진입자의 위협	높은 고정비투자와 위험성으로 진입장벽은 높음
대체재의 위협	온라인 교육시장의 확대와 각종 취업교육시장의 확장으로 대체재의 위협은 상존함

Michael Porter의 모형은 전통적으로 경영전략수립에 유용하게 사용되었지만 경영환경변화에 따라 그 유용성의 한계점도 제기되었다.

마이클 포터의 산업구조분석모형의 한계를 요약하면 다음과 같다.

1. 산업의 매력도를 결정하는 요소로서 Five Forces외에도 정치적 위험, 국제통상요인 등 다양한 요소들이 있다.
2. 동일 산업을 대상으로 평가하는 것은 범위가 너무 넓다(세부사업 카테고리에 따라 위험도가 다를 수 있다).
3. 산업구조와 기업의 전략적 대응은 각 기업에 따라 다양하다(동일한 경쟁전략을 가정할 수 없다).
4. 본 모형은 산업의 정태적인 상황을 기준으로 만들어 졌다.
   최근의 산업트렌드와 산업구조는 매우 동태적이다.

된다.

구매자가 막강한 정보와 경험 그리고 자원으로서 인수, 합병을 포함하는 방법 등으로 산업계에 진출할 능력을 갖추었다면 산업에게는 매우 위협적인 요소가 될 수 있다.

⑤ 대체재의 위협(Threat of Substitute Products or Services)

시장에서 대체 가능성이 높은 제품이 많을수록 그 산업의 매력도는 그만큼 낮다.

대체재의 존재는 기업이 수용할 수 있는 가격의 상한선을 설정할 가능성이 높기 때문에 기업의 수익성을 제한한다.

대체재의 위협요소로는 대체재에 대한 구매자의 성향, 교체비용, 가격 및 효능 등이 있다. 대체재에 대한 구매자의 성향이 호의적일수록 산업의 경쟁강도는 더욱 치열하다. 특히 대체재로의 이동에 따는 교체비용이 적으면 기존 사업자의 경쟁력을 유지하기가 어렵다.

08 마케팅전략(Marketing Strategy)

마케팅전략은 사업전략의 중요한 부분이며 특히 B2C사업의 경우 마케팅능력은 사업의 성공을 위하여 가장 중요한 요인이다.

B2B사업이라도 마케팅과 영업능력이 뒷받침되지 않는다면 매출의 실현을 이루지 못하기 때문에 사업전략의 핵심이 될 수 있다.

기업이 보유한 차별적인 기술에 의하여 유별난 제품을 개발하여도 수요를 창출하지 못하여 실패한 사례는 무수히 많으며 이는 적합한 마케팅전략이 수립되지 못한 이유때문이다.

소비재 제품을 위주로 하는 B2C기업은 마케팅전략이 바로 사업전략이며 마케팅전략은 실행계획인 마케팅계획으로 구체화된다.

5개의 질문	해당 부문
1. Who am I?	
2. Where to go?	
3. How to get there?	마케팅전략
4. Where do I stand?	
5. So what do I get?	

마케팅계획은 조직내부의 모든 마케팅활동을 통합적으로 조정하고 일정한 방향으로 조율하는 계획이다.

마케팅계획은 마케팅의 목표, 목표달성을 위한 전략 그리고 실행계획을 포함하며 기본적으로 과거 및 현재에 비추어서 미래에 나아갈 마케팅의 방향을 문서로서 정리한 것이다. 마케팅계획의 간략한 정의는 표적시장 내에서 마케팅의 목표를 설정하고 이를 달성하기 위한 전략과 실행계획을 정리한 문서라고 볼 수 있다.

사업계획서에서 마케팅계획이 차지하는 비중은 업종이나 사업시스템에 따라 다르지만 일반적으로 마케팅계획은 사업전략이나 전략의 실행을 위한 중추적인 부문이다.

특히 최종 소비자를 대상으로 하는 B2C사업이라면 치열한 경쟁상황 아래서 경쟁자와 비교하여 자신의 제품이나 서비스를 차별화하는 전략과 실행계획은 사업의 성패를 좌우한다.

전통적으로 스스로 개발한 기술을 제품화하기까지는 성공한 기업들이 상업화에 실패하는 이유는 마케팅전략의 중요성을 경시했거나 부적절한 실행계획에 의한 것이 대체적인 이유였다.

오늘날 뛰어난 기술력으로 인하여 제품이나 서비스의 질적인 수준이 경쟁사들 간에 거의 유사해지는 경쟁적인 환경아래서 자신만의 차별화를 만들어 내는 마케팅적인 통찰력이 없으면 사업의 성공을 기대할 수 없다.

전문성과 창의성이 반영된 실행가능한 마케팅계획은 기업의 전체적인 사업전략의 한 부문이 되거나 또는 실행계획으로서의 역할을 한다. 그러나 실무적으로 흔히 발견되는 공통적인 문제는 너무나 형식적이고 식상한 도표나 매트릭스를 무분별하게 남용한 마케팅계획서가 난무하고 있다는 사실이다. 이러한 형식적이며 식상한 마케팅계획은 무의함을 넘어서 사업계획전체에 대한 신뢰성을 해칠 수 있다.

사업계획서의 외부이용자들이 사업계획서의 내용 중에서 마케팅계획에 큰 관심을 가지는 것은 마케팅계획의 중요성 때문이다.

마케팅계획서는 업종이나 사업의 규모에 따라 전체 사업계획서의 일부분으로서 포함되기도 하고 경우에 따라서는 별도의 계획서로서 관리되기도 한다.

제품이나 서비스의 콘텐츠 그 내용 자체보다도 마케팅전략이나 계획의 중요성을 감안하여 조직의 주요 경영진이 제품과 마케팅에 대하여 가져야할 견해는 다음과 같다.

	제품/서비스 중심적 사고	마케팅 중심적 사고
사고의 출발점	제품/서비스	시장
초 점	제품/서비스의 품질, 기능	고객니즈
주요 사용수단	생산, 유통 등의 효율성 향상	통합 마케팅
목 표	판매량 확대를 통한 수익창출	고객만족을 통한 수익창출

(1) 마케팅계획이 대답해야할 질문들

마케팅계획은 제품, 고객, 제품의 전달방식, 경쟁방식 등에 대한 다음의 질문에 해답을 줄 수 있어야 한다.

① 마케팅전략상 장, 단기목표는?
② 시장의 외부환경은?
③ 마케팅의 주요성과지표는?
④ 주요목표별 이정표(Milestone)는?
⑤ 제품이나 서비스의 경쟁자와 비교한 차별적인 혜택은?
⑥ 표적고객그룹은?
⑦ 주요경쟁자들은?
⑧ 제품이나 서비스의 Positioning은?
⑨ 제품이나 서비스의 전달방식은?

(2) 마케팅계획서의 구조

일반적으로 마케팅계획의 구조는 시장의 정의, 경쟁환경, 마케팅의 목표, 실행전략, 매출계획 기타 주요지표 등으로서 구성된다.

	마케팅계획서의 구조	주요 내용
1	계획의개요(Executive Summary)	전체계획의 핵심부문 요약서
2	환경분석	시장의 환경 특히 경쟁환경의분석
3	마케팅목표	신제품개발, 시장점유율, 브랜드 개발, 신시장 개척 등 주요 목표
4	마케팅전략	목표달성을 위한 핵심전략
5	실행계획	전략을 실행에 옮기기 위한 상세계획
6	통제 및 평가	중간점검, 방향조정, 사후평가 및 피드백

1) 마케팅계획의 개요(Executive Summary)

사업계획서의 첫 페이지가 사업개요에서 시작하듯 마케팅계획의 첫 페이지도 Executive Summary(사업개요)에서 시작한다. 마케팅계획의 핵심을 요약한 사업개요는 보고서 전체의 흥미를 좌우한다.

투자자 등 외부의 이해관계자가 마케팅계획서의 독자라면 첫 페이지에서 받는 인상이 매우 중요하다. 따라서 마케팅계획의 개요는 간결하면서도 내용의 핵심요약과 흥미를 유발하는 방식으로 요약, 정리되어야 한다.

2) 환경분석

마케팅에 관한 환경분석은 경쟁자들에 대한 분석 및 평가가 중심이다.

환경분석은 경쟁자에 대한 분석, 평가를 토대로 자신의 역량과 비교하여 마케팅관점에서 SWOT분석을 실행하며 SWOT분석은 경쟁전략의 핵심과제를 제공한다.

마케팅관점에서 자신의 강점과 시장기회(SO)를 최대한 활용할 수 있는 방안, 자신의 약점을 보완하면서 시장기회를 이용할 수 있는 방안(WO), 자신의 강점으로 시장에서의 위협요인에 대처할 수 있는 방안(ST) 그리고 자신의 약점을 보완하면서 시장에서의 위협요인을 관리할 수 있는 방안(WT)을 주요 전략적 과제로 채택한다.

3) 마케팅목표

마케팅목표는 마케팅전략의 방향을 설정하는 중심이다. 마케팅의 목표는 기업 전체목표와 일관성이 있으며 조직의 구성원들에 의하여 공유되어 이해와 지지를 받아야 한다.

마케팅목표의 달성여부는 기업의 전체적인 목표달성에 결정적인 역할을 한다. 마케팅목표의 달성없이는 현금흐름의 창출, 제품력 등 사업의 유기적인 성장의 토대가 되는 요소들을 얻을 수 없기 때문이다.

일반적으로 사업의 전체적인 목표는 ⓐ 시장(고객), ⓑ 효율성개선, ⓒ 인적역량제고, ⓓ 주주, ⓔ 사회적 책임, ⓕ 재무 등의 여러분야에 걸쳐있다.

마케팅목표는 이러한 사업의 영역중에서도 주로 시장(고객)에 관련되며 시장관련 목표의 달성은 다른 분야의 목표를 달성하기 위하여 반드시 성취해야만 하는 목표중의 목표이다. 특히 현금흐름의 목표를 달성하지 못한다면 타 영역의 목표를 실행하는 것이 매우 어렵다. 따라서 현금창출능력에 직접적으로 연결되어있는 마케팅목표달성은 전체적인 사업목표달성에 필수적인 과제다.

일반적으로 마케팅목표는 다음에 열거하는 지표들이다.

주요 마케팅목표	내 용
시장점유율(Market Share)	년도별 시장점유율 추이
고객점유율(Customer Share)	사업성장기에 고객점유율제고를 중요시 할 경우 채택하는 목표
매출수량 또는 금액(Sales Target)	시장점유율목표와 같이 채택함
신제품 또는 새로운 브랜드개발 (New Products or Brands Development)	신제품 및 새로운 브랜드 개발은 사업의 지속성장을 위하여 필수적인 목표가 됨
브랜드 자산가치(Brand Equity)제고	브랜드 가치가 사업의 성패에 직결되는 사업에서 특히 중요한 목표임
신시장 개척(Market Expansion)	사업의 성장을 위하여 시장의 확대가 필요할 경우 취하는 목표
제품 또는 서비스의 품질 향상 (Product or Service Quality Improvement)	제품의 성능향상, 기능추가 또는 서비스의 수준을 향상시키는 목표

4) STP 전략

기업의 마케팅전략은 마케팅목표에 따라 여러 가지 유형이 있으나 가장 일반적인 마케팅전략은 STP전략이다.

일반적으로 마케팅전략은 사업을 펼쳐야할 표적시장의 결정과 그 표적시장에서 제품의 정체성, 제품이나 서비스의 이미지 및 위상을 고객이나 타인에게 어떻게 인식시킬 것인가의 질문에서 출발한다. 특히 창업기업이나 신제품을 출시하는 계속기업은 특정한 기준에 따라 시장을 분할(Marketing Segmentation)하여야 한다.

시장이 분할되면 자신의 제품이나 서비스에 가장 적합한 시장이라고 보이는 표적시장을 선정(Targeting)한다. 표적시장이 결정되면 고객이나 소비자의 뇌리에 경쟁자와 차별되는 자신의 색깔을 각인시키는 포지셔닝(Positioning) 전략을 수립한다.

이러한 시장의 분할(Market Segmentation), 표적시장의 선정(Targeting) 그리고 포지셔닝(Positioning) 등의 과정이 STP전략이다.

마케팅 전략수립의 기초가 되는 STP 프로세스는 다음과 같다.

시장의 분할(S) →	표적시장의 선택(T) →	포지셔닝(P)
가장 적합한 한 속성에 따라 전체 시장을 작은 시장으로 구분한다.	구분된 시장 가운데서 가장 매력적이며 기업의 핵심 역량을 발휘하기 좋은 영역을 선택한다.	기업의 제품이나 서비스를 타 경쟁사와 차별화되도록 소비자 또는 고객에게 고유한 이미지를 각인시킨다.

① 시장세분화(Market Segmentation)

기업은 제품이나 서비스가 가장 만족시킬 수 있는 고객그룹을 표적으로 삼아 시장에서 승부를 걸어야 하며 제한된 자원과 핵심역량을 성공의 가능성이 가장 높은 영역에 집중해야 한다.

표적이 불분명한 사업은 기업의 자원과 역량을 낭비하게 되어 비효율적인 경영이 될 수밖에 없다.

시장은 어떤 방식으로 세분화할까? 시장을 인위적으로 분할하기 위해서는 기준이 필요하며 이러한 기준으로 사용되는 요인들을 속성이라 한다. 소비자의 행태적, 심리적 특징, 인구통계학적 특색 등과 같은 주요속성들이 시장을 구분하는데 사용된다.

일반적으로 시장분할을 위하여 사용되는 주요속성은 다음과 같다.

속 성	주요 내용
지리적 기준	국가, 도시, 기후대 등
인구통계학적 기준	나이, 성별, 인종별, 종교별, 소득수준별, 직업 등
심리적 기준	자유, 반항, 보수, 진취, 도전, 현실안주 등
행동적 기준	사용빈도, 사용량, 만족의 기준 등

- 지리적 속성(Geographic Attribute) : 국가, 도시 또는 기타의 적절한 지역을 시장을 분할하는 속성으로 사용한다. 제품이나 서비스의 이동성에 대한 제약요인들이 거의

없는 시대이지만 지리적 속성은 여전히 시장을 분할하는 중요한 기준으로 사용되고 있다.

- **인구통계학적 속성**(Demographic Attribute) : 나이, 성별, 가족의 크기, 소득수준, 직업, 교육, 종교, 인종 등 사람을 중심으로 한 특성이다. 인구통계학적 속성은 시장 분할에서 가장 일반적으로 사용된다.
- **심리적 속성**(Psycho-graphic Attribute) : 심리적으로 동질적인 특징을 보이는 기준에 의하여 소비자그룹을 구분하는 것으로 사람들의 심리적 특성은 연령이나 직업에 관계없이 동질적인 성향을 보인다는 사실에 기초한 것이다. 사람의 심리에는 자유, 반항, 진취적, 보수적, 권위적, 사교적, 충동적, 열정적, 낙관적, 비관적 등 매우 다양하며 복잡다양한 요소들이 포함되어 있다.
- **행동적 속성**(Behavioral Attribute) : 제품의 사용과 관련된 상황, 태도, 지식, 반응 등을 속성으로 사용하며 인구통계학적 속성 다음으로 가장 많이 사용되는 기준이다. 특정제품의 사용량, 가격변동에 대한 민감도, 소비시간대 등 소비자의 행동을 기준으로 고객그룹을 분할하는 사례는 가장 보편적으로 시용된다. 소비자의 효용을 기준으로 소비자그룹을 구분하는 사례로 치약이 있다. 충치예방, 미백, 잇몸치료 및 예방 등의 제품군으로 치약을 구분한 것은 소비자의 효용을 기준으로 시장을 구분한 사례이다.

② 표적시장의 선정(Targeting)

적절한 속성에 의하여 분할된 시장 가운데서 기업은 제품과 서비스, 핵심역량, 자원을 고려하여 가장 매력적이며 실행 가능한 시장을 표적시장으로 선택한다. 표적시장을 결정하기 위해서는 각각의 세분시장에 대한 객관적인 평가가 선행되어야 한다.

기업의 목표, 보유자원, 경쟁강도 등의 핵심요소들을 대상으로 시장의 크기, 잠재적 성장가능성, 수익성 등의 측면에서 각 세분시장을 객관적으로 분석하고 평가한다. 세분시장의 선택에 있어서 주의해야 할 점은 시장의 매력도에 너무 매몰되어 잘 못된 선택을 할 수 있음을 경계해야 한다. 아무리 매력적인 시장일지라도 제품이나 서비스의 차별화정도, 시장을 서비스할 수 있는 조직의 능력이 맞지 않는다면 그 시장에서는 성공이 불가능하다.

세분시장의 매력도 평가에 고려해야할 요인들은 다음과 같다.

고려요인	내 용
기업의 목표	· 점진적 성장인가? 급진적 성장을 목표하는가? · 좁고 깊은(narrow& deep)시장인가? 넓은(wide)시장을 목표로 하는가? · 사업다각화를 추구하는가? 전문분야에서 최고를 지향하는가?
제품과 서비스의 특성, 보유자원 및 역량	· 제품과 서비스의 차별화 정도, 특성 · 인적, 물적자원의 역량 및 동원 가능성 · 기술수준 및 개발능력
경쟁강도	· Red Ocean에서 경쟁하고 있나? · Blue Ocean을 탐색하고 있나? · 경쟁의 전략의 핵심이 가격인가? 제품차별화인가?

③ 포지셔닝(Positioning)

포지셔닝은 기업의 제품이나 서비스를 경쟁자와 그것과 뚜렷이 구분되는 이미지로 소비자의 인식에 각인시키는 과정이다.

오늘날 경쟁관계에 있는 제품이나 서비스는 품질이나 기능면에서 높은 수준에서 수렴되어 기능적인 차별화가 거의없다. 따라서 제품이나 서비스의 물리적인 특성과는 별도로 경쟁자와 뚜렷이 구분되는 차별적인 이미지로 고유의 정체성을 확립하고자 한다.

인간의 뇌 안에는 인식의 사다리가 존재한다고보아 표적시장에서 고객의 기억 속에 특별한 인식으로 각인시키기 위하여 마케팅의 수단을 믹스한다.

마케팅믹스전략은 제품(Product), 가격(Price), 유통(Place) 그리고 마케팅커뮤니케이션(Promotion)이라는 4P를 중심으로하며 4P라는 네 가지 요소를 적절히 배합하여 경쟁사의 제품이나 서비스의 차별적인 이미지를 구축한다.

마케팅믹스의 구성요소는 다음과 같다.

마케팅믹스 요소(4P)	각 요소별 차별화 내용
Product	품질, 기능, 디자인, 브랜딩(Branding), 제품의 혜택
Price	프리미엄 가격, 가격에 대비한 가치제공, 저가격
Place	직매장판매, 대리점 판매, 백화점 등 고급매장 위주, 방문판매 등
Promotion	매스광고, 전문지 위주광고, 할인, 판매촉진활동, 입소문 광고, Story-telling 등

McDonald's의 4P전략은 다음과 같다.

Product Package

- 음식
- 빠른 서비스
- 다양성
- 금연
- 음식의 일관성

Place Strategy

- 창고(농장, 농장외)
- 4계절, 즉시대응
- 보관장소 및 배송
- 물류장소 및 시간대응 유연성

Price Strategy

- 메뉴가격
- 할인
- 부가가격혜택
- 지불기간
- 보상기간

Promotion Strategy

- 광고
- 개인판매
- PR(지역사회 활동, 기념일 행사)

5) 마케팅전략의 유형

기업이 선택할 수 있는 마케팅전략의 유형은 매우 다양하며 기업이 소속된 산업, 경쟁 환경, 사업목표 등 기업의 고유한 상황에 따라 가장 적합한 마케팅전략을 선택해야 한다.

실무상 가장 일반적으로 사용되는 마케팅전략의 기본은 시장세분화와 표적시장 선택의 프로세스 결과에 따른 4P(Product, Price, Place, Promotion) 전략이다.

표적시장의 크기 및 업종의 특성에 따라 선택할 수 있는 마케팅전략의 유형은 다음과 같다.

① 비차별적(Undifferentiated) 마케팅전략

비차별적인 마케팅전략은 모든 시장을 하나로 보고 동일한 마케팅믹스를 구성하는 전략이다.

전통적으로 공급자우위의 시대에 사용되었던 전략으로서 소비자의 욕구가 다양해지고 소비의 개인화가 진행되는 현실에서 적용하기가 어려운 전략이다. 과거 치약, 비누, 세제, TV 등과 같은 소비재제품들은 시장에서 차별화가 거의 이루어지지 않았고 공급자들은 모든 소비자들을 동일시하여 마케팅전략을 실행하였는데 이는 전형적인 비차별적 마케팅전략의 사례이다.

그러나 소비자의 욕구가 극도로 다양해지고 서비스의 맞춤화에 대한 욕구가 증대되는 오늘날에는 극히 예외적인 경우를 제외하고 선택할 수 없는 전략이다. 특히 명백히 정의된 틈새시장이나 소수의 세분된 시장을 대상으로 사업을 하는 중소기업에서는 거의 선택할 수 없는 전략이다.

② 차별적(Differentiated) 마케팅전략

복수의 표적시장에서 각 시장의 특성에 맞추어서 차별되는 방식으로 접근하는 방식이다. 구분되는 고객그룹의 니즈에 맞춤화된 전략으로 오늘날 대부분의 경쟁환경에서 사용되고 있다.

자동차산업은 사용목적에 따라 상용차, 승용차, 특수차량(군용, 의료용 등), 레저용 등의 시장으로 나눌 수 있으며 자동차산업의 마케팅믹스전략은 이러한 구분에 따라 확연히 차별적인 전략을 펼친다. 특히 승용차시장은 소비자의 소득수준, 라이프 스타일, 직업, 성별 등의 속성에 따라 더욱 세분화되며 이렇게 세분된 고객그룹들의 각기 독특한 욕구에 맞추어서 차별적인 마케팅전략이 수립되어야 한다.

시장이 점차 고도로 세분화되어가는 현실에서 경쟁기업과 차별화되는 강점을 발휘할 수 있는 표적시장에서 차별적인 전략으로 힘을 배양하고 점진적으로 타 세분시장으로 확대하는 전략을 실행하는 것이 바람직한 전략방향으로 보인다.

③ 틈새(Niche) 마케팅전략

대기업이 들어가기에는 너무 작으나 중소기업이 사업기회를 포착하고 세밀하게 정의한 단일세분시장에서 마케팅역량을 집중하는 전략이다.

기업이 보유하고있는 전문적 기술이나 축적된 경험을 바탕으로 자신의 역량을 가장 효과적으로 발휘할 수 있는 시장부문에서 승부를 겨루는 전략이다. 틈새전략은 비록 보유한 인적, 물적자원에는 한계는 있지만 어느 특정분야에서 뛰어난 강점과 역량을 보유한 중소기업에게 적합한 전략이다.

시장기회에만 매료되어 자원과 역량에서 비교가 되지않는 대기업과 경쟁하면서 사업에 위기를 초래하는 것보다 잘 정의된 좁은 시장에서 자신의 역량을 발휘하여 충분한 경험을 축적한 후에 후일을 기약하는 전략이다.

틈새시장에서 집중화전략을 구사하여 성공을 거둔 중소기업의 사례는 국·내외적으로 많다. 코스닥 상장기업 오스템은 임플란트분야에 집중하여 핵심역량을 구축하였고 치과의사 및 치과의원을 중심으로 틈새시장을 공략한 전형적인 사례이다.

④ 마이크로(Micro) 마케팅전략

고객을 개별적으로 인식하고 제품이나 서비스의 내용과 제공방식을 각 고객에게 맞게 디자인하는 방식이다.

마이크로전략은 시장의 크기를 염두에 두기보다는 고객의 개별적 욕구충족을 목표로 마케팅프로그램을 계획하는 개념이다. 소비의 개인화가 급속히 진행되면서 마케팅전략의 수립이 까다로워졌으며 이에따라 고객맞춤식 마케팅의 필요성이 절실해진 결과이다.

마이크로 마케팅은 지역마케팅과 개인마케팅으로 구분된다. 지역마케팅은 특정지역 소비자의 인구동태학적 특성분석에 기초하여 그 특성에 맞는 마케팅전략을 수립한다. 최근 수도권을 비롯한 대도시에 등장한 SSM(Samll Super Market)은 마이크로 마케팅을 실행하는 전형적인 사례이다. SSM은 소재한 상권의 인구, 인구밀도, 주민의 학력, 직업, 가족크기, 소득수준, 종교, 인근지역 상황 등의 분석에 기초하여 제품선택, 홍보, 가격, 포장단위, 배송방법 등을 결정한다.

마이크로 마케팅은 고객의 개별적인 욕구에 더욱 충실하게 부응하기 위하여 고객으로 하여금 제품과 서비스의 개발과 선택에 보다 적극적으로 참여하게 하는 과정을 제공하기도 한다.

마이크로 마케팅은 소규모의 사업만이 할 수 있는 것이 아니다. 델(Dell)은 고객의 개인별취향에 맞춘 PC를 제공할 수 있는 사업시스템을 구축하여 세계 최대의 개인용 컴퓨터 공급자가 되었으며 나이키(Nike)도 자신만의 개성을 추구하는 고객의 욕구에 부응하기 위하여 사이버 스토어에 수백 가지의 색상과 디자인 등을 구비하여 웹 방문고객의 취향에 맞는 색상 및 디자인조합을 선택하여 신발을 주문할 수 있는 사업시스템을 도입했다.

6) 통제 및 평가

마케팅계획의 실행에는 반드시 통제와 평가 프로세스가 있어야 한다.

막대한 인적, 재무적 자원이 투입되는 마케팅계획은 실행중간에 그 효율성과 진행정도가 올바른 코스로 진행되고 있는지 점검되어야 한다.

예상대로 실행되거나 그 이상으로 효과를 나타내고 있다면 계획은 예정대로 추진되나 만약 계획했던 코스를 벗어나거나 효율성이 떨어진다면 계획을 수정해야 한다.

계획기간이 끝나면 계획과 실행을 비교하여 전 과정을 평가하는 절차를 거쳐야 하며 마케팅계획의 평가는 잘된것과 잘못된 것을 규명하여 다음의 계획수립에 반영하는데 큰 도움이 된다.

마케팅계획의 평가는 성과를 평가하여 시시비비를 가리는 것 이상의 적극적인 프로세스이며 학습효과와 경험효과를 얻기 위함이다.

마케팅계획 → 마케팅계획의 실행 → 통제 및 평가

09 재무계획(Financial Plan)

재무계획은 사업목표를 달성한 결과를 재무적인 지표로서 표시한 것으로 각종 추정재무제표로 작성된다. 추정재무제표는 사업의 실행결과로 나타날 성적표가 계량화된 것으로서 정성적 목표가 정량적인 목표로 변환된 것이다. 추정재무제표를 바탕으로 사업의 수익성, 안전성, 활동성 등 기업에 대한 재무적 진단이 가능하다.

5개의 질문	해당 부문
1. Who am I?	
2. Where to go?	
3. How to get there?	
4. Where do I stand?	
5. So what do I get?	재무계획

벤처캐피털 리스 등 투자가들은 창업자, 사업 아이디어, 기술, 잠재적 전망 등 사업의

가능성을 가장 중요시 하면서도 성장기나 확장기에 진입하는 벤처기업의 수익성 전망에 매우 민감하다.

특히 우리나라의 벤처캐피털 리스트들의 투자대상기업은 창업초기의 기업이 아니고 대부분 창업 후 3년 정도가 지난 기업들인데 이는 투자대상기업의 수익성 전망이 가능한 기업들을 대상으로 투자를 고려한다는 의미이다. 따라서 추정재무제표를 중심으로 한 재무계획은 투자의사결정에 있어서 핵심적인 역할을 한다.

재무계획은 사업목표달성을 위하여 사업전략을 이행한 결과를 재무적인 지표들로 변환한 것이지만 경영의 관리와 통제를 위한 유용한 수단이다.

재무계획은 재무지표의 제공이라는 역할 외에도 다음의 혜택을 제공한다.

① 사업목표달성이 가져올 보상의 크기를 알려준다.

재무계획은 단순한 예측이 아니다. 재무적인 목표는 반드시 달성하고자 하는 약속이며 기간별 진행도를 측정, 평가하는 것이다.

② 피드백과 통제를 가능하게 한다.

사업의 실적과 예측 사이에 의미있는 차이가 발생한다면 조기경보가 발령되어야 한다. 재무적 지표를 통하여 이러한 경보를 미리 인지하고 대책을 수립할 수 있다.

재무계획은 재무적으로 초래될 결과를 예측하고 큰 편차가 예상된다면 경보를 울리고 새로운 전략적 접근을 위한 틀을 제공한다.

③ 문제점을 사전에 예측할 수 있는 단초를 제공한다.

계획보다 급속한 성장이 투자와 재고의 증가를 초래하여 현금흐름에 문제를 야기할 것으로 예상되면 재무계획은 이를 반영하여 보완할 수 있는 틀을 제공한다.

재무계획은 추정재무제표 외에도 자본적 지출 및 운영과 관련된 자금의 조달과 사용에 대한 계획이 포함된다.

추정재무제표는 사업실행의 결과로 예측되는 성과에 대한 핵심정보들을 포함하고 있어서 경영관리 목적상으로 매우 유용할 뿐만 아니라 투자가 등 외부이해관계자들의 의사결정에 필수적인 자료이다. 잠재적인 벤처투자자 등 사업에 큰 관심을 가지는 외부이해관계자들은 추정재무제표에 나타난 주요핵심 재무정보에 큰 영향을 받는다.

요약된 추정재무제표 및 자금의 조달 및 운용에 관한 정보는 사업계획서의 필수적인 부문이다.

추정재무제표에 나타나는 재무적 정보들은 판매계획, 투자 등 사업계획에 영향을 미치는 다른 부문들을 포함하여 전체적인 사업계획의 맥락과 일치되어야 한다. 만약 설비투자계획이 자금수지계획표에 누락되어 있거나 예상매출액이 각 제품포트폴리오별 매출액 합계와 일치하지 않는다면 전체사업계획의 신뢰성은 큰 타격을 받을 것이다.

재무계획의 수립과 추정재무제표를 작성하기 위하여 다음의 항목을 단계별로 추정한다.

	추정대상 항목	주요 내용
1	고정자산 투자	토지, 건물, 시설, 기계장치, 비품 등의 예상취득사항
2	창업비용	창업을 위하여 소요되는 제 비용(법적비용 등)
3	주요 손익항목	품목별 판매가, 매출원가
4	매출액	기간별 매출수량, 매출액
5	매출원가	품목별 매출원가, 매출총이익
6	고정비용	판매 및 일반관리비 등
7	재고자산	예상매출에 대응하는 재고자산 소요량
8	판매조건	판매정책, 외상매출 조건, 신용공여기간
9	지불조건	외상매입에 대한 지불조건

(1) 추정재무제표(Projected Financial Statements)

사업계획서에 요구되는 추정재무제표의 종류는 필수적인 재무제표와 임의적인 재무제표 및 각종 재무정보가 있다.

재무제표는 CEO를 포함한 경영진에게도 매우 중요한 정보이며 기업과 직·간접의 이해를 가지는 외부이해관계자들의 주요의사결정에 필수적으로 제공되어야하는 기업의 정보이다. 이러한 중요성 때문에 사업계획서에 포함되는 재무제표는 고도의 전문성을 가진 전문가에 의하여 작성되고 검증되어야 한다.

기업회계기준에서 규정하는 재무제표의 종류는 재무상태표(대차대조표), 손익계산서, 이익잉여금처분계산서, 현금흐름표, 자본변동표, 재무제표의 주석이 있다.

그러나 사업계획서에 포함되는 재무제표는 일반적으로 손익계산서, 재무상태표 그리고 현금흐름표 등 세 가지이며 필요에 따라 추가적인 정보를 제공한다.

일반적으로 다음과 같은 정보들이 재무계획에 포함되어 기업의 내외부이해관계자들에게 제공된다.

- 재무계획에 적용한 주요가정(Assumptions)
- 추정손익계산서(Projected Income Statement)
- 추정재무상태표(Projected Balance Sheet)
- 추정현금흐름표(Projected Cash Flow Statement)
- 손익분기점분석(Break-Even Point)
- 주요경영비율분석(Key Business Ratios)

추정재무제표는 기업의 상황에 따라 다르겠지만 일반적으로 3~5년 기간을 대상으로 한다. 그러나 사업이 3년 이내에 이익을 창출할 수 없다면 최초이익이 발생하는 년도를 포함하여 3~5년 간의 재무적 예측치를 표시하는 것이 좋다.

사업의 성격에 따라서는 조기에 이익을 창출하지 못하는 사례가 있다. 이럴 경우 사업계획서의 외부독자를 위하여 이익이 창출하는 시점과 그 후의 예상수익의 추정을 보여주는 것이 바람직하다.

첫 사업연도는 최소한 분기별로 구분하여 추정재무제표를 만들고 그 후 연도부터는 년도별로 예측하면 된다.

1) 추정손익계산서

손익계산서는 일정기간의 경영성과를 측정하는 재무제표이다. 사업연도는 보통 1년이지만 경우에 따라서는 6개월 등 1년을 초과하지 않는 범위 내에서 정할 수 있다.

일반적으로 사업계획서에 요구되는 추정손익의 표시기간은 3~5년 간이지만 만약 이 기간 내에 이익이 창출되지 않는다면 기간을 연장하여 최초이익이 창출되는 년도를 포함하여 그 후 손익의 전망을 보여주는 것이 바람직하다.

추정손익계산서의 표시는 첫 해에는 분기별 또는 6월 단위로 구분하고 나머지 기간은 연간 전체의 예상치를 나타낸다.

손익계산서는 미래의 수익성과 현금창출에 대한 사업의 잠재적인 능력을 판단하게 하는 중요한 재무제표이다.

벤처캐피털 리스트 등 사업계획서의 외부이용자들은 수익성 변화추이에 매우 민감하며 수익성 변화추이에 대한 전망은 투자여부를 결정하는 핵심정보의 하나이다.

손익계산서의 일반적인 구조는 다음과 같다.

(금액: 천 원 또는 백만 원 단위로 표시함)

	항 목	201X (창업 년도)	201X+1	201X+2	201X+3
1	매출액				
2	매출원가				
3	매출총이익				
4	일반관리비 및 판매비				
5	영업이익				
6	영업외 수익 및 비용				
7	세전이익				
8	법인세(소득세)				
9	당기순이익				

① 매출액

손익계산은 판매수량의 예측에서부터 출발한다. 판매수량에 매출단가를 적용하여 예상매출액이 산출된다.

매출수량은 제품별, 유통채널별, 기간별로 구분하여 각 제품과 유통채널별로 평균 판매단가를 적용하여 예상매출액을 산출하는 것이 관리목적상 유용하다.

예상매출수량 및 매출액은 마케팅계획의 시장점유율목표, 가격전략과 상호 체크하여 모순되지 않는지 확인해야 한다. 매출액, 매출원가, 매출총이익은 사업의 수익성 및 현금흐름에 결정적인 영향을 미치는 핵심정보이다. 이들은 경영성과지표의 출발점이며 사업계획서 이용자의 첫 번째 관심항목이기 때문에 합리적인 검증이 뒷받침되어야 한다.

예상매출액의 검증을 위하여 마케팅계획에 포함되어있는 다음과 같은 정보를 상호체크해야 한다.

- 매출수량목표
- 가정의 근거자료(데이터, 산업정보 등)
- 할인정책
- 판매조건
- 유통경로
- 가격정책

다음은 유통채널별 계획된 추정매출사례이다.

A 제품 예상매출수량

유통채널	1차 년도	2차 년도	3차 년도
도매상	xxxx	xxxx	xxxx
소매상	xxx	xxx	xxx
직 판	xx	xx	xx
특수판매	xx	xx	xx
총매출 수량	xxxx	xxxx	xxxx

A 제품 유통채널별 매출단가

유통채널	1차 년도	2차 년도	3차 년도
도매상	x	x	x
소매상	x	x	x
직 판	x	x	x
특수판매	x	x	x

A 제품 예상매출액

유통채널	1차 년도	2차 년도	3차 년도
도매상	xxxx	xxxx	xxxx
소매상	xxx	xxx	xxx
직 판	xx	xx	xx
특수판매	xx	xx	xx
총매출 액	xxxx	xxxxx	xxxxx

② 매출원가

매출원가는 매출액에 직접 대응되는 비용으로서 상품의 원가 또는 제품의 제조원가가 매출수량에 배부되는 비용이다. 도매상이나 소매상에게는 상품원가이며 제품을 직접 제조하는 제조업에서는 제조원가가 매출수량에 대응되는 비용이다.

③ 매출총이익

매출액에서 매출원가가 차감되어 매출총이익이 산출된다.

매출총이익을 제품이나 유통채널별로 산출한다면 경영상 매우 유용한 정보를 얻을 수 있다. 제품이나 유통채널별로 산출된 매출총이익정보는 각각의 제품과 유통채널이 사업 전체의 수익과 현금창출에 기여하는 능력을 보여주기 때문에 제품포트폴리오전략 및 유통전략수립에 중요한 정보가 된다.

④ 일반관리비 및 판매비

영업과 관련하여 발생하는 대부분의 비용은 일반관리비 및 판매비 항목에 속한다.

일반적으로 인건비에 관련되는 비용의 규모가 일반관리 및 판매비 총액에서 높은 비중을 차지하기 때문에 인적자원관련 비용항목과 기타 비용항목으로 구분표시하는 편이 좋다.

인건비에 관련된 비용은 급여, 복리후생, 교육훈련비 등의 비용성격과 중요도에 따라 적절한 비목으로 분류하여 표시한다. 인건비를 제외한 기타 비용은 영업활동관련비용, 자산 및 이연비용의 상각, 연구개발비, 임차료 등 기타 일반관리비 등의 비용성격과 중요성을 감안하여 적절한 비목으로 분류하여 표시한다.

⑤ 영업이익

매출총이익에서 일반관리비 및 판매비가 차감되어 영업이익이 산출된다. 영업이익은 정상적인 영업활동과 관련하여 달성되는 순수한 사업의 성과이다.

⑥ 영업외 수익 및 비용

재무활동과 관련하여 발생하는 이자수입이나 이자비용, 외화자산이나 부채의 보유로 인한 평가이익이나 손실 등과 같이 영업활동과 직접적으로 관련되지 않는 비용항목들이 이에 포함된다.

⑦ 세전순이익

영업이익에서 영업외 수익과 비용을 가감하여 소득세(법인세) 차감전의 이익(손실)이 산출된다.

표 6-5 추정손익계산서의 사례

(금액 : 백만 원)

항 목	1차 년도	비율(%)	2차 년도	비율(%)	3차 년도	비율(%)
매출액	6,050	100	7,560	100	10,600	100
매출원가	(3,630)	(60)	(4,460)	59	(6,050)	(57.1)
매출총이익	2,420	40	3,100	41	4,550	42.9
일반관리비 및 판매비 – 인건비 – 기타비용	(1,500) (550) (950)	(24.8) (9.1) (15.7)	(1,905) (695) (1,210)	(25.2) (9.2) (16)	(2,550) (850) (1,700)	(24.1) (8.0) (16.1)
영업이익	920	15.2	1,195	15.8	2,000	18.8
영업외수익 및 비용	(150)	(2.5)	(225)	(3)	(300)	(2.8)
세전이익	770	12.7	970	12.8	1,700	16
법인세(소득세)	(270)	(4.5)	(350)	(4.6)	(600)	(5.7)
당기순이익	500	8.2	620	8.2	1,100	10.4

⑧ 소득세(법인세)

회계원칙에 의하여 작성된 재무제표에 세법에서 규정하는 세무조정과정을 감안하여 추정된 법인세 또는 소득세가 계상된다.

⑨ 당기순이익(손실)

세전순이익에서 법인세(소득세)를 차감하여 당기순이익(손실)을 산출한다. 당기순이익에 근거하여 주당순이익 등 주주관련 성과지표를 표시할 수도 있다.

당기순이익(손실)은 현금흐름표상의 현금흐름계산의 출발점이며 재무상태표상 이익잉여금 항목에 반영되기 때문에 세 가지 주요재무제표에 상호연결되어 있다.

2) 추정재무상태표

손익계산서가 일정기간의 사업성과를 나타내는 사업성적표인데 비교하여 재무상태표는 일정시점(사업연도 종료일 등)에 있어서 기업의 재무적인 상태를 표시하는 재무제표이다.

손익계산서는 미래의 잠재적인 수익창출능력을 예측가능하게하며 재무상태표는 기업의 재무적 건전성을 판단하는데 필수적인 정보를 제공한다.

그림 6-10 **재무상태표의 영역**

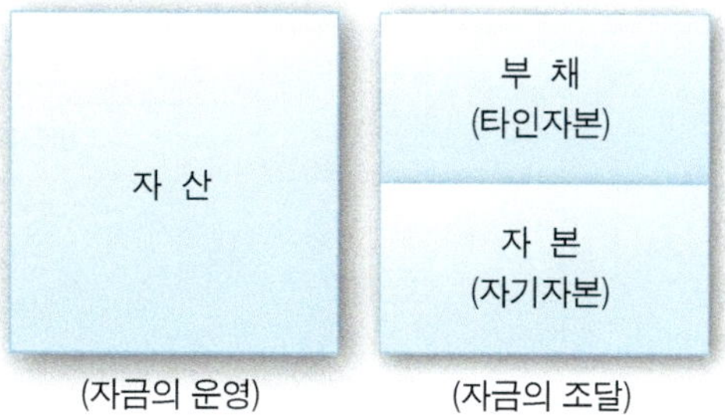

손익계산서와 재무상태표의 유용성은 재무제표의 이용목적에 따라 다르다. 재무건전성이나 지불능력에 큰 관심을 가지는 금융기관 등 자금 대여기관들은 재무상태표를 중요시하나 투자수익률을 중요시하는 벤처캐피털 리스트 등은 손익계산서에 포함되어 있는 정보를 더욱 중요시 한다.

재무상태표는 [그림 6-10]과 같이 왼편의 자산부문과 오른편의 부채와 자본부문으로 구분되어 있고 각 부문의 합계는 동일하며 이를 대차대조표 등식이라 한다.

대차대조표 등식 : 자산 = 부채 + 자본

재무상태표의 왼편에 있는 자산영역은 조달된 자금의 사용처를 나타내며 오른편에 있는 부채와 자본은 자금조달의 원천을 나타낸다.

자산영역은 자산이 현금화될 수 있는 기간을 기준으로 유동자산과 비유동자산으로 구분한다. 일반적으로 재무상태표 일(사업연도의 말일)로부터 일년 이내에 현금화가 이루어질 수 있는 자산은 유동자산의 항목으로 분류되고 현금화에 일년 이상이 걸리는 항목은 비유동자산으로 분류된다.

부채도 재무상태표일로부터 일년 이내에 상환이 이루어진다면 유동부채항목으로 분류되고 상환기간이 재무상태표일로부터 일년 이후에 이루어질 것으로 예상되면 비유동부채항목으로 분류된다.

자본은 주주가 직접 주금을 납입하고 주식을 교부받은 자본금과 유보된 이익의 합계인 이익잉여금 그리고 주식의 프리미엄발행 등과 같은 자본거래로 인하여 발생한 자본잉여금으로 구성된다.

요약된 재무상태표의 구조는 다음과 같다.

자 산	금 액
유동자산	XXXX
비유동자산	XXXX
자산합계	XXXXX

부채와 자본	금 액
유동부채	XXXX
비유동부채	XXX
자 본 자본금 자본잉여금 이익잉여금	XXX
부채와 자본 합계	XXXX

만약 공식적인 재무제표에 포함되어 있지않은 중요한 정보가 있다면 이를 각주(footnote) 등의 형식으로 표시하여야 한다.

예를 들어 중대한 계약상의 의무, 거래와 관련된 바이 백 옵션(Buy Back Option), 부외자산 등과 같이 사업에 장기적인 영향을 미칠 수 있는 정보들은 부가적인 정보로서 제공되어야 한다.

다음은 보고식 재무상태표의 사례이다.

(금액: 백만 원)

자산, 부채 및 자본의 항목	1차 년도	2차 년도	3차 년도
자 산			
유동자산	730	865	1,215
현금 및 예금	250	275	350
매출채권	225	290	420
기타 당좌자산	60	75	120
재고자산	195	225	325
비유동자산	1,300	1,755	2,035
토 지	485	700	700
건 물	350	450	550
기계장치	250	350	425
차량운반구	70	95	185
기타 비유동자산	60	95	125
영업권	85	65	50
자산총계	2,030	2,620	3,250

자산, 부채 및 자본의 항목	1차 년도	2차 년도	3차 년도
부 채			
유동부채	565	700	925
외상매입금	295	350	525
단기차입금	150	200	200
기타 유동부채	120	150	200
비유동부채	275	370	575
퇴직급여충당금	25	60	90
장기차입금	200	250	400
기타 비유동부채	50	60	85
부채총계	840	1,070	1,500
자 본			
자본금	750	950	950
자본잉여금	150	250	250
이익잉여금	290	350	550
자본총계	1,190	1,550	1,750
부채와 자본 총계	2,030	2,620	3,250

3) 현금흐름표

손익계산서는 모든 거래를 현금위주가 아닌 발생주의 원칙에 의하여 작성하기 때문에 손익의 흐름이 현금의 흐름과 일치하지 않는다. 이렇게 만들어진 정보는 재무정보의 이용자를 크게 오도할 수 있다.

현금흐름표는 손익계산서의 이러한 결함을 보완하기 위하여 필수적으로 요청되는 중요한 재무제표이다.

사업에 있어서 현금흐름은 마치 사람의 신체에 흐르는 피에 비유될 수 있다. 비록 손익계산서에서는 매우 높은 이익을 실현하는 것으로 나타났지만 현금부족으로 사업에 위기를 맞는 소위 흑자도산의 사례는 현금흐름표의 필요성을 단적으로 보여준다.

손익계산서의 불완전성 때문에 현금흐름표가 처음에는 보충적 자료로서 도입되었지만 최근에는 현금흐름표를 중시하는 경향이 점점 농후해지고 있다. 특히 벤처캐피털 리스트 등의 투자자나 자금을 대여하는 금융기관들은 현금흐름의 추이에 더욱 큰 비중을 둔다.

기업의 현금흐름에 영향을 미치는 거래는 다음의 3개 영역에서 발생한다.

영업활동 + 재무활동 + 투자활동

현금흐름에 영향을 미치는 각 영역별 구체적인 거래내용은 다음과 같다.

현금흐름에 관련되는 활동내용	현금유입 관련부문	현금유출 관련부문
영업활동 정상적인 영업활동과정에서 발생하는 현금흐름으로서 원재료의 구입, 제조, 판매, 마케팅, 일반관리 등의 활동	판매대금의 회수 이자수입 잡수입 기타영업활동으로부터의 현금수입	원재료구입 인건비 지급 외상채권결재 광고비 지불
투자활동 영업활동과 직접적인 관련이 없는 유가증권, 장기채권, 부동산 등의 투자활동과 토지, 건물, 기계장치 등의 고정자산 구입 및 처분관련 활동	투자자금의 회수 건물매각 차량처분 유가증권 처분	토지매입 증축 금융상품투자 영업권 취득
재무활동 영업 및 투자활동과 관련 없이 자금의 이동과 관련된 활동으로서 주주, 자금대여기관이나 투자자 등과의 거래를 포함함	금융기관자금차입 증자, 신주발행 회사채발행	차입금상환 회사채상환 배당처분 유상감자

현금흐름표의 구조는 다음과 같다.

I. 영업활동에 의한 현금흐름
II. 투자활동에 의한 현금흐름
III. 재무활동에 의한 현금흐름
IV. 현금증가액
V. 기초의 현금
VI. 기말의 현금

다음은 요약된 현금흐름표의 사례이다.

(금액: 백만 원)

		현금흐름 활동	1차년도	2차년도	3차년도
Ⅰ		영업활동으로 인한 현금흐름	(40)	160	420
	1.	당기순이익(손실)	(50)	150	380
	2.	현금지출없는 비용 등의 가산	60	90	150
	3.	현금수입없는 수익 등의 차감	(30)	(45)	(60)
	4.	영업활동으로 인한 자산, 부채의 변동	(20)	(35)	(50)
Ⅱ		투자활동으로 인한 현금흐름	(730)	(210)	(140)
	1.	투자활동으로 인한 현금유입액	20	40	60
	2.	투자활동으로 인한 현금유출액	(750)	(250)	(200)
Ⅲ		재무활동으로 인한 현금 흐름	800	100	(250)
	1.	재무활동으로 인한 현금유입액	950	300	150
	2.	재무활동으로 인한 현금유출액	(150)	(200)	(400)
Ⅳ		현금의 증가	30	50	30
Ⅴ		기초의 현금	80	110	160
Ⅵ		기말의 현금	110	160	190

재무자원의 관리목적상 이상적인 현금흐름의 방향을 판단하는 기준은 무엇일까?

투자자금회수에 비교적 단기간이 소요되는 중소기업과 대규모 자금투자가 소요되어 투자자금의 회수에 장기간이 소요되는 장치산업에서 현금흐름의 방향은 근본적으로 다르다.

그러나 재무건전성을 판단할 수 있는 일반적인 기준은 다음과 같다.

① 자산에서 부채를 차감한 금액이 마이너스이면 위험하다(자기자본의 잠식이 이루어지고 있다).

② 영업활동에 의한 현금흐름이 플러스가 되어야 안전하다(사업의 유기적 성장이 현금흐름의 방향과 일치하며 채권의 회수기간이 채무의 상환기간보다 빠르다).

③ 투자활동이나 재무활동에 의한 현금흐름은 반드시 플러스일 필요는 없다(잉여현금흐름은 고정자산 등에 투자되거나 차입금상환에 사용될 수 있기 때문에 투자활동이나 재무활동에서 현금흐름이 마이너스가 되는 것은 자연스런 현상이다).

④ 사업이 정상궤도에 진입하면 현금유입의 총액에서 영업활동에 의한 현금유입의 비

그림 6-11 정상적인 영업을 하고 있는 경우의 현금창출현상

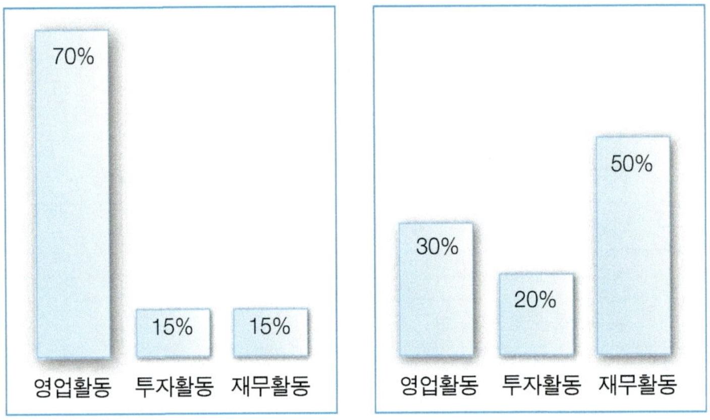

중이 가장 커야하고 투자 및 재무활동에 의한 현금유입이 영업활동에 의한 현금유입 보다 비중이 작어야 안전하다(영업활동에 의한 현금창출은 인체가 스스로 혈액을 만들고 순환시키는 것과 같아서 사업이 안정궤도에 진입하면 영업활동에 의하여 풍부한 현금이 창출되어야 하고 이것이 투자활동과 재무활동을 주도해야 한다).

(2) 자금수지계획표

창업이나 사업의 확장시점에 있어서는 대체적으로 많은 자금의 수요가 발생한다. 설비나 기계장치 등 고정자산에 대한 투자 및 운영자금의 예측과 이를 지원하기 위한 자금조달이 어떻게 이루어질 것인지의 계획이 자금수지계획표이다.

추정재무제표 외에도 자금의 조달과 운용에 대한 계획을 요약한 자금수지계획표는 금융기관이나 벤처캐피털 리스트 등 외부이용자에게 필수적인 정보다.

현금흐름표가 기업의 경영활동의 결과를 현금흐름측면에서 요약한 재무제표라면 자금수지계획표는 사업연도기간에 주요자금의 지출용도와 필요한 자금의 조달을 어떻게 할 것인지에 대한 자금운용과 조달에 대한 실행계획표이다.

자금수지계획표는 공식적인 재무제표는 아니지만 사업계획서 포함시켜서 내부관리목적으로 사용되며 또한 사업계획서를 사용하는 외부이용자에게 유용한 정보로서 제공된다.

예시된 자금수지계획표는 실무적으로 사용되는 요약자금수지계획표의 양식이다.

표 6-6 자금수지계획표 (금액 : 백만 원)

(자금수요) (금액 : 백만 원)

	항 목	1차 년도	2차 년도	3차 년도	합 계
자본적 지출	토지취득	X XX	XXX	XXX	XXX
	건물 신축	XXX	XXX	XXX	XXX
	기계장치	XXX	XXX	XXX	XXX
	차량 취득	XXX	XXX	XXX	XX
	기구 등	XXX	XXX	XXX	XXX
자본적 지출 소계		XXXX	XXX	XXX	XXXX
운영자금	운영비 부족분	XXX	XXX	XXX	XXX
합 계		XXXX	XXXX	XXXX	XXXX

(자금조달)

자금조달 원천	1차 년도	2차 년도	3차 년도	합 계
창업주	XXX	XXX	XXX	XXX
동업자	XXX	XXX	XXX	XXX
앤 젤	XXX	XXX	XXX	XXX
벤처캐피털	XXX	XXX	XXX	XXX
금융기관 차입	XXX	XXX	XXX	XXX
정부지원금	XXX	XXX	XXX	XXX
기 타	XXX	XXX	XXX	XXX
합 계	XXXX	XXX	XXXX	XXXX

일반적으로 사업에 필요한 모든 자금을 자기자본으로 조달할 수 없으며 특히 스타트업이라면 사업이 지속됨에 따라 타인자본의 도입이 필수적이다.

자기자본으로 충분한지? 타인자본을 사용할 것인지? 타인자본의 규모는 얼마나 필요한지? 등은 자금수지계획표를 기준으로 결정한다.

일반적으로 타인자본과 자기자본 중 어느 쪽을 선택하는 것이 이상적인지를 결정하는 주요기준은 다음과 같다.

자금수요상황	자기자본	타인자본
1. 창업에 소요되는 자금인가?	O	X
2. 부채비율이 이미 높은 상황인가?	O	X
3. 위험도가 높은 모험사업인가?	O	X
4. 미래에 부채를 상환할 수 있는 확실한 현금유입이 있을 것인가?	X	O
5. 유사시 언제나 처분 가능한 고가의 자산(부동산 등)이 있는가?	X	O

(3) 주요 경영지표분석(Key Business Indicators)

각종 경영지표의 분석은 CEO등의 경영진과 벤처캐피털리스 등 외부독자를 위하여 필요한 정보이다. 사업계획서에 포함되어야 하는 필수적인 정보는 아니지만 사업의 경제적 타당성을 검증하기 위하여 유용하게 활용될 수 있다.

벤처캐피털 리스트, 금융기관 등 주요 외부이해관계자들은 사업계획서와 더불어 각종 경영지표에 대하여 깊은 관심을 보이며 이들 경영지표에 대한 질문을 할 가능성이 매우 높다. 일반적으로 사업계획서의 부속자료로서 작성하는 경영 및 경제성 분석은 두 가지 측면을 대상으로 이루어져야 된다고 본다. 재무제표를 중심으로 한 경영지표분석과 투자나 투자대안들에 대한 재무타당성 분석이다.

재무제표를 중심으로 한 경영지표분석은 해당사업의 수익성, 안전성 그리고 활동성을 분석하여 해당 사업의 지속가능성을 검증하는 것이며 투자에 대한 경제적 타당성 분석은 투자나 투자대안들이 경제성이 있는지를 검증하는 과정이다. 경제성 분석은 사업이 계획에 따라 예정대로 실행되었을 경우 기대되는 경제적 보상의 크기와 사업의 지속가능성에 대한 검증과정이다.

기업의 외부이해관계자들은 거의 예외없이 경제적 보상에 최고의 관심을 가지며 그 보상의 크기가 그들의 의사결정에 결정적인 작용을 한다.

경제성 분석은 예비투자자나 전략적 제휴희망자 등 외부이해관계들로부터 사업에 대한 신뢰성을 인정받기 위하여 매우 중요한 정보로서 분석에는 고도의 전문성과 진실성이 뒷받침되어야 한다.

경제성 평가는 사업이 경제적으로 타당성을 가지는 것인지를 최종적으로 확인시키는 프로세스로서 아무리 시장이 매력적이고 뛰어난 기술을 가지고 있더라도 이를 사업화하여 경제적인 보상을 얻을 수 없다면 사업의 지속은 불가능한 것이다.

경제성 분석의 과정에서 생성된 정보들은 투자자 등 외부이해관계자들의 경제적 의사결정의 기회비용에 대하여 유용한 정보를 제공하며 CEO등 내부이해관계자들에게는 경쟁자들과의 비교를 통하여 경쟁전략수립에 유용한 수단을 제공한다.

다음은 주요재무제표와 그것들로부터 얻어지는 경영성과지표에 대한 요약이다.

	주요 재무제표	제공하는 정보
I	추정손익계산서	매출성장, 원가율, 마진율, 고정비용 규모, 금융비용, 각종 회전율, 손익분기점분석, 제품별 공헌이익
II	추정재무상태표	재무안전성, 유동성, 각종 레버리지비율, 재무구조, 고정자산 규모
III	추정현금흐름표	현금흐름의 적정성, 미래의 현금흐름예측, 투자규모, 수익성과 현금흐름의 관련성

재무제표로부터 생성되는 경영지표들은 수익성, 안전성 그리고 활동성관련지표로 분류할 수 있다.

1) 수익성관련지표

투자나 사업의 정당성을 인정하기 위해서는 투자나 사업실행으로 인한 기회비용을 상회하는 수익이 필요하다.

추정손익계산에는 여러 가지의 추정과 가정이 개입하며 수익성을 검증하는 프로세스는 손익계산을 위하여 사용된 중요한 추정과 가정의 적정성을 점검하는 것으로 출발해야 한다.

일반적으로 분석대상이 되는 항목과 비율분석은 다음과 같다.

① 예상매출액

매출액은 톱 라인(Top Line)이라고 불릴 정도로 경제성 분석의 출발점이다. 매출액은 손익계산의 출발점으로서 매출수량, 매출단가, 공급계약서, 유통계획, 마케팅계획서에 나타난 정보 등을 기초로 검증된다.

② 비율분석

수익성을 평가하기 위하여 비율분석이 유용하게 사용되며 주요비율분석으로는 매출총이익율, 한계공헌이익률, 영업이익률, 순이익률, 총자산이익률 그리고 자기자본이익률 등이 있다.

ⓐ **매출총이익율**(Gross Margin Ratio)

매출액에서 매출원가를 공제한 매출총이익이 매출액에서 차지하는 비율로서 사업의 지속가능성을 판단하고 경쟁사의 비율과 비교하여 원가우위성을 평가할 수 있는 중요한 정보이다.

매출총이익률(%) = 매출총이익/매출액 X 100
(매출총이익 = 매출액-매출원가)

ⓑ **한계공헌이익률**(Marginal Contribution Ratio)

한계공헌이익이란 추가적인 매출 한 단위가 사업전체에 공헌하는 이익을 의미한다. 추가적으로 실현되는 단위당 매출액에서 비례적으로 발생하는 단위당 변동비를 공제하여 얻어지는 단위당 추가이익을 의미하며 제품별 또는 사업부별 한계이익에 대한 수익성 정보는 마케팅계획의 수립에 매우 유용하게 활용된다.

한계공헌이익률은 한계공헌이익이 매출액에서 차자하는 비율이다. 이는 모든 비용을 매출규모에 따라 비례적으로 변동하는 변동비와 매출규모와 관계없이 일정하게 결정되어 있는 고정비로 분류가 가능하다는 전제에서 출발한다.

사실상 모든 비용을 매출규모에 따라 비례적으로 변동하는 변동비와 매출규모와 관계없이 일정하게 발생하는 고정비로 정확하게 분리한다는 것은 거의 불가능한 일이다. 대부분의 비용항목은 매출과 직접적으로 관련되는 몇 가지를 제외하고는 고정비적 성격과 변동비적 성격을 동시에 가지는 것이 일반적이다.

그러나 최선의 합리적인 기준과 방법을 적용하여 비용항목을 변동비와 고정비로 분해하여 한계이익과 한계이익률을 산출한다면 손익분기점 분석을 포함한 주요 경영지표들을 생성하여 의사결정에 요긴하게 사용할 수 있다.

한계이익의 합계가 고정비의 총액과 일치하는 조업도 수준이 바로 손익분기점으로서 한계이익은 경영의사결정에 매우 중요한 개념이다.

한계공헌이익률(%) = 한계공헌이익의 합계 / 매출액 누계액 X 100
(한계공헌이익 = 추가 단위당 매출액 - 추가 단위당 변동비 총액)

ⓒ 영업이익률

영업이익을 매출액으로 나눈 비율이다.

영업이익은 사업을 진행하는 과정에 정상적으로 발생하는 간접비용(영업비용)을 매출총이익에서 공제한 것으로서 이것은 정상적인 영업활동에서 기대할 수 있는 이익수준을 의미한다.

비유동자산의 처분 또는 외화자산 환산평가관련 손익 등의 항목과 같이 정상적인 영업활동과 직접 관계없이 발생하는 손익항목은 제외되어 있기 때문에 영업이익은 내재적인 수익성을 판단하는 기준이라 할 수 있다. 영업이익률을 동종산업의 평균이나 주요경쟁자와 비교함으로서 사업의 수익성과 경영의 효율성을 평가할 수 있다.

영업이익률은 정상적인 영업활동의 결과로서 특수한 상황에서 발생하는 비용항목을 제외하며 또한 각종의 세무조정을 거쳐서 결정되는 소득세(법인세) 등의 효과도 제외되어 있기 사업의 유기적 성과를 객관적으로 나타내는 지표라고 할 수 있다.

영업이익률(%) = 영업이익 / 매출액 X 100
(영업이익 = 매출총이익 - 일반관리 및 판매업) 또는
한계이익 총액 - 고정비 총액

ⓓ 순이익률

법인세나 소득세 등을 공제한 당기순이익을 매출액과 비교한 비율이다.

순이익은 사업의 실행과정에 발생한 모든 비용항목과 법인세(소득세) 등의 효과가 반영된 최종손익으로서 배당 등 사외유출과 사내에 유보되는 잉여금의 기초가 된다.

손익계산서상의 당기순이익은 대차대조표의 자본항목과 연결되고 현금흐름표의 개시항목으로 표시되어 기업의 주요 기본재무제표의 공통분모로서의 역할을 한다. 순이익률 역시 동종 산업계 평균 및 주요경쟁자들의 순이익율과 비교하여 기업의 내부 및 외부이해관계자의 의사결정에 중요한 정보가 된다.

ⓔ 총자산이익률

당기순이익을 재무상태표상의 총자산과 비교한 것으로 사업을 위하여 동원된 모든 자산이 얼마나 효율적으로 사용되었는지를 나타내는 지표이다.

ⓕ 자기자본이익률

당기순이익을 자기자본(자본금 및 잉여금의 합계)과 비교한 것으로 주주들의 자금인 자본이 얼마나 효율적으로 활용되었는지를 나타내는 지표이다.

자기자본이익률이 높기 위해서는 당기순이익이 크거나 주주들의 투자자금 및 사내에 축적된 잉여금의 규모가 작아야 하나 이것 역시 업종과 사업의 특수한 상황에 따라 해석하여야 한다.

주주들의 입장에서 볼때 자기자본이익률은 미래의 배당수준과 무상주에 대한 기대를 예상할 수 있는 정보가 된다.

③ 손익분기점 분석(Break-Even Point Analysis)

손익분기점(BEP)은 손실도 이익도 발생하지 않는 중립적인 매출액 규모 또는 조업도 수준이다. 달성하고자 하는 목표이익을 얻기 위하여 필요한 매출액 또는 조업도 수준은 손익분기점 분석을 활용하여 쉽게 찾을 수 있다.

손익분기점 분석은 전통적으로 관리회계의 목적상 유용한 재무분석기법의 하나로 사용되어 왔다. 복수의 사업부문이 있는 경우에는 각 사업부문별 손익분기점 분석을 이용하여 사업 포트폴리오전략을 효과적으로 수립할 수 있다.

직접적인 경쟁관계에 있는 주요 경쟁사와의 손익분기점 비교분석은 경쟁전략수립의 중요한 단서가 된다.

손익분기점 매출액 수준은 고정비총액을 한계이익률로 나누면 된다.

손익분기점(BEP) = 고정비 / 한계이익률
[한계이익률=(1 - 변동비율)]

손익분기점 분석은 다음과 같은 과정을 거치면서 이루어진다.

- 총비용을 매출액에 따라 비례적으로 발생하는 변동비와 조업도와 상관없이 고정적으로 발생하게 되어 있는 고정비로 분해한다(총비용 = 변동비총액 +고정비총액).
- 변동비율을 구한다(변동비/매출액).
- 한계이익률을 구한다(1- 변동비율).
- 손익분기점 수준을 구한다(고정비/한계이익률) .

다음은 경쟁기업 간의 손익분기점을 분석한 사례이다.

(금액: 백만 원)

	A 기업	B 기업	C 기업
매출액	250	400	150
총비용 ·변동비 ·고정비	(200) (137.5) (62.5)	(320) (240) (80)	(110) (75) (35)
당기순이익	50	80	40
변동비율	55%	60%	50%
한계이익률	45%	40%	50%
손익분기점 매출액	139	200	70

상기 BEP 분석결과의 사례를 보면 C기업이 가장 낮은 손익분기점 매출액(70) 수준을 보이고 있으며 B기업은 가장 많은 당기순이익(80)을 창출하나 가장 높은 손익분기점 수준(200)을 보이고 있음을 알 수 있다. 이는 불황기에는 C기업이 비교적 안전하나 활황기에는 B기업이 유리한 사업구조를 가지고 있음을 의미한다.

손익분기점 수준을 낮추기 위해서는 조직의 몸집을 가볍게 유지하면서 간접비 등의 고정비 규모를 최대한 줄이고 제품단위당 변동비율을 가능한 낮추어서 한계공헌이익률을 높이는 사업시스템을 구축해야 한다.

손익분기점 분석을 활용하면 목표이익을 달성하기 위하여 요청되는 매출액 수준을 계산할 수 있다.

다음은 위의 사례에서 세 기업이 각각 1억 원의 영업이익을 달성하기 위하여 필요한 매출액 규모가 얼마인지를 계산하였다.

- A사 : (고정비 62.5+목표이익 100)/(한계이익률 45%) = 361.1백만 원
- B사 : (고정비 80+목표이익 100)/(한계이익률 40%) = 450백만 원
- C사 : (고정비 35+목표이익 100)/(한계이익률 50%) = 270백만 원

세 기업 가운데서 한계공헌이익률이 가장 높은 C기업이 가장 낮은 조업도 수준에서 목표이익을 달성함을 보여주고 있다. 이는 낮은 고정비 수준과 높은 한계이익률을 유지하는 사업시스템을 보유한 기업이 훨씬 유리한 위치에 있음을 보여주고 있다.

다음은 그래프로 표시한 손익분기도표이다.

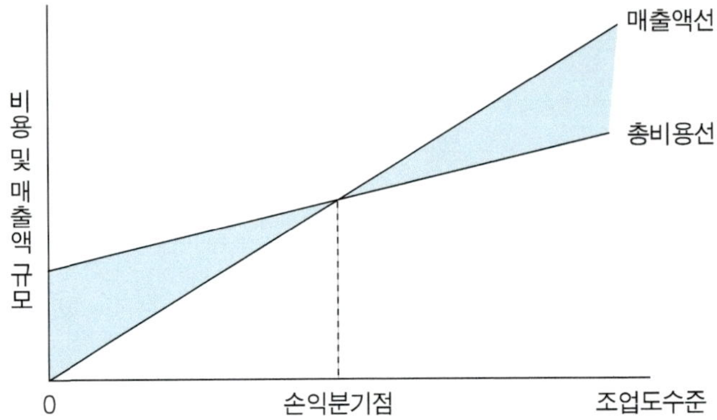

2) 안전성관련지표

재무구조의 건전성을 검증하기 위한 지표로서 재무상태표의 자산, 부채 및 자본항목들 사이의 관계를 비교하여 안전성 관련지표가 생성된다.

생성된 지표들을 산업계 평균 또는 주요경쟁사들의 것들과 비교하여 재무구조의 안전성에 대한 평가를 할 수 있다. 일반적으로 재무상태표 작성기준일로부터 일년 이내에 상환해야 할 의무를 지는 유동부채의 규모가 동일기간 이내에 현금화가 가능한 유동자산의 규모 범위이내이면 안전하다고 본다.

토지, 건물, 기계장치 등의 비유동자산의 규모는 자기자본과 장기채무를 합한 금액이내의 범위를 유지하는 것이 이상적이라 본다. 그러나 이러한 일반적인 기준을 일률적으로 적용하기보다는 업종과 사업의 특수성을 고려하여 산업계 평균 또는 주요경쟁자들과 비교하여 판단하는 편이 좋다.

안전성관련 주요지표들은 다음과 같다.

ⓐ 유동비율(유동자산/유동부채)

재무상태표 작성기준일로부터 일 년 이내에 상환해야 할 의무를 지게 되는 유동부채와 재무상태표 작성기준일로부터 일 년 이내에 현금화가 가능한 유동자산의 규모를 비교한 지표로서 일반적으로 100~150 %의 범위이내라면 이상적이라고 본다.

ⓑ 부채비율(부채총계/자기자본)

총부채를 자기자본(자본금 및 잉여금의 합계)과 비교하여 산출한 지표로서 일반적으로 200%의 범위이내라면 안전하다고 본다.

회사의 대외지불의무인 부채의 총규모가 자기자본의 2배를 넘지않도록 유지하는 것이 안전하다.

ⓒ 자기자본비율(자기자본/총자본)

기업 내에 유보된 자본의 규모가 기업의 총자산에서 차지하는 비율로써 이 비율이 높을수록 타인자본에 대한 의존비율이 낮아 재무구조가 안정적이다고 본다. 주주의 몫인 자기자본이 총자본에서 차지하는 비중이 높을수록 미래에 주주가 잠재적으로 가질 수 있는 몫이 많음을 의미한다.

ⓓ 차입금의존도(차입금/총자산)

외부에 되갚아야할 차입금의 총액이 총자산에서 점하는 비율로서 일반적으로 30%이내이면 안전하다고 판단한다. 그러나 이 비율 역시 업종과 상황에 따라 안전성여부가 판단되어야 한다.

ⓔ 이자보상비율(영업이익/이자비용)

회사의 정상적인 영업활동의 결과 창출되는 영업이익과 외부에서 조달한 자금에 대하여 지불해야하는 이자비용을 비교한 비율이다.

외부로부터의 차입한 자금에 대하여 지불해야하는 이자비용을 상환할 수 있는 능력을 나타내는 비율로서 대외채무를 감당할 수 있는 능력에 대한 평가지표이다.

3) 활동성관련지표

사업이 얼마나 역동적으로 진행되고 있는지를 평가하는 지표로서 기업이 보유한 자원의 활용도를 평가하는 지표이다.

외형적인 성장성을 측정하기 위해서는 총자산, 매출액, 영업이익 등의 항목에 대한 성장률이 사용되나 회사가 보유한 자산과 매출액을 기준항목으로 활동성을 측정하여 자원의 효율적인 이용도를 평가한다.

ⓐ 총자산 증가율

총자산규모를 기간별로 비교하여 성장추이를 평가한다.

ⓑ 매출액증가율

매출액의 변화를 기간별로 비교하여 성장추이를 평가한다.

ⓒ 자기자본증가율

주주의 몫인 자기자본의 증감추이를 기간별로 비교하여 재무건전성의 변화를 평가한다.

ⓓ 총자산회전율[매출액/(기초 및 기말의 평균 총자산)]

자산총액을 매출총액과 비교하여 그 회전속도를 계산한 것으로 사업을 위하여 투입된 자원이 얼마나 효율적으로 활용되는지를 평가한다.

ⓔ 매출채권회전율(매출액/ 외상채권)

외상채권의 회전속도에 관한 지표로서 매출채권이 얼마나 효율적으로 관리되었는지를 평가한다.

ⓕ 자본회전율(매출액/자기자본)

주주의 몫인 자기자본이 얼마나 효율적으로 활용되었는지를 나타내는 지표로서 자기자본을 매출액과 비교하여 산출한다.

활동성관련 지표들은 다음과 같이 자산규모, 조업도 그리고 영업이익의 크기와 밀접하게 연결되어 있다.

총자본이익률	=	매출이익률	X	총자본회전율
↓		↓		↓
영업이익/총자본		영업이익/매출액		매출액/총자본

10 위험, 기회분석 및 대응계획

경영환경은 불확실성으로 가득차있다고 하여도 과언이 아니다. 특히 변화의 속도가 전에없이 빠르고 경쟁의 환경도 치열해 짐에 따라 사업에 대한 위험요인이 곳곳에 도사리고 있으며 위험요인과 더불어 기회의 요인도 발견할 수 있다.

사업계획서에 위험과 기회요인을 분석하고 위험요인에 대한 대책과 기회요인의 활용방안을 포함시킨다면 훨씬 신뢰성 있는 사업계획서라고 인정받을 가능성이 높다.

스타트업의 사업계획서 발표에서 가장 신뢰를 잃는 것은 창업자기 자신의 사업을 과신하고 위험요인을 과소평가하는 경우이다. 마치 자신의 기술과 제품이 세상을 변화시킬 수 있듯이 근거없는 자랑을 하는 것은 십중팔구 독자를 이해시키는데 실패한다.

실무적으로 위기요인의 예상과 이에 대한 대응 및 활용방안이 사업계획서에 가볍게 다루어진 것이 사실이다. 위기요인의 분석과 대응계획이 포함된 사업계획서는 사업계획이 진지하게 수립되었음을 보여주기 때문에 사업계획서의 독자에게 큰 신뢰감을 준다.

기업의 역사에서 위기에 직면했던 기업들이 사전에 치밀하게 수립했던 위기대응계획의 수립으로 큰 위기를 성공적으로 극복한 사례가 있다. 반면에 예상할 수 있는 위기상황에 제대로 대처하지 못하여 명멸해버린 사례는 너무 많다.

항상 불확실한 환경에 노출되어 있는 것이 기업경영의 현실이며 이를 자연스런 현상으로 받아들이고 위기의 요인들을 사전에 예상하여 대응방안을 사업계획서에 반영하는 것은 매우 중요하다. 위기는 조직의 목표달성에 영향을 미치는 불확실한 미래의 사건들이라고 일반적으로 정의된다.

기업경영의 환경패러다임이 근본적으로 변하고 있는 최근에는 잠재적인 위기의 종류, 크기, 발생가능성 그리고 발생빈도가 빨라지고 복잡한 양상을 띠어가고 있다. 따라서 위기대응계획을 사업계획의 중요부문으로 다루어져야 한다.

CEO가 중심이 되어 위기관리시스템을 운영하고 상시적으로 조직내부에서 작동하도록 한다.

(1) 위기의 영역 및 유형

위기는 기업 내부적인 요인에 의하여 발생하는 것과 외부적 요인에 의하여 발생하는 것이 있다.

외부적으로 발생 가능한 위기는 2008년 미국 월스트리트에서 발생해서 세계적인 경제위기로 이어진 금융위기나 중동지역에서 정치적인 문제로 인한 세계석유공급가 파동 등과 같이 거시환경에서 발생한다.

내부적인 위기는 핵심역량의 상실, 특허만료, 주요 인적자원의 상실과 같이 내부적으로 통제 가능한 요인들을 놓친 결과로 발생한다.

법적, 윤리적인 위기는 제품의 유해성이 문제가 되어 사회적인 문제로 발전된 사건과 같이 위법과 도덕적인 문제로 인하여 발생한다.

위기의 일반적인 유형은 다음과 같다.

위기의 영역 및 유형	거시환경	산업 및 시장 환경	내부요인	법적, 윤리적 문제 및 사건
영 역	· 국제정치 및 경제 · 국내정치 및 경제	· 기술혁신 · 경쟁환경 · 산업환경	· 경쟁력 · 핵심역량 · 신용 · 조직	· 통제 불능한 사건발생 · 법규, 윤리적 이슈 · 시스템
유 형	· 국지적인 전쟁 · 원유가격 폭등 · 국제 원자재가격 폭등 · 환율의 급등락 · 인플레, 실업률	· 대체기술의 출현 · 대체재의 등장 · 해당산업에 대한 지원정책 중단	· 차별화요인 상실 · 핵심역량 상실 · 유동성 부족 · 인적자원 상실	· 전산시스템 사고 · 윤리적 사건 · 환경적 문제 야기 · 법규위반 피소 · 인권침해 · 자연재해

(2) 위기에 대한 관점의 변화

전통적으로 위기는 부정적인 관점에서 인식되었다. 대부분의 기업들이 위기에 대응하는 태도는 사업의 장기적인 지속가능성 관점에서 출발하기보다는 화재나 자연재해 등과 같은 돌발적인 사고에 대하여 보험에 가입하는 등의 피동적이며 위험회피적인 관점이었다.

전통적으로 환경, 윤리 및 법적인 문제로 인한 위기상황에 대한 대처방식도 시스템이나 사전에 수립된 계획에 의하기 보다는 막후활동과 같은 불투명한 관행에 의하여 해결을 시도하였다.

위기발생의 원인과 유형이 파격적으로 다양해지며 복잡해진 오늘날의 경영환경에서는 이제까지 관행적으로 시도되었던 방식으로 위기관리를 제대로 할 수 없다.

기업의 지속가능성 유지와 발전이 기업경영의 주요목표로 대두되면서 위기요인을 조직적으로 관리하기 위한 계획과 시스템의 구축은 사업계획수립의 필수불가결한 프로세스가 되었고 위기관리의 예측과 대응방식은 발전하고 있다.

최근의 위기관리방향은 소극적인 위기대응방식에서 벗어나 적극적인 관점으로 전환되고 있으며 위기를 오히려 전략적인 기회로 활용하는 방향으로 바뀌고 있다. 위험 및 기회의 요인들을 계량적으로 분석하여 각 요인들로부터 야기될 수 있는 재무적 영향을 예상하는 방식으로 발전되었다.

기업의 외부이해관계자의 관점에서 볼 때 사업계획서에 위험요인이 객관적으로 분석되고 이에 대한 관리계획이 사업계획에 포함되어 있으면 사업계획서에 대한 신뢰는 매우 높아진다.

위험에 대한 관점은 다음과 같이 변하였다.

특징 및 관점	전통적	미래 지향적
유 형	단순하며 정형적	다양하며 비정형적
태 도	부정적으로 보며 회피하고자 함	적극적으로 대처하며 기회로 할용 하고자 함
대응방법	보험가입, 사업주의 개인적 역량에 의한 해결	전사적 시스템의 수립, 위기관리 최고책임자 임명
목 표	피해복구와 원상회복	지속가능성 유지
평 가	정성적이며 주관적으로 평가함	계량화하며 객관적으로 평가함

(3) 위기관리시스템의 구축

발생가능성이 높은 위기요인들을 식별하고 각 요인들을 평가하여 위기발생으로 인한 영향의 크기를 측정하며 우선순위를 결정한다. 우선순위에 따라 대응계획을 수립하고 각 위기요인에 대한 책임자 선정을 포함한 위기관리시스템을 구축한다.

인적자원에 한계가 있는 중소기업은 CEO가 위기관리의 책임자가 된다.

위기관리계획의 수립절차는 다음과 같다.

Step 1 위기요인의 식별	팀 회의에서 Brain storming 등의 방식으로 예상되는 위험요인을 탐구한다. 거시적인 영역에서 점차 미시적인 영역으로 옮아간다.
Step 2 각 요인의 분석 및 평가	각 요인별로 발생확률과 발생할 경우의 파급효과를 평가한다. 분석결과를 Matrix 위에 그 중요도에 따라 표시한다.
Step 3 위기요인의 우선순위결정	Step 2의 평가를 바탕으로 최우선적으로 다루어야할 위기의 종류별로 우선순위를 결정한다.
Step 4 우기요인별 대응계획수립	우선순위를 바탕으로 책임자를 포함한 대응계획을 수립한다. 위험의 성격에 따라 ① 위험완화계획(발생가능성이나 부정적인 효과를 감소시키는 계획) ② 위험회피계획(위험을 아예 회피하기 위하여 계획을 수정함) ③ 위험이전계획(위험을 타방으로 이전하기 위하여 비용 지불) ④ 위험수용계획(위험을 받아들이며 최소한의 희생을 계획함)으로 분류한다.

(4) 위기관리계획 수립의 관점

위기관리계획을 사업계획서에 반영하는 것은 CEO가 위기를 어떠한 관점에서 보는가에 따라서 영향을 받는다.

위기관리계획을 사업계획서를 완성하기 위한 단순한 프로세스로보는지 아니면 위기관리계획이 사업의 목표달성을 위하여 필수적인 관리대상으로 보는지는 계획수립과 대응방식을 결정한다.

스타트업의 CEO는 다음과 같은 질문들을 통하여 위기의 식별과 관리계획을 수립한다.

① 사업실행에 큰 걸림돌로 작용할 수 있는 큰 위기요인들은 무엇인가?
② 큰 위기의 영향을 최소화 할 방안은 무엇인가?
③ 큰 위험요인들을 예방할 방법은 있을까?
④ 큰 위기에 어떻게 대응할까?

(5) 위기관리계획의 혜택

위기관리계획과 관리시스템의 구축은 발생한 위기에 피동적으로 대응하기 보다는 적극적인 실행계획으로 바뀌어서 기업경영에 다음과 같은 혜택을 부여한다.

① 위기에 대한 방어적인 태세에서 공세적으로 대응하는 등 조직문화를 바꾼다.
② 위기요인발생시 사전 대비책으로 피해를 최소화한다.
③ 위기요인을 기회요인으로 전환시킬 수 있다.
④ 위기요인에 대한 관리계획은 사업계획에 대한 외부이해관계자의 신뢰성을 높인다.

(6) 위험종류별 책임 및 의사소통

위험의 분류	책임 및 의사소통
치명적인 위기	CEO 및 이사회에 보고하고 즉시 대응계획을 집행한다.
높은 수준의 위기	CEO에 보고하고 경영진의 대응계획검토 후 집행하고 이사회에 사후 보고 한다.
중간 수준의 위기	준비된 계획에 따라 대응계획을 집행하며 진행사항을 계속 모니터링 한다.
낮은 수준의 위기	위기를 수용한다. 그러나 계속 모니터링하고 미리 수립된 계획에 따라 순차적으로 대응한다.

CHAPTER

07

사업계획의 프레젠테이션

> "프레젠테이션은 실제상황에 도입하는 '파괴적인 기술'이다. 그것은 거의 불평등하게 유리한 점이다.(Presentation is the 'Killer Skill' we take into the real world. It's almost an unfair advantage.)"
>
> \- Ethan Raisel의 'The Mckinsey Mind' -

프레젠테이션은 발표자가 어떤 목적을 달성하기 위하여 청중에게 원하는 메시지를 전달하면서 설득하는 과정이다.

사업계획의 프레젠테이션은 투자유치나 전략적 제휴 등의 목적으로 주로 외부청중들을 설득하기 위하여 이루어진다. 이처럼 사업계획의 프레젠테이션에는 매우 큰 이해가 달려있다.

계속기업의 경우 사업계획서는 이사회의 보고나 내부소통을 위하여 조직내부 목적용으로 프레젠테이션이 이루어지기도 한다.

사업계획서 프레젠테이션의 관중 및 관중별 목적은 다음과 같다.

관 중	내부관중	외부관중
대 상	이사회, 노동조합, 임원, 프로젝트 팀장 등 내부 이해관계자	투자자, 정부기관, 전략적 제휴 대상자, 금융기관, 공급자 등
목 적	·비전과 목표의 공유 ·동기부여 ·프로젝트 보고 ·팀과 조율	·투자유치, 정부의 정책지원, M&A, 융자, 공급계약체결 등 ·기업 PR

01 프레젠테이션의 단계

사업계획의 프레젠테이션을 위한 준비 및 실행에는 고도의 전문성이 요청된다. 스타트업에서 시작하여 유니콘으로 성장한 기업의 창업주들은 대부분 뛰어난 프레젠테이션의 기술을 가졌다.

USB 메모리를 세계에서 최초로 만든 이스라엘의 벤처창업가 도브 모란은 11장짜리 프레젠테이션으로 거액의 투자를 유치하였고 그 스타트업을 샌 디스크에 10억 불 이상에 매각하였다. 알리바바를 창업한 중국의 마윈 회장도 소프트뱅크의 손정의 회장에게 6분간에 걸친 프레젠테이션으로 2천만 불의 투자를 유치하였다.

실리콘벨리에서 스타트업들이 수천만 불의 종자돈(Seed Money)을 간단한 프레젠테이션을 통하여 성공적으로 유치한 사례들은 프레젠테이션의 중요성을 여실히 보여준다.

프레젠테이션을 위해서는 다음의 세 가지 질문에서 출발한다.

① 프레젠테이션의 목적은?
② 무엇을 발표하나?
③ 청중은 누구인가?

이 세 가지의 질문을 기초로 프레젠테이션준비의 단계에 착수한다.

프레젠테이션은 프레젠테이션의 환경파악, 콘텐츠의 개발 그리고 발표의 3단계를 취하게 된다.

프레젠테이션의 준비는 팀원들과의 브레인스토밍 등의 조직내부의 인적역량을 최대한 활용하는 것이 좋다. 콘텐츠의 준비와 리허설에 팀원들은 상호소통을 통하여 큰 도움을 준다.

외부전문가의 조력을 받을 수 있다. 그들은 전문적인 기법과 제3자의 시각에서 부족한 부분을 보완해 준다. 그러나 발표의 최종책임과 결과는 모두 기업에 귀속되기 때문에 전문가에게 과도하게 의존하기보다는 기업이 주도적인 역할을 해야 한다.

(1) 프레젠테이션의 환경파악

프레젠테이션의 준비를 위해서 가장 먼저해야할 일은 프레젠테이션이 이루어질 주변환경을 파악하고 이해하는 것이 중요하다.

발표가 진행될 물리적인 환경의 파악은 물론 참석하는 청중에 대한 깊은 이해를 바탕으로 준비가 이루어져야 한다.

프레젠테이션에 참석하는 청중의 프로파일과 그들의 목표가 무엇인지를 이해하고 발표하는 장소와 발표를 위한 도구 등 물리적인 주변을 사전에 파악한다.

무엇보다도 기업이 발표를 통해서 얻고자하는 것이 무엇인지에 대하여 명확한 목표를 정해야 한다.

프레젠테이션의 환경을 파악하는 요소로서 흔히 3P가 이용된다.

Purpose(목적) + People(청중) + Place(장소)

1) Purpose(목적)

기업은 프레젠테이션의 목적을 분명히 가지고 있으며 참석하는 청중도 투자 등 의사결정을 위한 탐색을 하고자 한다. 대부분의 경우 기업은 더욱 절박한 입장에 있으며 참석하는 대상은 선택적인 입장에 있다.

발표기업이나 청중의 이해관계가 맞아 떨어지는 접점이 발견된다면 양자 간의 관계는 발전을 기대할 수 있다. 따라서 발표하는 기업의 상대방의 목표가 무엇인지 명확히 이해하고 상호목표의 접점을 찾는다.

발표하는 콘텐츠의 방향이 불분명하거나 상호 이루고자 하는 목표의 접점을 제시할 수 없다면 프레젠테이션은 목적을 달성할 수 없다.

2) People(청중)

참석하는 상대방의 개인적인 프로파일과 그들의 주요관심사항을 사전에 파악하여 프레젠테이션 콘텐츠의 준비를 한다.

프레젠테이션에 참석하는 청중은 잠재적인 투자자, 금융기관, 전략적 제휴 관심파트너 등 다양한 이해관계자가 있으며 각기 다른 관심사를 가지고 있다. 참석자 또한 매우 다양한 개인적인 프로파일을 가진다.

이들 다양한 청중들에 대한 이해도를 높이기 위하여 파악해야할 주요 정보의 종류는 다음과 같다.

- 최고의 관심사
- 인구통계적인 특성
- 가치관
- 지적수준
- 사회적 위치

- 종교
- 정치성향

이러한 정보를 모두 얻는다는 것은 쉽지 않다. 그러나 프레젠테이션을 통하여 이루고자 하는 목표의 중요성 등을 감안하여 공식, 비공식적인 통로로 필요한 정보를 얻도록 노력한다.

청중에 대한 파악을 통하여 다음과 같은 중요한 사항에 대한 이해를 할 수 있다.

① 청중의 목표
② 청중의 핵심관심사항
③ 청중에 대한 개인적인 정보
④ 프레젠테이션을 위한 물리적 환경구성
⑤ 리허설 방식

3) Place(장소)

프레젠테이션을 실행할 장소의 물리적 환경을 점검하고 최적의 발표준비를 한다.

물리적 환경은 발표장소, 발표장비와 도구의 시연, 좌석배치, 조명, 명찰 등의 준비를 포함한다.

정전, 사용장비의 고장 등 예상치 못한 사태에 대비하여 하드카피, 백업용의 PC 메모리, 오버헤드 프로젝터 등의 백업수단도 준비해야 한다. 예상치 못한 사태를 맞았으나 대체수단으로 발표를 잘 하였다면 청중의 신뢰가 더 좋아질 것이다. 기밀이 보호되어야 하는 정보가 포함되어 있으면 자료에 관리번호를 부여하고 외부유출의 허용범위 등을 사전에 결정한다.

실제의 물리적 환경에서 충분한 리허설을 하여 발표를 위한 마지막 준비를 끝낸다.

(2) 프레젠테이션 콘텐츠의 준비

프레젠테이션에 참석하는 청중에 대한 이해를 토대로 청중이 기대하는 목표와 기업의 목적이 접점을 찾을 수 있는 방향으로 발표콘텐츠를 만든다.

전달하고자 하는 핵심메시지(Key Message)을 정리하기 위해서는 다음과 같은 단계를 취한다.

① 발표의 자료수집 및 정리
② 자료의 취사선택
③ 스토리 라인(Story Line)의 구성
④ 스토리에 맞추어서 발표자료의 구성
⑤ 핵심메시지의 결정
⑥ 메지지의 시각화

발표내용은 도입부문(Introduction), 본론부문(Main Body) 그리고 결론부문(Conclusion)으로 나누어서 구성한다.

가장 이상적인 시간배분은 도입부문에서 약 15%, 본론부문에서 약 50% 그리고 결론부문에서 나머지 약35%의 시간을 할애하는 것이 이상적이다.

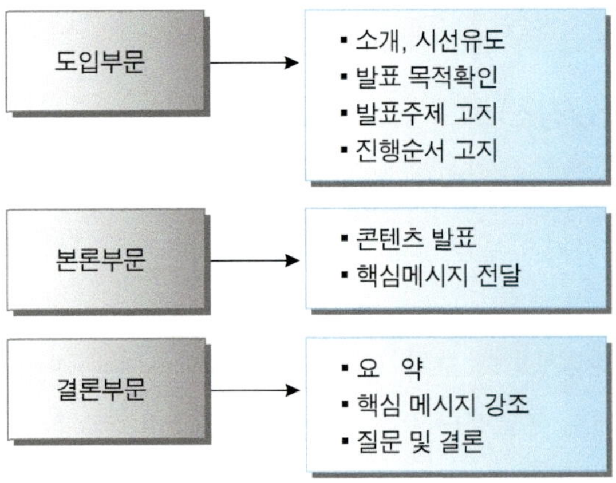

외부청중을 대상으로 주어지는 프레젠테이션의 시간은 대부분 10~20분이다. 이처럼 짧은 시간 이내에서 핵심메시지를 충분히 전달하는 것은 쉬운 과제가 아니다. 충분한 준비와 리허설을 통하여 주어진 시간에 효과적인 프레젠테이션이 될 수 있도록 한다.

효과적인 프레젠테이션을 위한 팁으로 SDS법이 유용하다. 시작부문에서 전체적인 맥락을 먼저 야기하고(Summary), 본론부문에서 구체적인 내용을 얘기하며(Detail), 마지막 결론부문에서 강조할 핵심메시지를 다시 요약하는 것이다.(Summary)

짧은 시간 내에서의 발표는 ① 당신이 할 얘기가 무엇인지 말하고(Tell what you are gong to tell), ② 주제의 핵심을 얘기하고(Tell), ③ 말한 부문을 요약하여 다시 말한다(Tell what you have told)의 원리를 지킨다.

파워포인트를 이용하여 만드는 발표자료는 효과적인 전달을 위하여 시각적인 도표나 그림, 사진 등을 적절히 사용하는 것이 좋다.

시각적으로 구성해야 할 대상은 폰트, 아이콘, 화면구성, 칼라, 차트 그리고 배경화면 등이다.

화면 디자인은 다음의 요령을 참고한다.

① 글자와 배경이 구분되는 색상을 선택한다.
② 세 가지 이내의 색상을 사용다.
③ 대, 중, 소제목과 본문의 글자 크기를 구분한다.
④ 글씨체는 3 종류 이내로 제한한다.
⑤ 도표, 사진, 이미지 등은 사용자 편의위주로 구성한다.
⑥ 내용은 단순하고 짧게 구성(Keep It Simple and Short)
⑦ 한 화면에는 하나의 핵심메시지만을 전달한다.

(3) 프레젠테이션의 실행

치밀하게 준비된 콘텐츠, 발표자의 전달기술 그리고 발표자의 태도의 세 가지 요인이 발표의 성공여부를 결정한다.

발표할 콘텐츠기 훌륭해도 발표자의 태도나 전달기술이 이에 따르지 못하면 실패할 수도 있다.

콘텐츠(Contents) X 전달기술(Delivery Skill) X 발표태도(Attitude)

① 발표자의 자세 및 태도

미국의 행동심리학자 멜라비언 박사(Albert Mehrabian)는 사람이 상대방으로부터 받는 이미지는 말의 내용보다는 말 이외의 비언어적인 수단에 크게 좌우된다는 커뮤니케이션 이론을 제시하였다.

멜라비언의 법칙에 의하면 커뮤니케이션의 효과는 발표자의 자세, 몸짓 등의 시각적인 요소(55%)가 내용(7%)을 압도한다. 그외 전달방법이 38%의 영향을 미치는 것으로서 발표자의 태도, 전달방식의 중요함을 잘 나타낸다.

발표태도나 자세는 하루아침에 향상되지 않는다. 발표자는 많은 준비와 리허설을 하며 필요하면 외부전문가의 도움을 받아서 발표능력을 향상시킨다.

02 프레젠테이션의 실행 팁(Tip)

(1) 프레젠테이션 실행을 위한 일반원칙

① 콘텐츠의 주요결론을 발표의 서두에서 미리 말한다.

주어진 목차에 따라 순차적으로 발표를 진행하여 발표의 마지막에서 결론을 말하는 것 보다는 주요결론을 먼저 말한다. 독자가 미리 결론을 알고 그 결론의 타당성을 이해하는 방향으로 이끌어가는 편이 훨씬 효과적이다.

벤처캐피털리스 등 대부분의 외부이해관계자들은 다양한 형태의 프레젠테이션에 익숙하며 보고서에 대한 이해속도가 매우 빠르다. 이들 외부이해관계자들은 결론부문을 먼저 듣고 그 타당성을 파악하는 방식에 익숙해 있다.

전문적인 투자자 등의 외부이해관계자들의 주요관심사는 투자로부터 기대되는 보상의 크기, 달성가능성 그리고 불확실성에 대한 평가 등이다. 이들 이슈에 대한 이해를 위하여 질문을 할 것이다.

② 발표 슬라이드의 한 페이지에는 하나의 핵심 메시지를 전달하는 것이 좋다.

각 새로운 페이지의 톱 라인은 전달하고자 하는 핵심메시지의 제목을 표시하며 하단의 여백에 주요내용을 전달한다.

③ 간결하고 이해하기 쉬운 용어를 사용한다.

비전문가라도 쉽게 이해할 수 있도록 전문적인 용어의 사용을 피하고 단순하며 쉬운 표현을 한다.

④ 사례를 인용할 경우는 객관성과 구체성이 뒷받침되어야 한다.

핵심만 간결하게 말한다. 미사여구의 남용은 신뢰성에 부정적인 영향을 미칠 가능성이 매우 높다. 자신이 없을때에 수식어와 미사여구의 사용이 늘어난다는 조사연구결과가 이를 뒷받침한다.

⑤ 중요한 내용은 누락되거나 중첩되지 않도록 한다.

발표콘텐츠의 내용을 여러 사람이 교차로 검증하여 주요내용이 빠지거나 중복되지 않는지 확인한다.

프레젠테이션의 내용구성에 관한 MECE원칙은 중복을 회피하는 것(Mutually Exclusive)과 주요부문의 누락을 방지(Collectively Exhaustive)한다는 것을 의미한다.

⑥ 논리적인 구성과 형식을 존중한다.

발표콘텐츠는 논리적인 흐름을 따르고 형식도 표준형식에서 크게 벗어나지 않도록 한다.

⑦ 불확실성에 대한 평가를 포함한다.

모든 것이 계획된대로 잘될것이라는 장미빛 전망은 전혀 감동을 주지 못한다. 프로젝트에 내재되어 있는 불확실성을 객관적인 입장에서 평가해서 전달하면 신뢰도가 더욱 높아진다.

다음은 발표자가 발표당일 발표현장에서 확인하고 취해야할 행동수칙을 정리한 것이다.

- 옷차림이 발표 모드에 맞는지 체크한다.
- 발표현장에 일찍 도착하여 조명, 시청각 도구 등 물리적 환경을 확인한다.
- 발표할 자료를 컴퓨터에 업로우딩하고 음향을 테스트한다.
- 발표때는 청중들과 반드시 눈을 맞춘다.
- 밝은 표정과 적극적인 자세를 보인다.
- 힘차고 명확한 목소리를 구사한다.
- 발표자가 상황의 지배자라는 자신감을 가진다.
- 간결하며 직선적인 언어를 사용한다.
- 전문용어를 쉬운용어로 전환한다.
- 시작시간과 종료시간을 엄수한다.

(2) 질문에 대한 대처방법

청중으로부터 질문을 받는 것은 긍정적인 신호이다.

청중들의 질문수준은 청중들의 관심도를 예측가능하게 한다. 모든 질문들에는 진지하고 적극적인 방식으로 대응한다.

- 질문자와 눈을 마주치고 내용을 경청한다.
- 질문을 반복하고 확인한다.
- 질문내용을 다른 청중과도 공유한다.
- 청중을 향하여 명확히 대답한다.
- 대답에 대한 출처와 근거를 언급한다.
- 모르는 질문은 절대로 아는 체하지 않는다. 모르는 것을 솔직히 인정하고 연락처를 요청하여 답변할 것을 약속한다.
- 질문에 대해서는 감사한다.

(3) 피해야할 나쁜습관

프레젠테이션의 현장에서 흔히 볼 수 있는 풍경으로서 다음과 같은 행동은 매우 부정적인 효과를 줄 수 있다. 회피해야할 점이다.

- 준비된 자료를 순서대로 처음부터 끝까지 읽어간다(스크린에 콘텐츠가 뜨는 순간 청중은 발표자 보다 더 빠르게 읽는다).
- 청중과 눈을 마주치지 않는다(자신감이 없거나 상대방을 경시하는 것으로 비친다).
- 격에 어울리지 않는 옷차림이나 모습을 한다(비즈니스 복이나 스마트 캐쥬얼 등 발표모드에 맞춘다).
- 부자연스러운 동작을 사용한다(동작이 없거나 정신없이 분주한 동작은 피한다).
- 주어진 시간을 초과한다(예상된 시간을 초과하면 청중의 다음 스케줄에 영향을 주어 불리한 결과를 초래할 수 있다).
- 불필요한 사과를 자주한다("준비가 부족해서", "잘 몰라서" 등의 사과를 남발하는 것은 매우 좋지 않다).

(4) 프레젠테이션의 발표자를 돕는다.(역지사지)

우리는 프레젠테이션의 발표자이면서도 동시에 청중이 될 수도 있다. 청중의 입장에서 보는것이 발표하는 자신의 입장을 다시 보게된다.

청취자로서 프레젠테이션의 발표자를 돕는 방법을 이해하는 것은 발표자로서의 입장으로 바꾸어서 보면 좋은 시사점을 얻을 수 있다.

- 진지하게 경청하는 자세를 보인다.
- 밝고 긍정적인 모습을 보인다.
- 요점을 메모하거나 노트에 정리한다.
- 질문을 정리한다.
- 발표자의 질문에 크게 반응한다.
- 발표자와 눈을 마주치고 긍정적인 반응을 보인다.
- 건설적인 질문을 한다.
- 필요하면 추가적인 정보를 요청한다.

03 프레젠테이션의 법칙

(1) 독특한 프레젠테이션방식으로 효과적인 프레젠테이션 모델을 제시했던 고(故) Steve Jobs는 다음과 같은 프레젠테이션 10계명을 제시했다.

① 주제를 정하라(set the theme)

② 열정을 보여라(demonstrate the enthusiasm)

③ 개략적인 구성을 얘기해라(provide an outline)

④ 숫자에 의미를 부여하라(make numbers meaningful)

⑤ 잊지못할 순간을 만들어라(try for an unforgettable moment)

⑥ 비주얼을 만들어라(create visual slides)

⑦ 쇼를 제공하라(give them a show)

⑧ 조그만 실수에 당황하지 말라(do not sweat the small stuff)

⑨ 제품이 아닌 효용을 팔도록 해라(sell the benefit, not the feature)

⑩ 리허설을 반복해라(rehearse, rehearse, rehearse, ……)

(2) 연간 수 백 명으로부터 피칭을 들으면서 이명(귓속이 울리는 증상)증상을 겪기도 했던 가이 가와사키는 그의 경험을 토대로 창업자에게 권하는 자신의 발표법칙을 제안했다.

애플의 전도사로서 벤처캐피털 회사 "거라지 테크놀로지 벤처스"를 설립하고 수많은 신생 벤처기업들을 지원하고 있는 가이 가와사키(Guy Kawasaki)는 10:20:30이라는 프레젠테이션 법칙을 권한다.

① 10장 : 프레젠테이션 슬라이드는 10장 이내로 한다.

평범한 사람들은 미팅에서 10까지 이상의 요점을 머리속에 기억하기란 불가능하다. 매일 다수의 창업자를 만나야하는 벤처투자자 역시 10가지 이상의 슬라이드가 넘어가면 집중력이 흩어진다. 그리고 타이틀 슬라이드에는 연락처가 반드시 포함되어야 한다.

② 20분 : 20분 이내에 발표를 끝내라

발표는 20분 이내로 끝내는 것이 좋다. 발표에 한 시간이 주어졌다 해도 보통 청중의 사정 등으로 약간의 여유시간이 필요하다. 사람의 집중력은 일반적으로 20분을 넘지 못한다. 나머지 30여분 정도는 질의응답이나 토론에 사용할 수 있다. 발표 첫 마디는 "우리의 스타트업이 하는 일은 이것입니다"가 되어야 한다. 벤처투자자의 관심은 스타트업의 가능성과 시장수요이다. 본질을 벗어난 개인적인 이야기 등은 초점을 흐리게 할 뿐이다.

③ 30포인트 : 글자 크기는 30포인트 이상으로 한다.

글씨는 30포인트 이상으로 크게 써야 효과적으로 내용을 전달할 수 있다. 많은 내용을 구겨넣기 위하여 글씨를 작게 설정해서는 안 된다. 많은 내용이 포함되어 있다고 해서 설득력이 높아지는 것은 아니다. 슬라이드의 내용을 읽어 내려가서는 안 된다. 청중은 발표자가 말하는 것보다 빨리 슬라이드에 있는 글을 읽는다. 프레젠테이션을 듣는 사람 중에서 가장 나이 많은 사람을 찾고 그 사람의 나이를 반으로 나눈 수의 글씨 크기를 사용한다.

저자소개

- 김정식 세무회계사무소 대표
- 경제학 박사
- 아주대 창업교육센터 전문강사
- (전) 스위스그랜드호텔 CFO
- (전) Guinness United Distillers Korea CEO
- (전) Angostura Korea CEO
- (전) 중앙대학교 산업창업대학원 겸임교수

[주요 저서]

- CEO가 만든 사업계획서 작성 Guide Book
- 사업계획서 작성 (이론과 실제)

- shickkim@naver.com

CEO의 창업과 사업계획서

2016년 7월 1일 1판 1쇄 인쇄
2016년 7월 10일 1판 1쇄 발행

저 자 김 정 식
발행인 류 재 식 · 박 용 범
발행처 도서출판 북 넷

서울시 용산구 효창원로 70길 대신빌딩 2층
등 록 2010년 6월 7일(제2010-000069호)
전 화 (02) 395-2341
팩 스 (02) 395-2303

정가 20,000원

ISBN 979-11-86947-08-1 e-mail : book2341@naver.com